JN085385

コミュニケーション研究 ■第5版

——社会の中のメディア

大石 裕

慶應義塾大学出版会

はじめに

　本書は，コミュニケーション研究の入門書として執筆されたが，それと同時に読者をより専門的な研究へと誘う目的も有している。

　第Ⅰ部「コミュニケーションの構造と機能」では，コミュニケーションという社会過程について様々な角度から検討を行い，それをもとにコミュニケーションが社会の中で果たす役割を中心に論じている。第Ⅱ部「マス・コミュニケーションとジャーナリズム」では，近代化が進むなかで社会的重要性を高めてきたマス・コミュニケーションとジャーナリズムを取り上げ，その機能や問題点について考察を加えている。第Ⅲ部「情報化の進展とコミュニケーションの変容」では，近年とくに開発・普及が進んできたインターネットをはじめとする新たなメディアの社会的影響について，情報化ないしは情報社会といった概念を参照しながら検討を試みている。

　本書は教科書として執筆されたが，他の類書とは異なる特徴もいくつか備えている。第一は，コミュニケーション研究が学際研究として位置づけられていることを考慮して，政治学，社会学，社会心理学など，既存の研究との関連が強く意識され，時にはそうした研究領域にも踏み込んで考察が加えられている点である。したがって，従来のコミュニケーション研究において言及される機会が少なかった先行研究や資料なども本書には収められている。とはいえ，教科書という性格上，既存のコミュニケーション研究のなかで重視されてきた理論やモデルも，できるだけ多く扱うようにした。

　ただし，その際も私自身がエディター（編集者）として既存研究の体系的整理を行い，独自の構成をもつ教科書になるように心がけた。これが本書の第二の特徴である。かつて外山滋比古は，「すぐれたエディターシップならば，かならず構成要素の一つ一つのもっている価値の総和以上の価値をつく

i

はじめに

り上げ，『雰囲気』をもったおもしろさ，美しさを創出するものである」（『エディターシップ』みすず書房，1975年，181頁）と述べたが，本書の狙いもここにある。しかし，それがどの程度実現できたかは，読者の判断に委ねるしかない。

　第三の特徴は，私の研究関心や問題意識が強く反映された章や節が含まれているということである。その色彩がとくに強いのは，第2章の「『情報／コミュニケーション／社会』の関連図式」の節であり，また第5章「政治コミュニケーション論の展開」，第9章「日本社会の情報化と近代化」である。これらの節や章は，これまでの教科書の内容とは大きく異なる部分であり，読者の中には難解に思われる方もいるかもしれない。ただし，これらの節や章も本書の特徴の一つであり，それらが私なりのコミュニケーション研究の発展の方向性を示すものであることは理解していただきたい。

　第四の特徴は，本書ではたいへん多くの図や表が用いられ説明が行われていることである。図表というのは，確かに複雑な理論・モデルや現象を単純化してしまうきらいがある。他方，わかりやすさという点では優れている。そこで，少しでも読者の理解の手助けになればと思い，多くの図表を掲げてみた。

　第五の特徴は，できるだけ新しい資料やデータを紹介し，それについての解説を行ったことである。特に、ソーシャル・メディア，SNS，ICT関連に関しては、そのことがあてはまる。新しい資料・データというのは，現状の把握に役立つ一方で，数年後には状況が一変し，有用度を低下させることも十分考えられる。したがって，新しい資料・データを用いる際にも，本書では安易に将来を展望するというよりは，過去の状況と比較することに重点を置いた。そうした危うさを承知しながらも，あえてこうした資料・データを使用したのは，急激な変動をとげているコミュニケーションやメディア，そして情報化という傾向に関しては，現時点での動向をとりあえずは提示しておきたいと思ったこと，またこれらの資料・データの存在を知らせておくことが，読者の研究にとって役立つと考えたことによる。読者は，資料・デー

タの最新版にあたり，その時々の現状把握に努めていただきたいと思う。

　以上が本書の概要と特徴である。ただし，すでに触れたように，こうした特徴が本書の欠点につながることも承知している。また，率直に言って，本書で言及した多種多様な研究領域を私一人で執筆することには多くの困難がともなったのも事実である。しかしながら，私なりに既存のコミュニケーション研究を整理し，今後の研究方向を提示するという目的はある程度達成できたと思っている。

　なお，本書のなかには，私の既発表の著書や論文を教科書向けに書き換えて収録した章や節があることもお断りしておきたい。今回，第5版を出版するにあたり，大幅な加筆・修正を行なった。最後になるが，本書の出版にあたり多くの支援を惜しまなかった堀井健司氏をはじめとする慶應義塾大学出版会のスタッフの方々に厚く御礼申し上げる。

　　2022年2月

大 石　裕

目　　次

第Ⅰ部　コミュニケーションの構造と機能

第1章　コミュニケーションの基礎概念 ················· 3

　1－1．コミュニケーションのとらえ方 ················· 3

　　(1)　社会過程としてのコミュニケーション ················· 4

　　(2)　コミュニケーションの定義 ················· 5

　　(3)　意味の共有という問題 ················· 6

　1－2．コミュニケーション分析の基本単位 ················· 7

　　(1)　一方向的なコミュニケーション・モデル ················· 7

　　(2)　効果分析の重要性 ················· 9

　　(3)　フィードバック概念の導入 ················· 10

　　(4)　マス・コミュニケーションのモデルへの展開 ················· 12

　1－3．コミュニケーションの分類 ················· 14

　　(1)　パーソナル・コミュニケーション ················· 15

　　(2)　中間コミュニケーション ················· 16

　　(3)　マス・コミュニケーション ················· 17

　　(4)　利用メディアと伝達される情報 ················· 17

　1－4．情報行動と情報環境 ················· 19

　　(1)　情報環境の中での情報行動 ················· 19

　　(2)　共有される情報環境 ················· 20

　　(3)　コピーの支配と擬似環境の環境化 ················· 20

　　(4)　擬似環境におけるジャーナリズムの働き ················· 22

　1－5．「現実」の社会的構築・構成 ················· 23

　　(1)　個人から情報環境，そして行為の現場への働きかけ ················· 23

　　(2)　「現実」の社会的構築・構成モデル ················· 24

　　(3)　予期される反応と「現実」の社会的構築・構成 ················· 25

　　(4)　現実の「意味」の社会的構築・構成 ················· 26

(5) 社会問題とメディア―社会構築主義― ……………………………… *28*

第2章　コミュニケーションと社会構造 …………………………… *30*

　2-1．コミュニケーションの機能 ……………………………… *30*

　　(1)「機能」について ……………………………………………… *30*

　　(2) コミュニケーションの機能 ………………………………… *31*

　　(3) コミュニケーションの機能とシステムの維持・安定 ………… *33*

　2-2．コミュニケーション効果・影響の研究 ……………… *33*

　　(1) コミュニケーション効果・影響研究の分類基準 ……………… *34*

　　(2) ミクロ―非累積的研究：説得研究 ………………………… *35*

　　(3) ミクロ―累積的研究：社会化研究 ………………………… *37*

　　(4) マクロ―非累積的研究：世論研究・流言（デマ）研究 ………… *38*

　　(5) マクロ―累積的研究：コミュニケーションと社会変動の研究 …… *41*

　2-3．「情報／コミュニケーション／社会」の関連図式 ……… *43*

　　(1) 社会過程／社会関係／社会構造 …………………………… *44*

　　(2) 第Ⅰ層：情報の発信・伝達／交換・受容過程 ……………… *47*

　　(3) 第Ⅱ層：社会関係（物理的・文化的情報装置） ……………… *48*

　　(4) 第Ⅲ層：社会構造・文化構造 ……………………………… *54*

第Ⅱ部　マス・コミュニケーションとジャーナリズム

第3章　近代社会とマス・コミュニケーション ……………………… *59*

　3-1．近代化の進展と近代社会の成立 ………………………… *59*

　　(1) 近代化の諸傾向 ……………………………………………… *59*

　　(2) 分化と統合 …………………………………………………… *61*

　　(3) 近代社会の特徴 ……………………………………………… *62*

　　(4) グローバリゼーション ……………………………………… *63*

　　3－2．情報環境の拡大と大衆社会の出現 ························· 66
　　　⑴　「市民社会」実現の期待 ······························· 66
　　　⑵　大衆社会の脆弱性 ································· 67
　　　⑶　パワー・エリート論 ······························· 69
　　3－3．マス・メディアの発達と普及⑴―欧米社会― ············· 70
　　　⑴　「出版資本主義」と国民国家 ····················· 70
　　　⑵　大衆紙の登場 ································· 72
　　　⑶　ラジオの黄金期 ································· 73
　　　⑷　20世紀・最強のメディア＝テレビ ················· 74
　　3－4．マス・メディアの発達と普及⑵―日本社会― ············· 76
　　　⑴　新聞の普及 ································· 77
　　　⑵　ラジオの普及 ································· 80
　　　⑶　テレビの普及 ································· 82
　　3－5．マス・コミュニケーションの機能 ························· 86
　　　⑴　マス・コミュニケーションの機能と逆機能 ········· 87
　　　⑵　マス・メディアの機能分析―テレビを中心に― ········· 88
　　3－6．日本社会におけるメディア接触と機能評価 ················· 92
　　　⑴　メディア接触 ································· 92
　　　⑵　各メディアの機能評価 ························· 93

第4章　マス・コミュニケーションの効果・影響モデルの変遷 ····· 100
　　4－1．「市民社会」とマス・メディア ························· 102
　　　⑴　市民的「公共圏」 ································· 102
　　　⑵　啓蒙機関としてのマス・メディア ················· 103
　　　⑶　マス・メディア批判の視角 ····················· 104
　　4－2．弾丸効果モデル ································· 105
　　　⑴　宣伝研究 ································· 105
　　　⑵　パニック研究 ································· 107

　　(3)　キャンペーン研究 ……………………………………… 108
　4−3．限定効果モデル ……………………………………… 108
　　(1)　大衆社会と多元社会 …………………………………… 108
　　(2)　個人的要因 ……………………………………………… 110
　　(3)　集団的要因 ……………………………………………… 111
　　(4)　マス・コミュニケーション効果の一般化 …………… 114
　　(5)　利用満足研究 …………………………………………… 116
　4−4．強力効果モデル ……………………………………… 118
　　(1)　アジェンダ（議題）設定モデル ……………………… 119
　　(2)　沈黙の螺旋モデルと第三者効果仮説 ………………… 123
　　(3)　培養理論 ………………………………………………… 125
　　(4)　メディア依存理論 ……………………………………… 126
　4−5．強力影響・機能モデルと複合モデル ……………… 129
　　(1)　スキーマ理論 …………………………………………… 130
　　(2)　メディア・フレーム論 ………………………………… 131
　　(3)　能動的オーディエンス論とテクスト論 ……………… 133
　4−6．ソーシャル・メディアの普及とマス・メディアの
　　　　 影響力 ………………………………………………… 136

第5章　政治コミュニケーション論の展開 …………………… 138
　5−1．政治コミュニケーション論の視座 ………………… 138
　5−2．政治コミュニケーションの効果・影響研究 ……… 139
　　(1)　選挙キャンペーン ……………………………………… 139
　　(2)　政治コミュニケーション効果・影響研究に対する批判 ……… 140
　　(3)　政治コミュニケーション効果・影響研究の修正と分類 ……… 142
　5−3．批判的コミュニケーション論 ……………………… 147
　　(1)　マルクス主義的政治コミュニケーション論 ………… 147
　　(2)　批判的コミュニケーション論の展開 ………………… 150

　　　⑶　イデオロギー装置としてのマス・メディア……………………*151*

　5－4．多次元的権力観と政治コミュニケーション……………*154*

　　　⑴　多次元的権力観…………………………………………………*154*

　　　⑵　多次元的権力状況におけるマス・メディアの役割……………*156*

　5－5．政治コミュニケーションの排除モデル……………………*158*

　　　⑴　排除モデルの視座………………………………………………*158*

　　　⑵　カルチュラル・スタディーズ…………………………………*160*

　　　⑶　「能動的オーディエンス論」再考………………………………*163*

　　　⑷　言説分析…………………………………………………………*166*

　5－6．ソーシャル・メディアとポピュリズム政治……………*169*

第6章　ジャーナリズムの自由と責任………………………………*172*

　6－1．マス・メディアの自由……………………………………………*172*

　　　⑴　「自由」のとらえ方………………………………………………*173*

　　　⑵　法制度的な保障…………………………………………………*175*

　6－2．マス・メディアの自由に関する四理論…………………………*176*

　　　⑴　権威主義理論……………………………………………………*177*

　　　⑵　ソビエト＝全体（共産）主義理論……………………………*178*

　　　⑶　自由主義理論……………………………………………………*180*

　　　⑷　社会的責任理論…………………………………………………*181*

　6－3．マス・メディアの自由に関する他の理論構成…………*183*

　　　⑴　発展のためのメディア理論……………………………………*183*

　　　⑵　民主的参加のためのメディア理論①―アクセス論への展開―

　　　　………………………………………………………………………*184*

　　　⑶　民主的参加のためのメディア理論②―批判的コミュニケーション

　　　　論からの展開―………………………………………………………*185*

　　　⑷　民主的参加のためのメディア理論③―ソーシャル・メディア論の

　　　　展開―…………………………………………………………………*187*

　　6－4．マス・メディアの規制と倫理 ……………………………… *187*
　　　(1)　放送に対する規制 ………………………………………… *187*
　　　(2)　放送に対する規制根拠 …………………………………… *189*
　　　(3)　メディアの自主規制 ……………………………………… *190*
　　6－5．ジャーナリズム活動の問題点 …………………………… *192*
　　　(1)　ニュースのとらえ方 ……………………………………… *192*
　　　(2)　ゲートキーパーとニュース・バリュー ………………… *193*
　　　(3)　ニュースの共通性 ………………………………………… *195*
　　　(4)　ニュースの共通性の要因①―ニュース組織とジャーナリスト―
　　　　　 ……………………………………………………………… *196*
　　　(5)　ニュースの共通性の要因②―記者クラブと発表ジャーナリズム―
　　　　　 ……………………………………………………………… *198*
　　　(6)　ニュースの共通性の要因③―客観報道― ……………… *200*
　　　(7)　ニュースの共通性の要因④―ニュースの物語― ……… *202*
　　　(8)　ニュースの共通性の要因⑤―テレビ・メディアの特質― …… *205*
　　6－6．ジャーナリズムと「現実」の社会的構築・構成 ……… *206*
　　　(1)　濾過と省略の作用 ………………………………………… *206*
　　　(2)　現実の社会的構築・構成①―擬似イベント― ………… *207*
　　　(3)　現実の社会的構築・構成②―メディア・イベント― … *209*
　　　(4)　マス・メディア組織内での「現実」の社会的構築・構成 ……… *210*
　　6－7．新たなジャーナリズムの模索と課題 …………………… *212*
　　　(1)　ニュー・ジャーナリズム ………………………………… *212*
　　　(2)　インターネット時代のジャーナリズム ………………… *214*

第Ⅲ部　情報化の進展とコミュニケーションの変容

第7章　情報化の進展と情報社会論 ………………………………… *219*
　　7－1．情報化のとらえ方 ………………………………………… *219*

　　　　7－2．情報化の進展とメディアの変容······················220
　　　　　⑴　情報流通センサス································220
　　　　　⑵　コンピュータ・スマートフォンなどの端末機器の開発・普及····221
　　　　　⑶　通信伝送路の整備・高度化····························222
　　　　　⑷　メディア間の融合································223
　　　　7－3．情報社会論と情報化政策························226
　　　　　⑴　脱産業社会論としての情報社会論··················226
　　　　　⑵　各国の情報化政策································227
　　　　7－4．日本における情報社会論と情報化政策の展開··············231
　　　　　⑴　未来社会論····································231
　　　　　⑵　ニューメディア論······························232
　　　　　⑶　マルチメディア論······························234
　　　　　⑷　国家戦略としての情報化··························237

　第8章　情報化の進展とコミュニケーション過程··················242
　　　　8－1．情報社会モデルと文化＝コミュニケーション・モデル
　　　　　　································242
　　　　　⑴　情報社会モデル································242
　　　　　⑵　文化＝コミュニケーション・モデル··················245
　　　　8－2．個人・家庭生活の情報化························250
　　　　　⑴　個人・家庭生活の情報化の指標··················250
　　　　　⑵　インターネットの利用時間と利用目的··············252
　　　　　⑶　情報化の進展と価値（観）の多様化··················253
　　　　　⑷　個人間のデジタル・ディバイド··················254
　　　　8－3．情報化と地域社会································255
　　　　　⑴　ケーブルテレビへの期待························255
　　　　　⑵　地域情報化構想································258
　　　　　⑶　情報化の地域間格差··························260

　　(4)　地域コミュニティとヴァーチャル・コミュニティ ⋯⋯⋯⋯⋯ *262*

　　(5)　地方の危機と地域コミュニティ論 ⋯⋯⋯⋯⋯⋯⋯⋯⋯⋯ *263*

　8－4．情報化とマス・コミュニケーション ⋯⋯⋯⋯⋯⋯⋯⋯ *263*

　　(1)　新聞への影響 ⋯⋯⋯⋯⋯⋯⋯⋯⋯⋯⋯⋯⋯⋯⋯⋯⋯⋯⋯ *264*

　　(2)　放送への影響 ⋯⋯⋯⋯⋯⋯⋯⋯⋯⋯⋯⋯⋯⋯⋯⋯⋯⋯⋯ *265*

　8－5．情報化とグローバル・コミュニケーション ⋯⋯⋯⋯⋯ *269*

　　(1)　情報の「南北問題」⋯⋯⋯⋯⋯⋯⋯⋯⋯⋯⋯⋯⋯⋯⋯⋯⋯ *269*

　　(2)　戦争報道 ⋯⋯⋯⋯⋯⋯⋯⋯⋯⋯⋯⋯⋯⋯⋯⋯⋯⋯⋯⋯⋯ *271*

　　(3)　ディアスポラ・コミュニティ ⋯⋯⋯⋯⋯⋯⋯⋯⋯⋯⋯⋯ *274*

　　(4)　インターネットと国家間のデジタル・ディバイド ⋯⋯⋯⋯ *276*

第9章　日本社会の情報化と近代化 ⋯⋯⋯⋯⋯⋯⋯⋯⋯⋯⋯⋯⋯ *279*

　9－1．「狭義の情報化」と「広義の情報化」⋯⋯⋯⋯⋯⋯⋯⋯⋯ *279*

　9－2．近代化の開始と交通・通信の創業 ⋯⋯⋯⋯⋯⋯⋯⋯⋯ *282*

　9－3．国家統合の進展と交通・通信網の整備 ⋯⋯⋯⋯⋯⋯⋯ *284*

　　(1)　地域間交流の活発化 ⋯⋯⋯⋯⋯⋯⋯⋯⋯⋯⋯⋯⋯⋯⋯⋯ *285*

　　(2)　中央の成立と地方の従属化 ⋯⋯⋯⋯⋯⋯⋯⋯⋯⋯⋯⋯⋯ *286*

　9－4．産業化・都市化の進展と情報の大衆化 ⋯⋯⋯⋯⋯⋯⋯ *288*

　　(1)　産業化と都市化 ⋯⋯⋯⋯⋯⋯⋯⋯⋯⋯⋯⋯⋯⋯⋯⋯⋯⋯ *288*

　　(2)　マス・メディア時代の到来と言論統制 ⋯⋯⋯⋯⋯⋯⋯⋯ *289*

　9－5．高度産業社会における情報の一極集中 ⋯⋯⋯⋯⋯⋯⋯ *292*

　9－6．戦後日本社会における集合的記憶とメディア ⋯⋯⋯⋯ *294*

　9－7．日本社会の中の情報化 ⋯⋯⋯⋯⋯⋯⋯⋯⋯⋯⋯⋯⋯⋯ *296*

　引用／参照文献 ⋯⋯⋯⋯⋯⋯⋯⋯⋯⋯⋯⋯⋯⋯⋯⋯⋯⋯⋯⋯⋯ *299*

　索引 ⋯⋯⋯⋯⋯⋯⋯⋯⋯⋯⋯⋯⋯⋯⋯⋯⋯⋯⋯⋯⋯⋯⋯⋯⋯⋯ *309*

第 I 部

コミュニケーションの構造と機能

第1章 コミュニケーションの基礎概念

1-1. コミュニケーションのとらえ方

　コミュニケーションという用語は，現代社会ではさまざまな場面で用いられるようになってきた。そこでまず，本章ではコミュニケーションとは何かという問題について考えるために，コミュニケーションとそれに関連する諸概念について検討してみる。その際に確認しておきたいのは，人々は社会の一員として，他の人間といろいろな形で複雑にかかわりあいながら，社会を成立させ，維持し，さらには変化させているという点である。言い換えると，社会とはそうした複数の個人の間で繰り広げられる相互作用の産物なのである。次の指摘は，こうした点を要約したものである。

> 「多数の個人は，相互の基本的な志向性，信頼性，依存性によってさまざまなかたちで相互に結合し，それによって多少とも不安定な権力バランスを伴う相互依存ネットワークもしくは関係構造——例えば家族，学校，都市，社会階層，国家——をさまざまなかたちで形成している。」（エリアス，1970 = 1994：3）

　個人間の相互の結びつき，すなわちここで言う相互依存ネットワークや関係構造を支えているのが，情報の伝達や交換，そして人や物の移動である。こうした情報の伝達や交換，あるいは人や物の移動こそが社会的相互作用であり，それは「社会過程」と呼ばれている。換言すると，ここで相互依存ネットワークや関係構造と呼ばれている「社会関係」は，情報の伝達や交換，あるいは物や人の移動といった「社会過程」を通じて，再生産され，変化しているのである。

(1) 社会過程としてのコミュニケーション

　ここでは，コミュニケーションを考えるうえで重要な概念である社会過程
について，社会関係との関連からより詳しく述べておきたい（安田，1981：
21，参照）。社会関係とは，行為者の間で，ある程度継続して顕在的または
潜在的な相互行為が行われる状態を指す。あるいは，契約的ないしは自然発
生的に作り出された役割規範にしたがって，将来その行為が反復して行われ
ることが期待される関係を意味する。このように，社会関係は行為者間の相
互行為の結果であると同時に，そうした相互行為を規定するという側面をも
つ静態的な状態と考えられる。他方，社会過程とは先に見たように，情報の
伝達や交換，あるいは物や人の移動という動態的な過程を指し示すもので，
通常は社会関係にそって成立する。ただし，社会関係が存在しない場合でも，
情報の伝達や交換，ないしは人や物の移動といった社会過程によって社会関
係が発生することも当然ある。

　したがって，社会過程としてのコミュニケーション，すなわちコミュニ
ケーション過程という場合には，情報の伝達や交換によって社会関係が動的
な状態になり，活性化することを意味する。なお，ここでは情報を，意味あ
る記号の配列，ないしはその集合体ととらえる。個人間のコミュニケーショ
ンの場合，情報は，直接的には声（あるいは音），表情，身振りなどによっ
て伝達・交換される。これは，「対面的（face to face）コミュニケーション」
と呼ばれる。また，さまざまなメディアを介して声や音，文字や画像（静止
画・動画），さらにはデータという形態によっても情報は伝達される。この
ように情報を運ぶ役割を担う装置が，通常は「メディア（media：単数形は
medium）」と呼ばれている。コミュニケーションの当事者が地理的に離れて
いる場合，情報は電話やコンピュータ，そして新聞，ラジオ，テレビなどの
メディアを通じて人々の間で伝達され，交換されるのが一般的である。

　ただし，メディアを介さない場合，すなわち物や人が移動する際にも，情
報はそれらに付随して伝達・交換される。対面的コミュニケーションを行う
ためには，人は情報を伝達する相手がいる場所に移動しなければならない。

したがって，交通機関が発達すると，地理的に離れている人々が対面的コミュニケーションを行う機会も増大する。また，物にしてもそれが本来果たしうる「実用的機能」以外に，さまざまな意味も同時に伝達しており，それは物に備わる「情報的機能」と呼ばれる（林，1969：3，本書第7章の「情報化のとらえ方」参照）。そうすると，人や物も機能的にはメディアの役割を果たしうることになるが，ここではとりあえず，情報の移動を中心的な働きとする装置，すなわち電話や新聞・テレビ，そしてコンピュータなどを指す場合に限ってメディアという用語を使用する。

(2) コミュニケーションの定義

　人間社会におけるコミュニケーション，すなわち社会的コミュニケーションとは社会過程の一部を構成し，人間社会における情報の生産（＝収集，処理・加工，蓄積，発信），伝達・交換，受容（＝受信，処理・加工，蓄積）といった一連の動態的過程を指し示す。この種の社会過程は，むろん循環的過程でもあり，受容された情報は生産され，伝達・交換され，再び受容されていく。ただし，先に示したように，社会のなかの個人は既存の関係構造のなかに組み入れられており，そうした社会的連鎖のなかで情報は諸個人にさまざまな意味を提供し，影響を及ぼしている。それは同時に，情報自身，社会的コミュニケーションの中で変質しながら移動する過程でもある。

　こうして見ると，コミュニケーションという社会過程は，基本的には情報の伝達・交換による社会的相互作用であることがわかる。すなわち，コミュニケーションという社会過程を現象的に見るならば，それは，「社会的相互作用を行う当事者間における情報の伝達・交換，およびそれによって生じるその情報に関する当事者間における意味の共有」と定義できよう。ここで言う情報の伝達・交換とは，前述した情報の生産，伝達・交換，受容という一連の動態的かつ循環的な過程のことにほかならない。ただし，その結果生じる情報の意味の共有という問題に関しては若干の説明を要する。

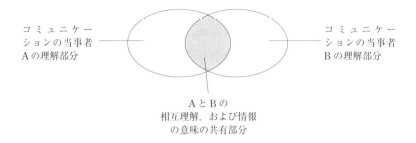

コミュニケー
ションの当事者
Ａの理解部分

コミュニケー
ションの当事者
Ｂの理解部分

ＡとＢの
相互理解，および情報
の意味の共有部分

図1－1　コミュニケーションによる相互理解

出典：ロジャーズ，1986＝1992：213，をもとに作成。

(3)　意味の共有という問題

　ある目的をもって情報が伝達・交換され，コミュニケーションの当事者間
がその情報をもとに行動し，一定の目標が達成された場合，情報の意味は共
有されたと言える。たとえば，出会う場所と時間を約束し，それが実現され
るというケースがそれにあたる。ただし，これは言うなれば「表層的」な意
味の共有にすぎない（言語学などでは「表示義」と呼ばれている）。

　なぜなら，コミュニケーションの当事者である諸個人は，自らの経験，お
よびその蓄積としての知識，記憶，イメージにもとづいて，伝達・交換され
た情報の意味を理解し，解釈するからである。これは情報の「深層的」な意
味と呼べるであろう（言語学などでは「共示義」と呼ばれている）。そうし
た経験，知識，記憶，イメージには必ず個人差がある。したがって，伝達・
交換された情報の意味をめぐる理解や解釈に関しても当然個人差が生じる。
それが，意見や解釈をめぐる相違，対立，さらには衝突へと発展する場合も
ある。それゆえ，ここで言う情報をめぐるコミュニケーション当事者間の相
互理解，すなわち情報の意味の共有というのは，その程度はさまざまではあ
るが，あくまでも「部分的な共有」にとどまることになる（図1－1）。

　情報の理解や解釈に関するこのような個人差を少しでも減少させるために，
意見の交換や人々の交流が行われる。これは，コミュニケーションのきわめ

て重要な側面である。こうしたコミュニケーションの結果，互いに相手の意見を理解し，当事者間で合意や妥協が成立する場合もある。また，合意や妥協に至らない場合でも，互いの意見の差異を認識し，尊重しあうこともある。

　また，コミュニケーション過程においても，情報が正常に伝達・交換されず，意味が共有されないケースも当然存在する。互いに理解できない，異なる言語を使用する人々，あるいは異なる文化に属する人々の間で，情報の伝達・交換が行われる場合には，その可能性は高まる。あるいは情報が正常に伝達・交換されても，当事者間で経験，知識，記憶，イメージなどに大きな差があり，意味の共有がほとんど生じないこともある。このようにコミュニケーションが正常に機能しない状況は，通常，「ミスコミュニケーション」あるいは「ディスコミュニケーション」と呼ばれている。

1－2．コミュニケーション分析の基本単位

　これまで見てきたように，コミュニケーションとは，人々の間における社会的相互作用に属するまさに基本的な社会過程である。それはまた，人々の集合体である集団や組織の間の基本的な社会過程でもある。それではコミュニケーションという社会過程を分析する場合，われわれはどのような単位を抽出する必要があるのだろうか。この問いに対する解答のうち，もっともよく知られているのが，C.E. シャノン＝ W. ウィーバーによる通信工学をもとにしたコミュニケーション・モデルであり，また H.D. ラスウェルによる宣伝研究をもとにしたコミュニケーション・モデルである。

⑴　一方向的なコミュニケーション・モデル

　シャノン＝ウィーバーのモデルは，おもに電話による情報伝達をもとに考案された（図1―2：シャノン＝ウィーバー，1949 ＝ 1969）。このモデルでは，コミュニケーション過程は次のように段階的に描かれている。

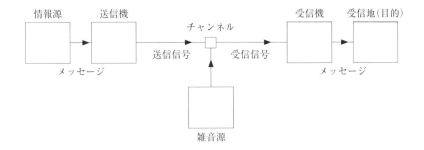

図1−2　C.E. シャノン＝ W. ウィーバーの
コミュニケーション・モデル

出典：シャノン＝ウィーバー，1949 ＝ 1969：14

① 情報源（＝話し手）は，あるメッセージ（＝情報）を選定する。

② そのメッセージは，送信機（＝話し手の電話機）によって信号に変換される。

③ メッセージは，チャンネル（＝電話回線）を通して，受信信号として受信機（＝聞き手の電話機）に伝送される。

④ 受信機は，受信信号を再びメッセージ（＝情報）に変換する。

⑤ そのメッセージは，受信地（＝聞き手）へと伝送する。

⑥ それに加えて，メッセージの忠実度を低下させ，時には破壊する要素，すなわちメッセージの正常な伝達を阻害する要素として，雑音源（＝ノイズ）がチャンネルに関連して設定される。

シャノン＝ウィーバーのモデルは，このように「話し手」から「聞き手」に至る一連の過程としてコミュニケーション過程をとらえているが，その点では，以下に述べるラスウェルの発想も基本的にはこのモデルと同様である。しかしながら，ラスウェルのモデルでは分析単位の一つとして「効果」があげられており，後述するように，その後のコミュニケーション研究がいわゆる効果研究を中心に展開してきたことを考えるならば，ラスウェルのモデルの重要性は高く評価されねばならない。

(2) 効果分析の重要性

　ラスウェルによって提示されたコミュニケーション分析の基本単位と，そ
れにかかわる研究対象は，「統制研究」「内容分析」「メディア分析」「受け手
分析」「効果分析」に分類され，それは図1―3のように整理されている
（ラスウェル，1960 ＝ 1968）。これら五つの要素のなかで，研究対象として
もっとも重視されるのが効果分析である。それ以外の送り手，メッセージ
（＝情報），チャンネル（＝メディア），受け手といった要素は，効果研究の
観点から検討を加えられるのが一般的である。換言すると，コミュニケー
ション研究においては，それらの要素はコミュニケーション「効果」に影響
を及ぼす要因として，あるいは「効果」を測定するための変数として位置づ
けられてきた。このモデルによって，送り手が一定の意図を持ってメディア
を用いてメッセージを受け手に伝達し，受け手にいかなる効果を与えるかと
いうコミュニケーション・モデルが提示された。ここでは，宣伝に象徴され
る，送り手による受け手に対する「説得（あるいは操作）」という問題が重
視されることになった。

　ラスウェルのモデルは，宣伝研究，さらにはマス・コミュニケーション研
究においては画期的なモデルと評価されてきた。しかしその一方，シャノン
＝ウィーバーのモデルと同様，送り手から受け手への一方向的なコミュニ
ケーションという見方を採用していること，そして送り手による受け手に対
する効果（説得や操作）という問題を軸に据えていたことから，これまでさ
まざまな修正が重ねられてきた。とはいえ，効果研究を軸に据えるラスウェ

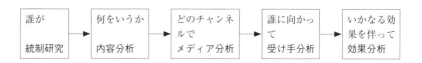

　図1―3　H.D. ラスウェルによるコミュニケーション分析の
　　　　　基本単位

出典：マクウェール＝ウィンダール，1981 ＝ 1986：19

ルのモデルは，送り手の意図を受け手に伝えるという問題意識からすると，その有効性は非常に高く評価されることになる。

　ただし，ここで考慮すべきは，こうした一方向的な視点はコミュニケーションという社会過程の一つの側面に過ぎないという点である。コミュニケーション過程の当事者としての個人，すなわち社会のなかの個人は，先に述べたように社会的ネットワーク，あるいは社会の関係構造のなかに組み込まれており，コミュニケーションとは基本的には個人間，ないしは集団・組織間の相互作用過程と見なされるべきである。また，コミュニケーションとは，既存の社会の相互依存ネットワークないしは関係構造の影響を受けつつ，そうしたネットワークや関係構造を再生産し，時にはそれらを変革する社会過程と把握されるべきである。

　すでに指摘したように，諸個人はメッセージの受け手であると同時に，送り手という側面もあわせもつ。したがって，先に示した情報の受容過程は，同時に情報の生産過程と見ることも当然できる。こうした観点に立つならば，ラスウェルのモデルにしても，前述したようにコミュニケーション過程の一つの側面に焦点をあわせたモデルととらえるほうが適切であることがわかる。

⑶　フィードバック概念の導入

　そこで次に，ラスウェルのモデルを起点としながらも，それに修正を加えてきた一群のモデルのなかから，竹内郁郎によって提示された「社会的コミュニケーションのプロセス・モデル」をとりあげ，それを用いながらより一般的かつ包括的なコミュニケーション・モデルについて検討してみよう（図1−4）。このモデルは，ラスウェルのモデルの修正を試みた数多くのコミュニケーション・モデルを参照しながら，コミュニケーションを個人間の相互作用としてまずはとらえ，個人をメッセージの「送り手／受け手」として位置づける。その際に，これまで数多くのコミュニケーション・モデルで採用されてきた「フィードバック」という概念が用いられている。ちなみにこの概念は，人間コミュニケーションをも含む情報科学（とくに，サイバネ

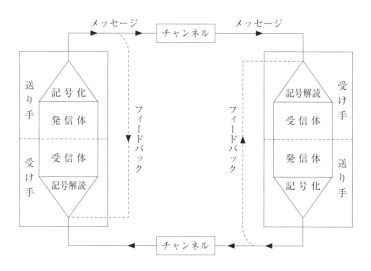

図1－4　社会的コミュニケーションのプロセス・モデル

出典：竹内，1990：12（一部変更）

ティクス概念）で活用されており，そこでは一般に次のように説明されている。

「われわれが，与えられた一つの型通りにあるものに運動を行わせようと
するとき，その運動の原型と，実際に行われた運動との差を，また新たな
入力として使い，このような制御によってその運動を原型にさらに近づけ
るということである。」（ウィーナー，1949 = 1962：8）

フィードバックの概念をこれまで論じてきたコミュニケーション・モデル
に導入すると，それは次のように要約される。

「送り手が意図した受け手が，実際にメッセージを受け取ったかどうか，
また受け取った場合，それをどのようにして受け取ったかに関する情報を
送り手が獲得する過程」（マクウェール＝ウィンダール，1981 = 1986：8，
訳一部変更）

コミュニケーション・モデルでは，送り手が受け手にメッセージを伝達し，
その結果生じたさまざまな現象をメッセージとして受け取る過程を説明する
際にフィードバックという概念は用いられてきた。その場合，送り手は

フィードバック過程によって得られたメッセージを参照しながら，より強力な効果をあげるために再びメッセージを受け手に発信することもある。さらに竹内のモデルは，フィードバック概念を拡張し，「自分の発信したメッセージが自分自身にとってのフィードバックとなる過程」，すなわち「自己フィードバック過程」を取り込んでいる（竹内，1990：11）。すなわち，他者にメッセージを伝達するという行為は，自らにとってもそのメッセージについて再考する契機となるのである。

　それに加えて，このコミュニケーション・モデルを説明する中で，竹内は次の二つの点を補足している（同：12 - 14）。第一は，モデルを単純化するためにこの図では社会的コミュニケーション過程を「閉じた回路」として描いているが，本来この過程は「開かれた回路」として考えられるべきということである。すなわち，諸個人は通常，直接に情報のやりとりを行う，コミュニケーションの相手以外のさまざまな環境要素から情報を受けとるのである。第二は，すでに指摘したことであるが，このモデルにおいてメッセージの「送り手／受け手」として位置づけられている単位が，個人のみならずさまざまな集団・組織にまで適用可能だという点である。コミュニケーション・モデルは，このように修正され，その有効性を高めてきたと言える。

⑷　マス・コミュニケーションのモデルへの展開

　コミュニケーション過程に関して，J.W. ライリー＝ M.W. ライリーによって提示されたモデルについても述べてみる（ライリー＝ライリー，1959 ＝ 1961）。このモデルもやはり，一方向的コミュニケーション・モデルを修正するものであるが，そこでの主たる目的は，マス・コミュニケーション過程を分析するためのより有効なモデルを提示することにある。このモデルの特徴は，これまで再三述べてきた人間を取り巻く相互依存ネットワークや関係構造の存在を重視する点に求められる。このモデルはまた，メッセージの送り手と受け手を，それぞれの社会集団のなかに位置づけ，それによりコミュニケーションの各側面が明らかになると考え，次のような説明を行っている

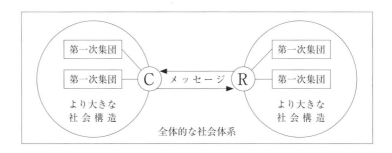

図1−5　J.W. ライリー＝ M.W. ライリーの
マス・コミュニケーションのモデル

出典：ライリー＝ライリー，1959 = 1961：58，訳一部変更

（図1−5：図中では送り手はC = Communicator，受け手はR = Receiver と
表記されている）。

① 送り手と受け手は相互依存的であり，その関係は，もはや一方向的な
送り手から受け手への関係ではない。

② 多くの送り手／受け手関係は，他のメンバーや，送り手と受け手の属
するそれぞれの集団などによって，むしろ間接化し，かつ複雑化するの
である。したがって，メッセージの流れは，送り手集団の送り手からそ
れに反応する受け手集団の受け手へということになる。

③ 送り手や受け手は，社会構造のなかにおいてそれぞれ明確な地位を
もっている。これは，受け手と同様に送り手の役割が社会という文脈に
影響されていることを意味しているばかりか，それ以上に，送り手の地
位と受け手の地位が，同一の社会システムの内部で相互に関係し合って
いるということを意味している。したがって，一人の個人または集団か
ら，他の個人または集団へと流される多くのコミュニケーションは，も
はやランダムなものではなく，一つの全体的な相互作用のパターンのな
かの要素として考えられる。

以上見てきたように，コミュニケーション過程を扱うモデルは，それを当
事者間の相互作用としてとらえ，また（自己）フィードバックという考え方

を取り入れ，さらにはそうした当事者を取り巻く集団やより上位に位置する社会構造や社会体系といった見方を採用することで発展をとげてきたのである。

1－3．コミュニケーションの分類

　次に，コミュニケーションという社会過程について，より明確に理解するために，その分類を試みてみよう。この種の試みは，これまでもいくつか行われてきた。第一は，言語コミュニケーションと非言語コミュニケーションという分類である。第二は，送り手が意識的に情報を発信する「意図的コミュニケーション」と無意識に発信する「非意図的コミュニケーション」という分類である。第三は，メッセージの伝達など一定の目標を達成することを目的とする「道具的（instrumental）コミュニケーション」と，メッセージの伝達よりも，コミュニケーションを行うことそれ自体が自己目的化している「自己充足的（consummatory）コミュニケーション」という分類である。ここでは，コミュニケーションの送り手と受け手との関係，およびそれにともなうコミュニケーションの性質に着目した分類を掲げておく（マレッケ，1963 = 1965：37 - 43）。

①　対面的コミュニケーションの形式をとる「直接的コミュニケーション」と，メディアが介在する「間接的コミュニケーション」。

②　送り手と受け手の役割交換が行われている「相互的コミュニケーション」と，そうした役割交換がない「一方向的コミュニケーション」。

③　メッセージが特定の個人や少数の限定された人々に送られる「私的コミュニケーション」と，受信者の範囲が限定されていない「公的コミュニケーション」。

　以下では，マレッケのこの分類を参照しながらも，送り手と受け手の規模と，受け手の情報に対するアクセス可能性に注目して，コミュニケーション

表1―1　コミュニケーションの分類

		コミュニケーションの当事者	利用メディア（例示）	送り手／受け手の役割交換の可能性
パーソナル・コミュニケーション		主に個人（小集団）	対話（会話），電話，手紙	高い
中間コミュニケーション	地域	地域メディア組織／地域社会の成員	地方紙ローカル放送局地域ミニコミ紙	やや高い／やや低い
	組織	企業・団体などの組織／組織の成員	社内報サークル誌	やや高い／やや低い
マス・コミュニケーション		マス・メディア組織／不特定多数の大衆	全国紙テレビ	低い

過程を，①パーソナル・コミュニケーション，②中間コミュニケーション，③マス・コミュニケーションに分類し，検討してみる（表1―1）。

　なお，先に述べたように，基本的にはコミュニケーション過程の当事者は，送り手であると同時に受け手ととらえられるが，ここでの分類はコミュニケーション過程を分類するために，情報の流れの範域に焦点をあわせる。また，近代社会において顕著に生じてきた社会的「分業（ないしは分化）」による専門的な送り手集団（マス・メディア組織など）の登場，およびその発展を考慮して送り手と受け手という用語を使うことにする。

(1)　パーソナル・コミュニケーション

　パーソナル・コミュニケーションとは，言うまでもなく歴史的に見ればもっとも原初的なコミュニケーション形態である。この場合，特定の個人間，あるいは相互に識別可能な少数の人々の間で，情報のやり取りが行われる。それは，1対1，1対特定少数，特定少数間のコミュニケーションというように表記できる。これらの場合，コミュニケーションの当事者間の送り手／受け手の区分は存在しないか，あるにしてもその役割交換の可能性はきわめて高い。

この種のコミュニケーションとしては，メディアを介さない対面的コミュニケーションがあげられる。また，電話，手紙，そして電子メールや LINE などデジタル技術を介したコミュニケーション（CMC: Computer-Mediated Communication）もパーソナル・コミュニケーションに含まれる。近年，携帯電話の普及により移動中のコミュニケーションが可能になり，パーソナル・コミュニケーションの形態も大きく変化してきたことは特筆に値する。

(2) 中間コミュニケーション

中間コミュニケーションでは，パーソナル・コミュニケーションと比べ，コミュニケーション当事者間の分業が進んでいる。この場合，一方の当事者が「特定多数」の人々に向けて情報を発信している（1 対特定多数）。この種のコミュニケーションは，特定多数の受け手が地域によって限定されているか，あるいは組織によって限定されるかにより，それぞれ「地域コミュニケーション」と「組織コミュニケーション」とに分類される。地域コミュニケーションの代表的なメディアは地方紙やローカル放送局である。この場合の受け手の資格は地域社会の成員というものであるから，組織コミュニケーションに比べ一般に匿名性は高くなる。また，組織コミュニケーションの場合には，企業単位で発行される社内報をあげることができる。サークル誌などもこの範疇に入る。CMC の領域では，Facebook など「特定多数」の人々の間のコミュニケーションも急速に普及してきた。

コミュニケーションの当事者の役割交換の可能性は，CMC の一部のサービスを除けば，送り手／受け手との間の分業が進んでいることから，パーソナル・コミュニケーションよりも低くなる。しかしその一方，コミュニケーションの範域が地域的，あるいは組織的に限定されているので，次に見るマス・コミュニケーションよりは高くなる傾向がある。ただし，中間コミュニケーションという考え方が，その名のとおりパーソナル・コミュニケーションとマス・コミュニケーションとの間の漠然とした範囲を指していることから，特定多数の受け手という場合の「特定」の規模と範囲は多様である。し

たがって，当事者の役割交換の可能性にしても利用メディアによって多種多様であり，ここでは「やや高い／やや低い」と表現するしかない。

(3) マス・コミュニケーション

　最後にマス・コミュニケーションについてだが，この種のコミュニケーションの場合，新聞社や放送局，そして出版社といったマス・メディア組織が「不特定多数」の人々に向けて情報を発信している（1対不特定多数）。その範域は国家社会の場合が多く，全国紙や全国ネットワークのテレビやラジオが典型的な例である。ここで不特定という用語を使うのは，中間コミュニケーションとは異なり，情報の送り手であるマス・メディア組織が想定する受け手の範域が，地域や組織に限定されないからである（ただし，その範域は国家という社会である場合がほとんどである）。

　もちろん，マス・メディア組織以外の人間や組織が，マス・メディアを利用して情報を発信するケースも多々ある。例えば政党や政治家は，マス・メディアを通じて自らの主張や見解，そして政策を国民に伝達しようとする。また企業組織は，マス・メディアを通じて宣伝や広告を行っている。ただしそうした場合でも，マス・メディア組織は情報を発信する人間や組織を選択し，情報それ自体の選択・編集作業を行っている。したがって，ここではマス・コミュニケーションの送り手をマス・メディア組織として一括しておく。なお，マス・コミュニケーションにおいては，マス・メディア組織という専門的な送り手集団が情報を収集・処理／加工，発信するので，送り手／受け手というコミュニケーションの当事者間の役割交換の可能性は，上述した二つのコミュニケーションと比べきわめて低くなっている。

(4) 利用メディアと伝達される情報

　コミュニケーションについては以上のように分類できるが，ここで確認しておきたいのは，各々のレベルのコミュニケーションが，伝達される情報の種類や利用メディアと必ずしも対応関係にはないという点である。したがっ

て，表1-1で掲げた利用メディアは，それぞれのコミュニケーションで活用されるケースが多いという意味にとどまる。典型的なのはローカル放送局（特にテレビ局）である。この種の放送局は，確かにローカル・ニュースなど地域情報を伝達するが，例えば日本の場合には，番組の多くは東京で制作された全国向けのものである。また，一定の地域，ないしは地域住民にとって有用な地域情報は，全国紙の地方版によっても伝達されるし，地域的な問題がマス・メディアによって報じられ，地域住民がその存在をはじめて認知するというケースも見られる。

　加えて，従来，地域コミュニケーション・メディアと位置づけられることが多かったケーブルテレビにしても，実際には衛星放送の番組や通信衛星などを経由して伝送される番組の再送信が中心になっている。さらに，CMCの場合には，文字・画像・音声・データといったさまざまな形態の情報を伝達できるだけでなく，ここで分類した三つのコミュニケーション，いずれのレベルにも対応可能であり，現実にそのように利用されている。

　こうした観点からインターネットの機能について見た場合，先に触れたように，パーソナル・コミュニケーションのレベルでは，個人間あるいは中間コミュニケーションのレベルでは，電子メールに加え，LINE，Twitter，Facebook，Instagram，そしてYouTube などの動画共有サービスといったソーシャル・メディアあるいはSNS（ソーシャル・ネットワーク・サービス）が頻繁に利用されるようになった。また，マス・コミュニケーションのレベルでは，新聞社，通信社，放送局が自社，あるいはそれ以外の，例えばYahoo!ニュースに代表されるニュースアプリを通じて最新のニュースが提供されている。

1－4. 情報行動と情報環境

これまで，社会的相互作用としてのコミュニケーションという観点から検討してきたが，以下ではコミュニケーション過程の一方の当事者，特に受け手に注目する。そして，受け手である個人を取り巻く情報環境，およびそうした環境のなかで繰り広げられる情報行動について，これまで論じてきた見解をふまえつつ考察してみたい。

(1) 情報環境の中での情報行動

人間は，自らを取り巻く環境から様々な情報を入手し，それと同時にそうした環境に対し意味を付与するという作業をつねに行っている。これら一連の過程が「情報行動」である。個々の人間は，自らを取り巻く環境から情報を受信し，それを処理・加工・蓄積し，さらには環境に向けて発信するわけである。

人々はこのような情報行動を絶え間なく行っているわけだが，これら一連の作業を通じて形成，あるいは再形成されているのが，人々を取り巻く「情報環境」である。すなわち，情報環境とは，個人のレベルに焦点を合わせてみた場合，人々が自らの意識のなかで形成する主観的環境であり，それは「人間と情報の相互作用が行われる場」（中野，1980：224）としてとらえられる。情報環境は，諸個人が自分の周囲の環境を直接的に知覚し，経験する環境（＝直接的環境）と，メディアを通じて間接的に知覚し，経験する環境（＝間接的環境）とに分類される（清水，1972）。情報環境は直接的環境と間接的環境，ないしは両者の相互作用によって構成されている。それに加えて，そうした知覚や経験は，やはりさまざまな選択作用をへて知識，記憶，イメージとして蓄積される。蓄積された知識，記憶，イメージは，新たにインプットされる情報の意味づけに大きく影響を及ぼすことになる。

(2) 共有される情報環境

　ここで問題にしたいのは，本来主観的に構成されるはずの個人を取り巻く情報環境，そこで繰り広げられる個人を単位とする情報行動が，社会の他の人々と共通性をもつようになるという点である。この問題については，「風景」を目で見る「私」の環境ととらえ，そこで生まれる「私」という意識や態度から「我々」という共通な意識と態度の発生の説明を試みる次の説明が多くの示唆を与えてくれる。

　　「環境の風景のある部分は一つの時代，一つの文化のなかでつくられた共
　　通の風景の眺めを共有している。……個々の人間はそれぞれに異なる身辺
　　的環境の『知覚の風景』から，即ち私の『他人の』それとは異なった眺め
　　から出発して，それを時間的，空間的に拡大していけばいくほど，その拡
　　大された部分については私の眺めも他人の眺めもしだいにその差異をなく
　　していって，私にも他人にも共通な我々の共通な風景を見るようになるの
　　である。」（沢田，1975：88）

　ここで言う「我々の共通な風景」を構築し，構成するのが，社会的相互行為としてのコミュニケーションである。そして，近代社会においては，とくに時間的・空間的に離れた出来事に関する「風景」を構築し，構成する過程で大きな影響力をもつのがマス・コミュニケーションである。すなわち，近代社会のなかの諸個人は，マス・メディアが発達し，普及することにより，間接的環境に依存する比重を高め，社会の他の人々と情報環境を共有する傾向を強めてきたのである。そのことは同時に，他の人々と共通する情報行動を行う傾向を強化する方向へと作用してきた。このようにして「我々の共通な風景」は，「私の風景」とそれを構築し，構成する情報行動に影響を及ぼすのであり，逆から言えば，そうした情報行動によって「我々の共通な風景」は再生産されているのである。

(3) コピーの支配と擬似環境の環境化

　かつて藤竹暁は，「擬似環境の環境化」という概念を用いて，情報環境に

対するマス・コミュニケーションの影響力の大きさと，ニュース報道などを通して情報環境を規定する際に働くジャーナリズムの力について興味深い説明を行った（藤竹，1968）。藤竹は，先に述べた直接的環境を「現実環境」，間接的環境を「擬似環境」ととらえる。そして，現実環境と人間との間に介在する「環境イメージ」が，「現実環境」を歪めて伝達することから，それを「擬似環境」ととらえ，その機能について論じている。

　藤竹のこの見解に多大な影響を及ぼしたのが，世論研究の中で示唆に富む研究を行ったW.リップマンと清水幾太郎である。清水は，実際の出来事（実物＝オリジナル）とマス・メディアが提供する情報（コピー）とを対比させる。そして，マス・コミュニケーションの影響力を「コピーの支配」と名づける。確かに人々は，マス・メディアによって提供される情報に対して何らかの疑惑や不安を抱くことがある。しかし，コピーが支配する世界では，人々は「実物とコピーとを照合することは不可能である」（清水，1972：122）。その結果，次のような状況が日常化する。

　「疑惑があろうと，不安があろうと，差当り，彼は提供されたコピーにすがって生きるよりほかはないのである。社会的分化の過程を通じて，相互に分裂し衝突する多くの集団の間に立ち尽くしている個人，その個人の上に，無数のコピーが降り注いでいるのである。」（同：136－137）

　このようにして成立し，影響力を強めてきた擬似環境は，ジャーナリズムの活動を通じて，人々に対して間断なく提示され続ける。特に放送メディア，さらに近年はコンピュータの普及がこの傾向に拍車をかけてきた。その結果，人々を取り巻く情報環境における擬似環境の比重が高まり，擬似環境は「擬似」という性格を失いはじめる。それが，「擬似環境の環境化」という現象である。この現象は，擬似環境が持つ次に示す特徴によって引き起こされる（藤竹，1968：13）。

　①　消費者に対して，環境イメージが日々休みなく提示される。
　②　大量の消費者に対して，一様に同じ環境イメージが提示される。
　こうして，擬似環境は現実環境に対して優位に立つだけでなく，現実環境

との区分を失うことにより，情報環境を圧倒的に支配し始めてきたのである。

(4) 擬似環境におけるジャーナリズムの働き

　マス・コミュニケーションの受け手，すなわち消費者は，近代社会においては，ジャーナリズム活動に依存しつつ，自らの情報環境を確定する作業を行わざるをえない。その際，次の二つの条件の存在が重要である（同：14）。

　　① ジャーナリズムの活動が周期性をもつことによって，活動の存在それ自体が消費者にとって，習慣化するという事態の発生。
　　② 消費者は自ら行うべき環境の確定作業を，ジャーナリズムの活動に全面的に依存するという事態の発生。

　これまで見てきた「我々の共通な風景」，「コピーの支配」，そして「擬似環境の環境化」という説明によって，社会の構成員による情報行動の共通化，そして情報環境の共有化という現象はある程度明らかになったと思われる。

　ただし，ここで留意すべきは，前述したライリー＝ライリーのモデルで示されているように，マス・コミュニケーションの送り手と受け手，いずれもが全体的な社会システムに属し，その中で活動している点である。したがって，ここで言う情報行動の共通化，そして情報環境の共有化という傾向が，受け手のレベルに限定されることはない。すなわち，これらの現象は，マス・コミュニケーションの受け手の間のみならず，送り手相互間，そして送り手と受け手との間でも生じている。

　というのも，送り手相互間については，例えばあるマス・メディア組織内のジャーナリスト同士，ないしはマス・メディア組織間の関係の中で，そうした現象が見られるからである（6—5「ジャーナリズム活動の問題点」，参照）。また，送り手と受け手との関係のレベルでは，個々のジャーナリストやマス・メディア組織にしても，ジャーナリズム活動それ自体が受け手である大衆と情報の共有化を志向するからである。このことは，マス・コミュニケーションがコミュニケーションという社会過程の一つの領域である以上，そしてすでに見たようにコミュニケーションという社会過程が「社会的相互

作用の当事者間における情報の伝達・交換，およびそれによって生じるその情報に関する当事者間における意味の共有」と把握されることから当然生じる傾向である。

1－5. 「現実」の社会的構築・構成

　情報環境という考え方は，環境に対する個人の知覚や認識を出発点に据えていた。ただし，先に述べた情報行動の共通化や情報環境の共有化という，いわば社会レベルにおいてこの問題を検討する場合には，それだけでは十分とは言えない。というのも，近代社会においては，マス・メディアを中心に形成される擬似環境の比重の増大という問題については，社会において構築・構成される「現実（reality)」という問題のなかで論じられることが必要だからである。

⑴　個人から情報環境，そして行為の現場への働きかけ

　この問題については，コミュニケーション過程が社会的相互作用である以上，人々の情報環境に対する認識が，情報環境，さらには社会的出来事が生じた行為の現場に影響を及ぼすという点が重要である。リップマンの次の指摘は，その点を巧みに要約している。

　　「行為の現場，その現場について人間が思い描くイメージ，そのイメージに対する人間の反応がおのずから行為の現場に作用するという事実。……（すなわち）人と，その人を取り巻く状況の間に一種の擬似環境が入り込んでいる……。人の行動はこの擬似環境に対する一つの反応である。しかしそれが行動であることには違いない。だから，もしそれが実際の行為である場合には，その結果は行動を刺激した擬似環境にではなく，行為の生じる現実の環境に作用する。」（カッコ内引用者：リップマン，1922 ＝ 1987：29, 31)

この指摘にもあるように，擬似環境に対する人々の反応（＝行為の現場について思い描くイメージ）は，社会的出来事（＝行為の現場）それ自体に作用する。それに加えて，（この点は，上記のリップマンの見解を進展させることになるが）擬似環境がジャーナリストなどを中心に形成された人為的な環境である以上，人々の反応はそうした擬似環境に対しても作用し，影響を及ぼすと考えられる。すなわち，擬似環境に対する人々の反応は，社会的出来事を経由した間接的作用としてのみならず，擬似環境に対しても直接的に影響を及ぼすととらえられるのである。さらに，擬似環境に対しては，そうした人々の描くイメージのみならず，擬似環境内部でさまざまなメディアが相互に影響を及ぼしあう。それら一連の過程を経て形成された擬似環境は，社会的出来事である行為の現場に対して強く影響すると言える。

(2)　「現実」の社会的構築・構成モデル

　「社会的出来事」，「擬似環境」，「擬似環境に対する人々の反応」，という三者の相互作用過程は，次に見る「『現実（reality)』の社会的構築・構成」モデルによって図式化された。そこで以下では，このモデルについて検討する（アドーニ＝メイン，1984 ＝ 2002）。このモデルでは，「現実」は次の三つに分類され，考察が加えられている。

①　客観的現実——この現実は，存在する事物，あるいは実際に生じた出来事といった現実である。情報環境論においては，「現実の環境」に相当する。

②　象徴的現実——この現実は，近代社会においては，主としてマス・メディア（さらには近年ではインターネット）によって形成され，構成されている。情報環境論においては，「擬似環境」に相当する。

③　主観的現実——この現実は，諸個人にとっての情報環境，すなわち一般の人々が頭の中で描く世界を指す。マス・コミュニケーション論においては，受け手の意識の中で形成され，構成される現実が，主観的現実である。

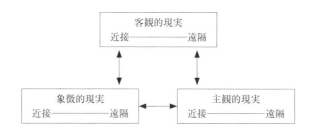

図1−6 「現実」の社会的構築構成モデル

アドーニ＝メイン，1984 ＝ 2002：146

　このモデルは，前述したように，これら三つの「現実」が相互に，さらには弁証法的に影響し合い，「現実」が社会的に構築・構成されることを主張する（図1−6）。社会的に構築・構成される「現実」というのは，これら三つの「現実」相互に作用する中で，つねに変化し続けている。したがって，当初存在した「客観的現実」にしても，「象徴的現実」や「主観的現実」に影響されながら変化し続けると見ることができる。

⑶　予期される反応と「現実」の社会的構築・構成

　一方向的なコミュニケーション論にもとづく研究は，一般にこれら三つの現実を時系列的に比較し，その間で因果関係を見出すという手法を採用してきた。効果研究の観点は，その典型である。この観点の前提には，①まず何らかの社会的出来事が生じ（客観的現実），②それをマス・メディアが報道し（象徴的現実），③その報道に一般の人々が反応する（主観的現実），という図式が存在する。効果研究は，比較的短いスパンの中で，マス・メディアが構築し，構成する「象徴的現実」が，人々の「主観的現実」，およびその集合体である世論に影響を及ぼすか否か，及ぼす場合にはどの程度かということを問題にしてきた。この場合，各々の「現実」の間で繰り広げられる影響というのは，一方向的かつ明示的なものだと言える。

しかしその一方，こうした現実の社会的構築・構成過程においても，潜在的に行使される影響力は存在する。それは，「象徴的現実」や「主観的現実」から「客観的現実」へと向かう影響の流れである。例えば，マス・メディアによっていったん報じられた社会的出来事に関して見ると，そうした報道やそれによって喚起された世論の影響を受けながら，社会的出来事が推移，展開するケースが数多く見られる。この場合，マス・メディアや世論は，社会的出来事の当事者によって形成される客観的現実の構築・構成に対して，潜在的な影響力を行使していると考えられる。加えて，マス・メディアや世論の反応を予期しながら社会的出来事が作られるケースも頻繁に生じる。そこでは，上述した一方向的コミュニケーション論の見方とは逆の影響の流れが観察されることになり，一種の逆転現象が生じていると解釈できる。

　さらに，かなり長いスパンで現実の社会的構築・構成にかかわる影響力について考えてみた場合，社会レベルで蓄積され，その構成員の間で共有された記憶，すなわち「集合的記憶（そして，集合的な知識やイメージ）」の影響力も考慮されるべきである。というのも，客観的現実の構築・構成に関与する人々のみならず，象徴的現実を構築・構成するマス・メディア，そして主観的現実の集合体である世論は，こうした集合的記憶を参照しながら，現実の社会的構築・構成に直接的ないしは間接的にかかわることになるからである（大石，2005）。

(4) 現実の「意味」の社会的構築・構成

　なお，「『現実』の社会的構築・構成」モデルには「近接―遠隔」という要素が組み込まれている。アドーニとメインは，この要素は必ずしも物理的な距離だけを指すのではなく，心理的な距離も含むと考えている。ここで「近接」という用語で示されるのは，人々が客観的現実との直接的な相互作用を通じて主観的現実を構築・構成する可能性が高いと考えられているからである。その場合，ある個人の主観的現実の構成にとっては，マス・メディアが形成する象徴的現実よりも，客観的現実との相互作用の影響のほうが大きく

なる。その一方，諸個人が直接に観察することが困難な世論とか社会秩序といった，一般的かつ抽象的な社会的要素で構築・構成されている「現実」が，ここでは「遠隔」という用語で表現されている。この場合，主観的現実の構築・構成が行われる際には，象徴的現実との相互作用の影響力が強くなり，それへの依存度が高まる。

　ただし，ここで強調されるべきは，「現実」が社会的に構築・構成されるということは，その「現実」が社会の成員によって認識されると同時に，社会の中で意味が付与され，評価されるという一連の過程をも含み込むという点である。現実の社会的構築・構成という過程は，現実に関する意味や評価をめぐる合意ないしは対立の過程とも見なしうるのである。こうして見ると，先に述べた個人にとっては「近接」する客観的現実にしても，それについての意味づけや評価といった行為はすぐれて「社会的」な作業だと言える。その大きな理由は，この作業を行う時には，通常は社会の成員の間で共通に使用され，意味が共有されている言葉，ないしは言語を用いることに求められる。次の指摘は，この問題を考えるうえで示唆に富む。

　　「私が自分の経験を客観化するのに用いることのできる日常の言語は，日
　　常生活にその基礎をもっており，たとえ私が限定的な意味の領域における
　　諸経験を解釈するのにそれを用いることがあったとしても，言葉は常に日
　　常生活の方を志向しつづけている。それゆえ，普通には，私が意味の限定
　　的領域を解釈しようとして日常言語を用い始めるや否や，私はこの意味の
　　領域の現実を〈歪曲〉することになる。つまり，非日常的経験を日常生活
　　の至上の現実のなかへ〈翻訳〉しなおすことになるわけである。」（バー
　　ガー＝ルックマン，1966 ＝ 1977：43）

　こうして見ると，「現実」の社会的構築・構成という過程については，言葉，ないしは言語を媒介として，客観的・象徴的・主観的といった三つの現実が相互作用するなかで，意味が付与され，評価される過程としてとらえ直すことができる。「現実」の社会的構築・構成は，社会における価値の再生産，あるいはその変化の過程と深く関連するのであり，そこにコミュニケー

ション研究が取り組むべき重要な課題が存在すると考えられる。

(5) 社会問題とメディア——社会構築主義——

　これまで述べてきた「現実」の社会的構築・構成に関する考え方は，社会問題とメディアとの関連を考える上で重要な視点を提供する。特に，以下に示す「社会構築主義」の主張を参照するとその意義は一段と明確になる。「（社会構築主義は）問題とされる社会状態が客観的に見ても本当に問題があると言えるのかどうかとか，その状態を引き起こした原因がどこにあるのかを確定することに研究の主眼を置くのではなく，クレイムを申し立てている人々がどのようにして当の問題を問題として取り上げるようになったのか，そのときクレイムを申し立てられた人々や社会はどのような反応をしたのかといった人々の社会的活動の記述に研究の対象を変える……。」（カッコ内引用者：平・中河編，2000：9 − 10）

　確かに，社会問題というのはその当事者が問題を認識し，社会に対し問題提起を行う（クレイム）ことによって初めてその存在が認識されるようになる。ここで社会問題は「客観的現実」に相当する。この「現実」，すなわち社会問題というのは，クレイムによって社会で明らかになると主張されているのである。

　こうした問題を社会運動との関連で論じてみよう。社会問題の存在を認識した人々が，社会運動の担い手になることでこの問題は社会で表面化する。そうした社会運動組織の構成員と社会問題の当事者以外の人々の大部分は，マス・メディアの報道によって社会問題の存在と，クレイムを申し立てられた側の人々や社会の反応を知ることになる。これらの人々は，「象徴的現実」を通して，例えば世論という形をとって間接的に社会問題と関わることになる。これは社会問題の「主観的現実」への組み込みと言えるであろう。それに加えて，こうした組み込みを行った人々が自分の周囲に同様の社会問題が存在することを認識し，やはり社会運動を組織化し，クレイムを申し立てると，それは「客観的現実」に参入することになる。「現実」の社会的構築・

構成に関する考え方と社会構築主義を連関させ，社会問題と社会運動の展開に適用すると，こうした図式を描くことができる。

　ただし，ここで留意すべきは，この過程をコミュニケーションの観点から見ると，社会問題という出来事の構成要素の切り取りと，切り取った要素の「編集」という作業が必ず伴うということである（6—5「ジャーナリズム活動の問題点」，参照）。これが前述した「現実」の構築・構成と，それと同時に行われる社会の中での意味づけと評価という一連の過程にほかならない。加えて，その過程においては，やはり前述した集合的記憶（そして，集合的な知識やイメージ）がこれら一連の過程に大きな影響を及ぼすことも押さえておく必要がある。これは，客観的・象徴的・主観的，いずれの「現実」の構築・構成の過程にもあてはまる。特に，「象徴的現実」の構築・構成の主たる担い手であるジャーナリストは，できるだけ多くの人々に，できるだけわかりやすく情報を伝達する必要があるので，社会の支配的な知識，記憶，イメージに依拠しながら「象徴的現実」を構築・構成する傾向が強くなるのである。

第2章 コミュニケーションと社会構造

2－1. コミュニケーションの機能

　第1章での検討を踏まえ，本章では社会過程としてのコミュニケーション
が果たす機能について考えてみたい。

(1) 「機能」について

　コミュニケーションの機能について検討する前に，その準備作業として，
ここではまず R.K. マートンの見解にもとづきながら「機能」の概念について
検討してみる。機能とは一般に，個人や組織の行為によって生じる現象が社
会に及ぼす作用を指す。こうした考え方をもとにマートンは，機能とそれに
関連する概念を次のように定義する（マートン，1957＝1961：20，46）。

　①　機能———システムの適応ないしは調整を促す観察結果。

　②　逆機能———システムの適応ないしは調整を減ずる観察結果。

　③　没機能———システムにとって，当面無関連な観察結果。

　この定義において重要なのは，「観察結果」という用語が使われているこ
とからも明らかなように，機能，逆機能，没機能のいずれも観察者の立場か
ら記述・説明され，評価されている点である。これらの概念は，システムに
かかわる行為者あるいは参与者の意図や動機とは切り離されて定義されてい
る。マートンはまた，システムにかかわる人々の行為や組織の活動が，機能
と逆機能のいずれの結果ももたらすことから，その評価にあたっては一定の
基準を設ける必要性を指摘している。

その一方マートンは，これらの定義とは別に，システムにかかわる行為者
や参与者の意図ないし動機とを関連させた「機能」の概念も同時に提示して
いる。すなわち，観察結果と意図や動機が一致するケース，あるいは両者が
食い違うケースを想定して，次に示すように「顕在的機能」と「潜在的機
能」という区別を設けるのである（同：46）。

① 顕在的機能——システムの調整ないし適応に貢献する客観的結果で
   あって，しかもこのシステムの参与者によって意図され認知されたもの。
② 潜在的機能——システムの参与者によって意図されず，認知されない
   もの。

以上の点から，マートンがシステムの維持・存続という問題と関連させな
がら機能を定義し，その定義の枠内にありながらも，システムの参与者の意
図や動機を基準として顕在的機能と潜在的機能とを区別していることがわか
る。

(2) コミュニケーションの機能

マートンの見解を参照しながら，「コミュニケーションの機能」について
見るならば，それはコミュニケーションという社会過程が一定のシステムの
適応ないしは調整を促す観察結果としてとらえられる。この機能は顕在的機
能，潜在的機能のいずれの場合も想定することができる。

コミュニケーションの機能に関する研究の中で，もっとも広く知られてい
るのは，やはりラスウェルの見解であろう。H.D. ラスウェルはコミュニケー
ションの機能として，環境の監視，環境に反応するにあたっての社会の構成
要素間の相互作用，ある世代から他の世代への社会的遺産の伝達，をあげた。
また C.R. ライトは，ラスウェルの見解を継承しながらも，上記の三つの機能
に加えて，娯楽を付け加えた。これら四つのコミュニケーションの機能につ
いて，人間社会というシステムを対象に以下順に論じることにする（ラス
ウェル，1960＝1968；ライト1959＝1966，参照）。

① 環境の監視——これは，ある社会を取り巻く環境の変化を，社会やそ

の社会の構成員に情報として伝達する機能を指す。コミュニケーションのこの機能により，それぞれの個人や社会は，自らを取り巻く環境に適応することが可能になり，その結果，個人や社会の維持や存続が可能になる。例えば，マス・メディアの報道機能がこの種の機能に相当する。

② 環境に反応するにあたっての社会の構成要素間の相互作用——これは，環境から取り入れた情報を選択，評価，解釈するという作業を通じて，社会の各構成要素間の相互作用を促し，それにより社会の環境の変化への対応の仕方を指示するという機能である。マス・メディアの世論形成機能や論評機能がこの種の機能を担っていると言える。

③ ある世代から他の世代への社会的遺産の伝達——これは，ある社会内部で価値や規範，あるいはそれらを具体化した思考様式や生活様式など，いわゆる文化の歴史的継承という機能を指す。広義の「教育」がこの機能に相当する。

④ 娯楽——これは，上記の三つの機能とは異なり，何か目的をもって情報が伝達されるというよりも，社会の構成員に楽しみや気晴らしの機会を提供するという機能である。さらに，情報の伝達・交換という行為それ自体がコミュニケーションの目的となることもあるが，そうした「自己充足的コミュニケーション」も，ここで言う娯楽機能に分類できるであろう。

コミュニケーションの機能は，このように大別することが可能である。ただし，この分類はそれほど体系化されたものではなく，あくまでも観念的なものであり，実際のコミュニケーション過程はこれらの機能が複数備わっているのがふつうである。加えて，先に示した顕在的機能と潜在的機能という点に着目するならば，たとえばテレビのドラマ番組の場合，それが娯楽の機能を意図されたコミュニケーション（＝顕在的機能）でありながらも，結果的あるいは暗黙のうちに，さまざまな教育の機能を果たし，社会的遺産の伝達という機能（＝潜在的機能）を担う場合もある。

(3) コミュニケーションの機能とシステムの維持・安定

　コミュニケーションの機能については以上のように要約できるが，ここで機能の定義と関連して，重要な問題を指摘しておきたい。それは，ある一つのシステムというのは，多数の下位システムによって構成されているという点である。人間社会を例にとるならば，国家という社会システムは，一般に複数の地域社会や組織といった下位システムによって構成されている。あるいは国民文化という全体システムは，民族，宗教，言語，世代，地域などによって構成されうる多様な下位文化（サブカルチャー）を包摂しながら存続していると見ることができる。

　このようにシステム間の関係を，重層的かつ階層的にとらえるならば，上位システムの維持・存続，さらには発展ということが，下位システムの維持・存続，発展に必ずしもつながらない場合がある点に留意する必要がある。こうした重層的かつ階層的なシステム間の関係は，通常は支配関係として読み替えることができる。そう考えると，自律性が相対的に高い上位システム（たとえば，国家社会や国民文化）にとって，その維持や発展に貢献するコミュニケーションの機能が，自律性が相対的に低い下位システム（例えば，地域社会や下位文化）にとっては逆機能になるという事態も当然生じうる。もちろん，それとは逆の状況，すなわち下位システムにとっては機能的でありながら，上位システムにとっては逆機能となるようなコミュニケーションも当然存在する。コミュニケーションの機能について考える場合も，こうした視点を取り入れることがきわめて重要となる。

2－2．コミュニケーション効果・影響の研究

　第1章の「コミュニケーション分析の基本単位」で言及したように，コミュニケーション研究，ないしはマス・コミュニケーション研究の中心に位置してきたのは，コミュニケーションという社会過程を，送り手から受け手

への情報伝達というように一方向的にとらえるモデルであった。すなわち，送り手によって発信された情報が，受け手に対してどのような効果あるいは影響を及ぼすかという問題が，（マス・）コミュニケーション研究の主たる課題であった。実際，前述した「コミュニケーションの機能」にしても，娯楽機能の中で論じた「自己充足的コミュニケーション」を除けば，送り手が受け手に効果・影響を及ぼすことを前提に成立している。逆から見れば，そうした効果・影響があるからこそ，コミュニケーションという社会過程は，社会において一定の機能を果たしうると考えられてきたのである。

(1) コミュニケーション効果・影響研究の分類基準

コミュニケーションの効果・影響をめぐる調査研究は，パーソナル・コミュニケーション，地域・組織コミュニケーションといった中間コミュニケーション，マス・コミュニケーション，いずれに関してもこれまで数多く行われ，蓄積されてきた。そこで以下では，これまでのコミュニケーションの効果・影響を扱った研究を分類・整理し，コミュニケーションの機能について検討してみる。

第一は，コミュニケーション効果・影響の対象を「ミクロ」あるいは「マクロ」のどちらに据えるかという分類である。ミクロ研究とは，主として受け手としての個人や小集団に対する効果・影響を対象とする研究を扱うものである。それに対し，マクロ研究とは，社会の構成員の情報行動の共通化，情報環境の共有化という側面に焦点を合わせ，国家など社会全体に対するコミュニケーションの効果・影響を対象とする研究を扱うものである。

第二は，コミュニケーション効果・影響を「累積的」，あるいは「非累積的」のどちらの観点から分析するかという分類である。累積的とは，受け手がさまざまなメッセージを長期にわたり受容することによって生じる効果・影響を対象とするものである。他方，非累積的とは，一つの，あるいは一群のメッセージの受容によって比較的短期間に生じる効果・影響を対象とするものである。これら二つの軸をもとに，コミュニケーション効果・影響研究

表2―1　コミュニケーション効果・影響研究の分類
(代表的な研究領域の例示)

		コミュニケーション効果・影響の累積性	
		非累積的	累　積　的
コミュニケーション効果・影響の対象レベル	ミクロ	説得研究	社会化研究
	マクロ	世論研究 流言研究	コミュニケーションと社会変動の研究

を分類し，各領域における代表的な研究を掲げ（表2―1），各々に関して順に概観してみる。

(2)　ミクロ―非累積的研究：説得研究

　「説得研究」とは，送り手が発するメッセージによる，受け手としての個人に対する説得という問題を対象とするものである。そこでは，送り手が明確な意図をもってメッセージを受け手に伝え，そのメッセージに接触した受け手が自らの意見や態度，そして行動を変化させるか否か，変化する場合にはその程度が問題にされてきた。また，その際に働く諸要因や諸条件も研究対象に据えられてきた。ただし，こうした説得コミュニケーションは，受け手の側の諸要因の働き，あるいは送り手の側の説得手法の不適切さなどにより，逆の効果を生み出す場合もある（ブーメラン効果）。すなわち，送り手の意図とは逆の方向に受け手の態度や行動が変化してしまうこともある。

　説得コミュニケーションに関する調査研究は，心理学あるいは社会心理学と深く関連するものが多く，そこで蓄積されてきた調査研究結果と相互に影響しあいながら進められてきた。説得研究によって得られた調査結果は，おおよそ次のように一般化されている（マクウェール，1975＝1979：156 - 161，またホヴランドほか1953＝1960，参照）。

　①　送り手の性質――受け手が送り手に対して抱く尊敬と信頼性が高い場合，コミュニケーションの影響の度合いは高くなる。

② 送り手に対する受け手の側の好み，あるいは両者の類似性——この要因に関しては，受け手は自分が好意をもつ人や，類似性が高いと認める人から影響を受けやすいという結果になった。

③ 送り手によるコミュニケーションの独占——一部の送り手がコミュニケーションを独占する場合，その情報源の意向にそった効果，すなわち受け手の側の変化が増大する。ここで言う独占とは，送り手が選択可能な複数のメッセージや自らの主張とは異なるメッセージを排除し，終始一貫したメッセージを繰り返し伝達することを意味する。

④ 情報の内容や話題——コミュニケーション効果がもっとも有効に生じる内容や話題は，次のように要約される。新たな問題や受け手にとって馴染みのない意見，そして個人的経験によって点検できないものは，もっともコミュニケーションの影響を受けやすい。それとは対照的に，政治的な信条や信念，人種や民族集団に対する考え方，宗教的忠誠心や国民的忠誠心といったものは，受け手の側で長い時間を経て定着しており，コミュニケーションの影響を受けにくい。

⑤ 一面的説得と両面的説得——前者は説得する方向に一致するメッセージのみを伝達し，後者は一致しないメッセージも同時に伝達する方式である。一面的説得が有効なのは，受け手がすでに抱いている知識，意見，信念，気質などによって形成されている「先有傾向」と，伝達されるメッセージが一致している場合である。他方，両面的説得は，それらが一致しない場合に有効である。

⑥ 受け手の「先有傾向」と「補強効果」——上記の項目に関連して，一般にメッセージが受け手の「先有傾向」と一致している場合，コミュニケーションの効果は最大になる。これは通常，コミュニケーションの「補強効果」と呼ばれている。

⑦ 受け手を取り巻く社会的文脈や準拠集団——コミュニケーションの効果・影響にとって，社会的文脈や準拠集団が重要な意味をもつ。社会的文脈や準拠集団は，効果・影響を媒介し，効果・影響が受容されるか否

かを左右している。

　なお，ここでの要約の大部分については，後述する「マス・コミュニケーションの効果・影響モデルの変遷」（第4章）の中の「限定効果モデル」において再度言及する。また，最後にあげられている準拠集団（・小集団）の影響は，前章で検討したJ.W. ライリー＝M.W. ライリーのモデルを実証した結果ともとらえられる。

(3)　ミクロ—累積的研究：社会化研究

　「社会化」とは一般に，諸個人が帰属し，所属する社会の支配的な価値や規範，そして慣習などを学習し，それを内面化することにより社会に「適応」する過程を指す。この過程は，以下に見るように「第一次社会化」と「第二次社会化」に分類される（バーガー＝ルックマン，1966＝1977：220 – 234）。

①　第一次社会化——個人が幼年期に経験する最初の社会化のことであり，それを経験することによって，社会の成員となる。第一次社会化は，一般化された他者（およびそれにともなういっさいの事柄）の観念が意識の中に確立されたとき，終了する。

②　第二次社会化——すでに社会化されている諸個人を彼／彼女が属する社会という客観的世界の新しい諸部門へと導いていく，それ以後のすべての社会化のことをいう。第二次社会化は，制度的な，あるいは制度的に基礎づけられた，〈下位世界〉が内在化される過程であり，直接にしろ間接にしろ，分業に基礎づけられた役割に特殊な知識の獲得である。

　第一次社会化の担い手としては，通常，家族，同輩集団（同年齢の子供たちからなる交友集団），学校，各種メディアなどが想定される。また第二次社会化の担い手としては，地域社会や職業組織，そしてここでも各種メディアがあげられる。コミュニケーション効果・影響研究の観点に立つならば，こうした社会化の担い手が，コミュニケーションの送り手としてメッセージを伝え，その効果・影響が累積されることにより人々は社会化されていくことになる。そのメッセージは，概して社会の既存の支配的な価値や規範を反

映したものであり，したがって社会化とは人々がコミュニケーション過程を通じて，そうした規範や価値を内面化する過程にほかならない。

　ただし，ここで留意すべきは，社会化の過程が，社会において支配的な既存の価値や規範，あるいはそれらをすでに内面化した人々や組織によって，それ以外の価値や規範が「抑圧」され，排除される過程でもあるという点である。たとえば，第二次社会化の過程において，マス・メディアを通じて全体社会の価値や規範を学習した諸個人が，それとは異なる職業組織の価値や規範と出会い，心理的な葛藤を生じることが考えられる。その場合，その人は一方の価値や規範を選択する必要に迫られる。また，価値や規範が整合している場合，そうした支配的な価値や規範とは異なる選択を行うことは通常はその人にとっては大きな負担となる。コミュニケーションによる社会化の機能は，こうした側面を有している。

⑷　マクロ―非累積的研究：世論研究・流言（デマ）研究

　ここで扱う世論や流言（デマ）に関するコミュニケーションの効果・影響の研究は，上述の説得研究と密接にかかわる。ただし，説得研究が主に個人レベルでの短期的な意見や態度の形成・変化に焦点をあわせるのに対し，世論・流言（デマ）は個人をこえた社会的な現象である。コミュニケーションによって伝達されたメッセージが，そうした社会現象に及ぼす効果・影響がここでは問題とされる。

　世論とは，通常「一般の人々の関心の的になっている政治的，社会的諸問題に対する大衆の反応（すなわち，賛成，反対，無関心など）」（ベレルソン，1960＝1968：297）を意味する。世論とはまた，ある問題や争点に関する諸個人の意見の総和，あるいは意見の分布ととらえられ，一般に世論調査を通じて知ることができると考えられている。しかし，それは世論を静態的にとらえた見方であり，ある特定の一時期に観察される世論の一つの断面にすぎない。

　したがって世論を動態的にとらえ，その形成過程に着目するならば，こう

した静態的な把握の仕方は適切さを欠く。動態的な観点に立って，世論形成過程を「争点の提示─個人意見の形成─個人意見の成立─集団内討議─集団意見の決定─集団間討議─社会的決定」（竹内，1990：42）という単純化された図式が提示されたことがある。ただし，この図式においても以下の点に留意する必要がある。第一は，ある問題に関する世論は，これまで再三論じてきたように，とくに個人を取り巻く情報環境が拡大した近代社会では，大部分の一般市民は政治的，社会的諸問題に直接に接する機会はほとんどなく，またそうした問題についての情報や知識が乏しい場合のほうが多いということである。したがって，政治エリートやジャーナリスト，さらにはその問題や争点に関する専門家が，マス・メディアをはじめ様々なメディアを通じて世論を方向づけ，この図式における個人や集団がそれに反応するという過程を経るという状況が日常的に観察される。それに関連して第二は，個人や集団が，おもにマス・メディアをはじめ様々なメディアを通じて争点を認知することから，自らが所属する社会の他の成員と争点に関する情報を共有していることを知りつつ，意見形成，討議，決定を行うということである。

　もちろん，「われわれはたいていの場合，見てから定義しないで，定義してから見る」（リップマン，1922＝1987：111）という言葉で示されるように，人々はすでに保持している価値観を参照しつつ，社会のさまざまな出来事を観察し，評価している。したがって，社会において支配的な価値や規範，さらにはそれらを反映した「ステレオタイプ」が世論形成に大きな影響を及ぼすと考えなければならない。ここで言うステレオタイプとは，一般に「あるカテゴリーに属する人がもつ可能性の高い特徴に関する信念」（亀田＝村田，2000：216）であり，社会にすでに普及している知識，記憶イメージと深くかかわるものである。

　マス・メディア情報と世論との関連に注目するならば，ここで言う「カテゴリー」に関して，マス・メディアの広範な受け手が想定されることになる。この場合，ステレオタイプは国家社会の範域で存在し，そのレベルでの世論過程に影響を及ぼすことになる。ただし，一般に世論研究では，マス・メ

ディア報道が，世論にどのような影響を及ぼすかという，比較的短期の，非累積的なマス・コミュニケーションの効果・影響の問題のほうが中心に位置してきたと言える。

　次に流言（デマ）についてだが，この現象は一般に，社会の構成員の社会的連鎖の中で生じるコミュニケーションによって引き起こされ，人々の誤謬がその中心的属性であり，人から人に口頭で伝達されるメッセージによって生じるととらえられている（シブタニ，1966＝1985：14－15）。流言はまた，「発生→発展→消滅」という，一種のライフサイクルによってとらえられることがある（ロスノウ＝ファイン，1976＝1982）。

　そこで以下では，このライフサイクルにそって若干の説明を試みてみる。流言はじつに多様な要因から「発生」する。この問題についてオルポートとポストマンは，流言の「流布量は，当事者に対する問題の重要さとその論題についての証拠のあいまいさの積に比例する」（オルポート＝ポストマン，1947＝1952：42）と述べている。これは，「流言の流布量」＝「問題の重要さ」×「証拠のあいまいさ」と表記されている。重要な問題が生じ，証拠が不足し，社会で恐怖や不安が高まっている場合，たとえば戦時中や災害時では流言が発生する傾向は高まる。それほどの深刻さはないにせよ，いわゆる「都市流言」の発生もこうした説明が可能であろう。

　次に「発展」段階については，このコミュニケーション過程でメッセージが歪曲されるパターンは以下のように要約されている（シブタニ，1966＝1985：17；オルポート＝ポストマン，1947＝1952：第8章）。

①　平均化——これは，伝達の過程で話し手の説明がより短く，簡潔に，かつ平易になる傾向を示している。

②　強調——これは，人々が情報を選択的に知覚したり想起したりする傾向，および少数の細部が報告される傾向のことである。

③　同化——これは報告がより一貫していき，被験者の先入観や関心と整合的になっていく傾向を指す。

ここで注目すべきは，流言においては，「同化」のパターンに見られるよ

うに，人々の先入観や関心といった個人・社会レベルで長期にわたって形成された要因も，その過程では重要な影響を及ぼしうるという点である。

最後の「消滅」について，まずあげられるのが流言の対象となった出来事に関する人々の関心の低下である。これは流言の自然消滅と言えるであろう。また，歪められたメッセージに関して信頼度の高い情報がマス・メディアなどで伝えられ，証拠の信頼度が減少し，流言が消滅する場合もある。ただし，消滅したかのように見える流言でも「一般の人々にとっての確立した信念体系の一部」（ロスノウ＝ファイン，1976＝1982：72）になり，社会的影響力を残存させる可能性については考慮する必要がある。

(5) マクロ―累積的研究：コミュニケーションと社会変動の研究

社会変動とは，社会構造のレベルでさまざまな変化が生じる過程と定義される（富永，1965：255）。なお社会構造とは，「制度化された規範による人員配分および所有配分の持続的配置」（同：253）と定義される。またN.J. スメルサーは，社会変動に関する研究や理論について，それらが社会の「不統合」と「再形成」いずれを扱う研究か，そして社会変動の「短期的過程」と「長期的過程」いずれを扱う研究かという二つの軸を設け，以下のように分類したことがある（スメルサー，1968＝1974：276 − 280）。

① 不統合・短期的過程――危機状態における「社会崩壊」の理論。
② 不統合・長期的過程――衰退，衰亡または「死」の理論。
③ 再形成・短期的過程――危機状態からの「回復」の理論。
④ 再形成・長期的過程――発展または「成長」の理論。

コミュニケーションと社会変動に関する研究は，これまで近代化（この概念については後述する）という現象を中心に据え，ここで言う「再形成・長期的過程」に対するコミュニケーションの影響という観点から数多く行われてきた。その代表的論者であるD. ラーナーは，近代化という社会変動にともない，公的なコミュニケーション・システムが「口頭システム」から「媒体システム」へと変化し，それ以外のシステムの変化と連関しているととらえ

た（ラーナー，1960＝1968：84；訳一部修正）。

① コミュニケーション——「口頭」から「媒体」へ。

② 社会経済——「農村的」から「都市的」へ。

③ 政治——「非代議制」から「代議制」へ。

④ 文化——「低いリテラシー」から「高いリテラシー」へ。

ただし，ここで留意すべきは，近代化の進展という枠内でコミュニケーションと社会変動の問題を扱ってきた研究では，コミュニケーション領域における変化が，社会統合，とりわけ国家レベルの統合に寄与するという前提が存在してきたという点である。そうした国家統合が，欧米社会を中心に成立してきた近代国民国家の形成と不可分の関係にあったことは言うまでもない。なお，近代国民国家の成立要件としては以下の諸点が指摘されている（木畑，1994：7，参照）。

① 国境線に区切られた一定の領域，すなわち「領土」。

② 「主権」。対外的にはその国家に主権が存在することが認められ，国内的には国民が主権を有することが制度化されている。

③ その構成員としての国民の間での「国民的アイデンティティ」の共有。

各種メディアの普及によるコミュニケーションの発展は，ここで言う国民的アイデンティティの共有という問題と深く結びついている。国民的アイデンティティが創出され，維持されるためには，コミュニケーション・メディアの発達と普及による，国民社会ないしは国民国家レベルでの情報の共有が不可欠になる。こうした傾向は，以下に見るような国家レベルにおけるナショナリズムの台頭と深く結びついてきた。

「ナショナリズムという同一のイデオロギーが，ほとんど正反対のこと——（主に19世紀のヨーロッパで見られたように）ネーションが国家を作るということと，（主に第二次世界大戦後の新興国で見られたように）国家がネーションを作るということ——を正当化するために使われたのである。ナショナリズムが手段として使用価値のある政治用語だったからである。この意味で，国家のアイデンティティは社会的に構成されるわけであ

る。」（カッコ内引用者：ナイ，2009＝2009：229）

　ところが，歴史的に見ても民族，言語，宗教，そして地域などの対立・紛争は世界各地で生じてきたし，近年その深刻さは増大してきた。この問題は周知のように，多種多様なメディアが発達した欧米諸国をはじめとする先進産業国においても生じており，コミュニケーションの発達による社会統合の進展という図式は見直しを迫られるようになった。このことは，国民国家レベルでの社会のエリートから大衆への情報伝達という基本図式から逃れることのないまま研究を進めてきたコミュニケーションの効果・影響研究に対しても，深刻な問題を突きつけていると言える。

　以上，コミュニケーションの効果・影響研究を概観してきた。言うまでもなく，これらの研究課題は，特に20世紀におけるマス・メディアの発達と普及に伴い，マス・コミュニケーション研究として設定される傾向が強くなってきた。したがって，この種の問題については「第4章　マス・コミュニケーションの効果・影響モデルの変遷」において，より詳しく検討する。また，「コミュニケーションと社会変動の研究」に関しては，以下の「情報／コミュニケーション／社会」の関連図式を説明する中で，コミュニケーションの効果・影響という観点から離れて論じることにする。

2－3.「情報／コミュニケーション／社会」の関連図式

　これまで，ある一つの社会システム（特に国民国家）の維持・存続，さらには発展という観点を中心に，コミュニケーションの機能，あるいはコミュニケーション効果・影響という問題について既存研究を要約しながら考察を行ってきた。以下では，視点を変えて，コミュニケーションという社会過程が社会関係（そして情報装置や社会構造・文化構造）とどのように関連するかという問題について検討してみたい。

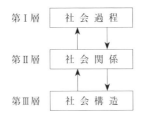

図2－1　「社会過程／社会関係／社会構造」の関連図式

(1)　社会過程／社会関係／社会構造

　第1章で述べた社会的相互作用としての社会過程と，社会関係や社会構造との関連は，図2－1のように三つの層として簡略に示すことができる。前述したように，ここで言う社会関係とは「行為者の間で，ある程度継続して顕在的または潜在的な相互行為が反復して行われる関係」，また社会構造は「制度化された規範による人員配分および所有配分の持続的配置」をそれぞれ指す。すなわち，社会過程は社会関係によって規定され，同時に社会関係を再生産している。同様の規定・再生産という関係は，社会関係と社会構造との間にも存在する。

　コミュニケーションの機能について考える場合，かつては前述した説得研究に代表される効果研究が有力であった。効果研究の場合，明示化されたメッセージに焦点を合わせ，それが受け手に対していかなる効果を及ぼすかという問題がその中心に位置してきた。それに対し，ここでは社会関係や社会構造と関連づけて社会過程としてのコミュニケーションについて検討し，コミュニケーションの潜在的機能，それに関連したコミュニケーション過程の中に潜む権力・支配関係の再生産といった作用も視野に収めながら考察を行うことにする。こうした観点に立つならば，以下の記述は示唆に富む。

　「力の関係によって担保されたものとしてのコミュニケーションの過程で伝達されるメッセージは，どんな性格をおびるか。そこではメッセージはいわば二重化されていて，明示的なメッセージにくわえて，通常は送り手，受け手の意識にほとんどのぼらない暗黙のメッセージも運ばれているとい

える。」（宮島，1994：119）

コミュニケーションの潜在的機能とは，ここで言う「暗黙のメッセージ」の伝達や交換と読み替えることができる。これらの機能や作用については，コミュニケーションのメッセージが意味を持つことを可能にするための文化的情報装置（たとえば，言葉，コード，コンテクスト，これについては後述する）をコミュニケーションが再生産するという側面を有している。こうした把握の仕方は，コミュニケーションという社会過程を「象徴を通しての働きかけ」ととらえ，その機能を「普遍化や正統性をともなう意味の伝達」（同：117）という領域にまで拡大するものである。加えて，コミュニケーションによって，その当事者間で前提とされている社会関係が再生産され，さらにはそうした社会関係を支える社会構造，そして社会構造を正当化する機能を担う文化構造が再生産されるという意味も含んでいる。

こうした問題関心にもとづきながら，ここではコミュニケーション過程に的をしぼって，社会関係や社会構造と関連させながら検討する。この作業を進めるにあたり，図2―1をもとに作成した「情報／コミュニケーション／社会」の関連図式を試論的に提示しておく（図2―2）。以下では，この図で示した各層（第Ⅰ層，第Ⅱ層，第Ⅲ層）についてそれぞれ検討を行う。その際，図中の矢印で示した各層間の影響の流れについての検討も同時に行う。まず第Ⅰ層に社会過程としてのコミュニケーション，すなわち「情報の発信・伝達／交換・受容過程」を据える。それに関連して第Ⅱ層の社会関係を成立させる構成要素として物理的情報装置と文化的情報装置を取り上げ，検

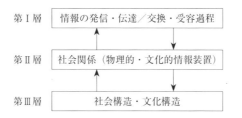

図2－2　「情報／コミュニケーション／社会」の関連図式

討を行う。第Ⅲ層では，社会構造から文化構造を取り出し，両者の関係を含め論じることにしたい。

　なお留意すべきは，図2—2の第Ⅰ層から第Ⅲ層に進むにしたがって抽象度が増大し，社会の構成員（この場合はコミュニケーションの当事者）にとっては可視性が低くなり，観察者の判断ないしは評価が介入する可能性が高くなるということである。また，影響の流れについては，以下に示す上向きの影響の流れがまず想定される。

　①　「社会構造・文化構造」から「社会関係（物理的・文化的情報装置）」
　　　へ向かう影響の流れ。
　②　「社会関係（物理的・文化的情報装置）」から「情報の発信・伝達／交
　　　換・受容過程」へ向かう影響の流れ。

　このように，既存の「社会構造・文化構造」は，「社会関係（物理的・文化的情報装置）」を規定し，また「社会関係」は「情報の発信・伝達／交換・受容過程」を直接に規定するととらえられる。さらに「社会構造・文化構造」は「社会関係」を通じて「情報の発信・伝達／交換・受容過程」を規定するととらえられる。

　その逆が，以下に示す第Ⅰ層から第Ⅲ層にいたる下向きの影響の流れである。

　①　「情報の発信・伝達／交換・受容過程」から「社会関係（物理的・文
　　　化的情報装置）」へ向かう影響の流れ。
　②　「社会関係（物理的・文化的情報装置）」から「社会構造・文化構造」
　　　へ向かう影響の流れ。

　こうした影響の流れにより，既存の社会関係や社会構造・文化構造は維持され，安定することになる。すなわち，そうした関係や構造は「再生産」されるととらえられるのである。なお，これまで「再生産」という用語を再三使用し，今後も使用していくが，これは社会の既存の装置・関係・構造が時間の経過の中で単に「複写」されるという状況を指すわけではなく，変化の機会をつねに内在させることも含意して使用する（ウィリアムズ，1981＝

1985：229 - 239)。すなわち社会過程は，社会関係を通じて社会構造・文化構造を再生産すると同時に，社会変動・文化変容を生み出す契機をつねに内在させていると見なすのである。とはいえ，再生産という場合には，そうした契機をはらみながらも，前述したように構造の維持や安定という側面が重視されるほうが一般的である。

(2) 第Ⅰ層：情報の発信・伝達／交換・受容過程

まず第Ⅰ層に，「情報の発信（収集，処理・加工，蓄積，発信）・伝達／交換・受容（受信，処理・加工，蓄積）過程」を意味するコミュニケーション過程を据える。この一連の過程は，前章でも指摘したように，動態的かつ循環的過程である。現代社会では，コミュニケーション過程においては，対面的コミュニケーションと比べ，各種メディアを介して行われる傾向が強まってきたのは周知の通りである。

コミュニケーション過程の当事者の単位としては，個人，あるいは個人の集合体によって形成される社会の単位（＝家族，組織・団体，地域，国家など）が想定される。そして，それらの間で様々に繰り広げられるコミュニケーションは，やはり前章で検討したとおり，パーソナル・コミュニケーション，地域コミュニケーション，組織コミュニケーション，一部のCMCなどの中間コミュニケーション，そしてマス・コミュニケーションに分類される。ただし，コミュニケーションが国境を越える場合，それは一般に国際コミュニケーションと呼ばれている。それに関連して，コミュニケーションの当事者を取り巻く文化的背景が異なる点に注目すると，それは異文化間コミュニケーションと呼ばれる。インターネットを介したCMCが，いずれのコミュニケーションにおいても重要度を増してきたのは言うまでもない。

前節で述べたコミュニケーションの効果・影響に関する調査研究は，この層のコミュニケーション過程と，その過程において送り手が受け手に及ぼす効果や影響にもっぱら焦点をあわせてきた。そして，以下に見る情報装置や社会関係は，そうした効果への影響要因として位置づけられてきた。ただし，

コミュニケーション過程の当事者というのは，次に見る社会関係の当事者でもある。したがって，この図を用いて，コミュニケーション過程や社会関係を分析する際には，観察者はどの単位を対象にするかを定める必要がある。

(3)　第Ⅱ層：社会関係（物理的・文化的情報装置）

　次に，第Ⅱ層として，物理的・文化的情報装置を構成要素として組み入れる社会関係が存在する。第1章ですでに述べたように，社会関係とは，基本的には行為者間である程度継続して，顕在的または潜在的な相互行為が反復される関係を指す。社会関係は，そうした相互行為の産物であると同時に，相互行為を規定するという側面をもつ。社会過程としてのコミュニケーションは，ここで言う反復される相互行為の重要な一要素である。コミュニケーション過程と社会関係の関連については，情報伝達・交換の頻度とその際の情報量が社会関係を考えるうえで重要な指標となる。すなわち，コミュニケーションの当事者間で，多くの情報が伝達・交換されている場合，一般に両者の社会関係は密であると言える。また，社会関係の制度化（慣習，契約，秩序などによる安定した社会関係の構築）の程度がコミュニケーションの形態や内容に影響を及ぼすとも考えられる。

　それに加え，社会関係について考察する場合には，それが不均衡であるのが一般的であるという点を認識しておく必要がある。経済力，社会的な地位や評価，軍事力などの強制的かつ暴力的手段，さらには構成員の忠誠心など，社会関係の当事者が動員・活用できる資源の量と質の差異によってこの関係は不均衡となる。すなわち，社会関係の当事者の間には，一般的には支配関係が成立していると見なしうるのである。もちろん，この関係が強圧的なものになるとは限らない。被支配者が支配関係の正当性を認め，支配者に対し自ら進んで従属することもあるし，また支配関係の存在に関する認識を欠如させることで，結果的にこの種の関係が成立する場合もある。さらに，社会関係の当事者は，自らの利害や関心に応じて，前述した諸資源を動員するか否かを決定し，また動員する場合の資源の量も決定する。したがって，こう

した社会関係，あるいは支配関係は，その時々の状況に左右され，流動性を
もつとも言える。

　「情報／コミュニケーション／社会」の関連という観点に立って社会関係
について見てみると，そこにコミュニケーション過程を支える情報装置を組
み込む必要性が生じる。すなわち，情報の生産・流通・消費が行われるため
には，社会関係の構成要件として組み込まれる物理的・文化的情報装置に着
目し，その機能について検討することが必要になる。ここで言う情報装置は，
「物理的情報装置」と「文化的情報装置」から成り立っている。これらの装
置は，第Ⅰ層の情報の生産・伝達／交換・受容過程と密接に関連し，そうし
た一連の動きを支えるものである。生産・伝達／交換・受容される情報の種
類，あるいは情報をやり取りするコミュニケーション過程の当事者に対応し
て，それぞれ不可欠な情報装置が存在し活用されている。以下，情報装置に
ついて順に検討してみる。

物理的情報装置——物理的情報装置は，「コミュニケーション・メディア」，
「交通機関」，「制度化された組織の諸施設」に分類することができる。
　第一の「コミュニケーション・メディア」は以下のように分類される。
①　新聞・ラジオ・テレビなどのマス・メディア。
②　郵便・電話・ファクシミリなどのパーソナル・メディア。
③　マス・メディアとパーソナル・メディアの中間に位置する地域メディ
　　アや組織メディア。
④　上記のメディア機能を複数有するコンピュータ，放送・通信伝送路と
　　しての衛星や光ファイバー，それらを活用したインターネットなど。
　第二は，情報が物や人に付帯して伝達・交換されることから，物理的情報
装置の一種と見なしうる「交通機関」である。
　第三は，情報の生産・流通・消費，あるいは蓄積が活動の中心を占める
「制度化された組織の諸施設」である。具体的には，学校，教会，図書館，
さらには広場などの公共施設や公共の場所といった「教育」機能を担うこと

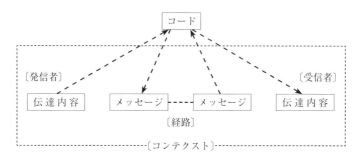

図2−3　コミュニケーション過程における
「コード」と「コンテクスト」の機能

出典：池上ほか，1994：22

を主たる目的とする施設や場所を指す。これら三種類の物理的情報装置は，近代化の過程の中でそれぞれ発展を遂げ，互いに補強（ときには反発）しあいながら，人々の情報環境の拡大に大きく寄与してきた。

文化的情報装置——文化的情報装置とは，生産・流通・消費される情報の意味の生成・解釈にかかわる情報装置を指し示す。ここでは文化的情報装置として，「言葉あるいは言語」「コード」「コンテクスト」を取り上げ，検討してみる（図2−3）。まず「言葉あるいは言語」であるが，これはコミュニケーションにとってもっとも重要な要素である。なぜなら，たとえ言葉では表現できない，あるいは言葉を超える情報とも言える，映像，そして数値・データにしても，その解釈や評価を行う際には言葉に依存する場合がほとんどだからである。言葉の社会的機能とその重要性に関しては，以下のようにまとめられている。

　「言葉は個々の道具として以上に，その組み合わせによってシステムを形づくり，われわれは生まれながらにしてそのシステムのなかにあり，そのなかで生きている。その意味で，言葉は道具としての性格とともに，〈環境〉としての性格を持っている。また，それが人間のつくり出した道具にして環境であり，システムであることから，言葉はさらにすすんで，〈制

度〉としてとらえることができる。」（中村，1993：8）

このように言葉の機能は，メッセージを伝達するための道具にとどまらない。言葉はそれが指し示す対象のイメージを作り上げ，人々が頭の中に描く世界としての環境を生み出し，環境を再生産する機能をもつ。すなわち人々は，出来事や対象を言葉によって「名づけ」るが，それは意味づけや評価という作業と密接にかかわる行為なのであり，その作業を間断なく行うことを通じて，環境や制度としての社会に対するイメージ，さらには知識や記憶を形成している。言葉はまた，社会的あるいは歴史的産物として存在（あるいは変化）し，それゆえに「ある言語共同体の人たちは自らの言語を習得することによって，一つの分類（つまり，意味づけ，価値づけ）の枠組みを身につける」（池上ほか，1994：34）ことになる。ここから，「制度化」された文化装置としての言葉という見方が説得力をもつことになる。

制度としての言葉という点に注目して提示されたのが，「コード」という概念である。すなわち，コミュニケーションの当事者が，言葉をはじめとする様々な記号に対して意味を付与したり，またそれらの意味を解釈したり，さらには自らの価値観にしたがって評価する際に参照する「決まり」がここで言うコードである（同：16）。人々の間で情報が共有されるには，情報の意味を規定するコードの存在は欠かせない。というのも，「われわれがある一つの文化の中で生きているということは，われわれがあらゆる種類の文化的な現象や対象によって構成されたテクスト（＝語，句，文などの言語記号の集合）に囲まれており，それをコードに従って解読したり，あるいは創造的に解釈したりしながら生活している」（カッコ内引用者；同：72）からである。

さらに，情報を伝達・交換するにあたり，コードと相互補助的な関係にある「コンテクスト」も，ここで言う文化的情報装置の重要な構成要素である。コードによって規定されるはずの情報の意味内容が不明確で，出来事や対象を意味づけたり，評価したりするのが困難な場合，それを補う機能を担うコンテクストによって，つまりはコミュニケーションが行われる場面や状況が

勘案されることにより，情報の意味が解釈され，その評価が下されることに
なる（同：18 - 19）。

　なお，コンテクストはその形成のされ方から「内在的コンテクスト」と
「外在的コンテクスト」に分類されるという見方もある（ホール，1976＝
1979：112 - 113）。その場合，内在的コンテクストとは，「脳の中で起こり，
過去の体験（プログラム化され，内在化されたコンテクストづけ），また神
経系の構造（生得的なコンテクストづけ）のどちらか一方か，もしくはその
双方の機能」を指す。すなわち，体験や経験を通じて，人々の個体の中に存
在する知識，記憶，イメージを通じて作動するのが内在的コンテクストであ
る。他方，外在的コンテクストとは，「出来事が起きる状況，あるいは背景
のどちらか一方か，あるいはその双方から成り立っている」ととらえられて
いる。

　このようにコミュニケーション過程の当事者間で，たとえ不完全であろう
とも，情報の意味がある程度共有されるためには，言語，コード，コンテク
ストといった文化的情報装置の存在が不可欠なのである。

社会関係と情報装置——これまでの検討を踏まえながら，次に社会関係との
関連から情報装置について考えてみる。まず物理的情報装置が，既存の社会
関係を反映して構築され，機能していると見ることは可能である。例えば多
くの先進産業社会では，近代化にともなって人や物の地域間交流や地理的流
動性が著しく増大し，同時に遠隔地間の情報伝達・交換の必要性も高まって
きた。その結果，全国的な通信網が整備され，高度化が進んできた。こうし
た傾向は，既存の集団（たとえば家族）を変容させ，地域社会を基盤とした
社会関係の重要性を減少させてきたが，その一方で，地域社会の開放性を高
め，地域を越えた社会関係の比重を高めてきた。それと同時に，企業を中心
とする官僚化された組織の重要性が増大し，様々な契約をもとにした「合理
的」な組織運営が日常化し，それと関連する社会関係の比重が高まってきた。

　加えて，新聞や放送といったマス・メディアも発達し，普及してきた。た
だし，そこでの情報の生産や発信は大都市を中心とする一部の地域に集中し，

それにより地域間格差が増大するようになった。すなわち近代化の進展とともに，都市対農村，中央対地方，中心対周辺という階層的かつ支配的な社会関係が顕在化し，強化されるようになったのである。確かに，国家社会の構成員の間では，情報の共有化，情報環境の均質化が進んできた。その結果，人々はマス・メディアを通じて，国家ないしは国民社会というレベルで多種多様な社会関係を「想像」できるようになった。ただしそこでは，人々は同時期に同じ情報を入手する不特定多数の受け手の一員であり，商品化された情報の匿名の消費者なのである。

　こうした傾向は，むろん文化的情報装置の再編成とも密接にかかわる。国語や標準語が大都市（特に首都）を中心に生まれ，それはマス・メディアのみならず様々な「教育」機会を通じて普及するという事例は数多く見られる。言語政策などを通じて推進される国家レベルでの言葉の共通化は，マス・メディアに対する国民のアクセスを容易にしてきた。ただし，出来事や状況の定義づけの際に使用される言葉の画一化が進展すると，その意味づけや解釈を行う場合に用いられるコードやコンテクストの限定化も進んでしまう。それにより人々が，出来事を多様に意味づけ，解釈する可能性も減じてしまうのである。この点においても，文化的情報装置と支配的かつ階層的な社会関係の関連を見出すことができる。

　以上述べてきた物理的・文化的情報装置を構成要素とする社会関係があってはじめて，コミュニケーション過程が成立するわけだが，そうした影響の流れとは逆に，情報装置に対するコミュニケーション過程の影響という側面も存在する。例えば，コミュニケーション過程で頻繁に利用されるメディアは，物理的情報装置として社会に定着するが，それとは逆に利用度が低いメディアはしだいに消え去ってしまう。そうしたことは，文化的情報装置としての言葉や言語にも当てはまる。実際，利用されない言葉や言語が消滅する例は数多く存在する。

⑷　第Ⅲ層：社会構造・文化構造

　最後に第Ⅲ層として「社会構造・文化構造」を据える。社会構造について
は、「制度化された規範による人員配分および所有配分の持続的配置」とい
う定義を先に示しておいた。ここでは、この定義を踏まえつつ、マートンの
定義をおもに参照しながら、社会構造と文化構造について考察してみる。
マートンは、社会構造については、先の定義のうち「制度化された規範によ
る」という部分と、「人員配分および所有配分の持続的配置」という部分を
切り離して論じた。そして、前者を「文化構造」、後者を「社会構造」と呼
んだ。すなわち、「社会構造」については、それを社会関係と関連させなが
ら「特定の社会ないし集団の成員がさまざまな仕方でかかわりあう社会関係
の組織体」、「文化構造」に関しては「特定の社会ないし集団において共通な
行動を支配する規範的価値の組織体」と、それぞれとらえたのである。マー
トンの定義の特徴は、このように社会構造と文化構造を分離させ、両者の関
係に言及する中で社会変動の問題を扱っている点に求められる（マートン、
1957＝1961：150）。

　マートンの概念によれば、社会構造と文化構造は相互依存的である。なぜ
なら、社会構造とは多種多様な社会関係が秩序化し、安定した組織体と見な
しうるからであり、また、社会構造のこうした持続性により規範的価値の組
織体としての文化構造も安定し、それによって社会不安の発生を避けること
ができるからである。同時に、文化構造によって社会構造が正当化され、そ
の存在が保障されるという側面も存在するからである。だからこそ「文化構
造と社会構造がうまく統合されないで、文化構造が要求する行為や態度を社
会構造が阻んでいるとき、規範の崩壊、すなわち、無規制状態（アノミー）
への傾向が生じる（同、1957＝1961：150）ことになる。

　なお、前述したように、社会構造・文化構造のレベルで変動が生じた場合、
それは通常、社会変動と呼ばれる。したがって、社会構造と文化構造との統
合が順調に進まずに、アノミーが生じた場合、それが社会変動の要因となり、
その発生の可能性は高まることになる。アノミーは、ある社会内部の矛盾に

（左欄外）

54

第Ⅰ部　コミュニケーションの構造と機能

根ざすこともあるが，他の社会との交流，あるいは他の社会による支配といった当該社会を取り巻く社会環境の変化，さらには自然環境の変化によっても生じることがある。そして，それらの変化によっても社会変動が生じうるのである。

　次に，社会構造・文化構造と情報装置・社会関係との関連について見るならば，情報装置や社会関係の役割や機能は，社会構造・文化構造によって規定されているととらえられる。他方，社会の既得権益者あるいはエリート層は，社会の成員や組織の要求に応じて情報装置や社会関係を部分的に入れ替えたり，あるいは変化させたりすることで，既存の社会構造・文化構造を安定させ，存続をはかろうとするのが一般的である。それにより，自らの支配的地位や既得権益を維持できるからである。ただし時には，社会構造・文化構造が大きく変化し，まさに構造変革が引き起こされ，大規模な社会変動が生じる場合もある。その原因としては，まず社会の内部で情報装置や社会関係が社会のエリートの意図とは別に大きく変化することがあげられる。また，既得権益者やエリート層の間で意見や利害が対立し，大規模な紛争へと展開された場合が考えられる。さらに，当該社会とは異なる社会（たとえば外国）からの影響などによって社会変動が生じることもある。

　以上見てきたように，コミュニケーション過程は，情報装置や社会関係，そして社会構造・文化構造と密接不可分の関係にある。インターネットによるコミュニケーションにしても，このことは当てはまるはずである。そうした観点から，コミュニケーションの機能を考えるのが，ここでの試みであった。それは同時に，コミュニケーション効果研究を中心に従来のコミュニケーション研究が，社会システムの維持・存続や発展という観点を優先させて，あるいはそれを前提として論じられてきたことに対する批判という意味も有しているのである。

第Ⅱ部

マス・コミュニケーションと
ジャーナリズム

第3章　近代社会とマス・コミュニケーション

3－1. 近代化の進展と近代社会の成立

　西欧社会では，17世紀から18世紀にかけて「市民革命」が，そして18世紀から19世紀にかけては「産業革命」が生じた。これらの革命は，それまでの伝統的社会あるいは封建社会を近代社会へと移行させた画期的な出来事であった。近代社会は，まずは西欧社会で成立し，しだいに他の地域へと波及していった。マス・メディアをはじめとする諸メディアの発達と普及は，近代社会の成立と密接に結びついていた。そこで本節では，マス・コミュニケーションに関する検討に先立ち，近代化の進展にともなう近代社会の成立という問題について考察を行う。

(1)　近代化の諸傾向

　近代化という傾向について，富永健一は社会システム論にもとづきながら次のように要約している（富永，1996：34 - 36；同，1990：43 - 45，図3—1）。

　　①　技術的経済的領域——この領域は，技術の近代化にかかわる要素（産業化）と，経済の近代化にかかわる要素（資本主義化）を含む。前者には動力革命・情報革命などの技術革新が，後者には第一次産業中心から第二次産業・第三次産業中心へ，自給自足経済から市場的交換経済へ，などの発展がそれぞれ該当する。

　　②　政治的領域——この領域は，法の近代化にかかわる要素と，政治の近代化にかかわる要素とを含む。前者には近代的法制度の確立が，後者に

領域			伝統的形態	近代的形態
技術的経済的領域	技術		人力・畜力 → 機械力	動力革命 / 情報革命 （産業化）
	経済		第一次産業 → 第二次・第三次産業	
			自給自足経済 → 市場的交換経済（資本主義化）	
政治的領域	法		伝統的法 → 近代的法	
	政治		封建制 → 近代国民国家	
			専制主義 → 民主主義（市民革命）	
社会的領域	社会集団		家父長制家族 → 核家族	
			機能的未分化 → 機能集団（組織）	
	地域社会		村落共同体 → 近代都市（都市化）	
	社会階層		家族内教育 → 公教育	
			身分階層 → 自由・平等・社会移動	
文化的領域	知識		神学的・形而上学的 → 実証的（科学革命）	
	価値		非合理主義 → 合理主義（宗教改革／啓蒙主義）	

図3－1　近代化の諸領域

出典：富永，1996：35

は封建制から近代国民国家への移行，王の専制から民主主義への移行
（市民革命）などがそれぞれ該当する。

③　社会的領域——この領域は，社会集団，地域社会，社会階層それぞれ
の近代化にかかわる諸要素を含む。社会集団の近代化としては家父長制
家族から核家族への移行，および機能的に未分化な集団から機能集団
（組織）への移行，地域社会の近代化としては，村落共同体から近代都
市への移行（都市化），社会階層の近代化としては，公教育の普及と自
由・平等・社会移動が，それぞれ該当する。

④　文化的領域——この領域は，科学的知識の近代化にかかわる要素と，
思想・価値の近代化にかかわる要素とを含む。前者としては，神学的・
形而上学的知識から実証的知識への移行（科学革命）が，後者としては，

合理主義的精神の形成（宗教改革・啓蒙主義）が，それぞれ該当する。

　以上のように近代化という傾向は，技術経済・政治・社会・文化といった領域において大きな変化を生み出してきた。もちろん，これら各領域の変化が互いに関連していたのは言うまでもない。そして，伝統的社会とはその特徴が大きく異なる近代社会が形成されてきたのである。

⑵　分化と統合

　上述の近代化の各領域に共通して見られる現象として，また近代化という現象を読み解くための重要な概念として，社会の「分化」と「統合」をあげることができる（スメルサー，1968 = 1974：181 - 193）。

　まず「分化」に関しては，それまで自給自足という言葉に象徴される比較的完結した地域社会に代わって，近代社会ではより専門化した役割を担う自律的な社会集団の発生と社会的重要性の増大という現象が生じてきた。すなわち，社会が「拡大」するにつれ，人々は専門的な社会集団や組織に属するようになり，国家社会の内部においては，個人間，集団間，さらには地域社会間の役割分化，あるいは分業が進んできたのである。この傾向は，コミュニケーションの領域でも顕著に生じた。マス・メディア組織に所属するなどして，さまざまな情報を人々に提供する専門的な職業が生まれ，ジャーナリストという専門家集団が活動を開始し，社会的影響力を増大させていった。これと並行して，近代社会ではマス・コミュニケーションという社会過程が観察され，注目されるようになった。

　社会が「分化」するなかで，既存の社会秩序は動揺し，大きく変化してきた。ところが近代社会では，社会を「統合」する動きも同時に生じるようになった。その動きをうながしたのは，一見すると社会における分化の進展とは逆の動き，すなわち個人や集団・地域間のなかでの相互依存の高まりという現象であった。大規模化し，分化した社会では，個人や社会の分業化により相互依存の高まりといった傾向が見られるようになったのである。その結果，社会統合の役割を担う機構や制度の必要性が一段と高まった。近代国民

国家，それに属する統治機構や政治団体などは典型的な例であり，また法制度もそうした調整・統合の役割を果たすことから整備が進められてきた。マス・コミュニケーションは，こうした社会統合に大きく寄与してきた。というのも，前章でも述べたように，マス・コミュニケーションは人々の間で情報の共有化を促進し，情報環境の共通化の程度を増大させる役割を担ってきたからである。

(3) 近代社会の特徴

A. ギデンズは，やはり近代化，近代社会について考察するなかで，この種の社会に備わる「資本主義」「産業主義」「監視」「軍事力」という「制度特性」に着目し，それらの相互連関を視野に入れながら，次のような説明を行った（ギデンズ，1990 = 1993：75 - 84）。

① 資本主義——これは，資本を私有する人々と資産を持たない賃金労働者との関係を中心に展開する商品生産システムである。

② 産業主義——これは，商品生産における機械装置の使用を特徴とし，生産効率性の向上をめざす社会的生産組織の存在が前提となる。

③ 監視——ここでは，国民国家における統治面での中央集権化が監視能力の発達に依存してきたことと，情報管理による間接的な監視の重要性が指摘されている。

④ 軍事——ここでは，国民国家による暴力手段の管理・独占という特徴があげられ，産業主義の浸透による戦争の産業化といった現象が指摘されている。

ただし，ここで留意すべきは以下の諸点である。第一に，先に示した経済的領域の近代化をはじめとする四つの近代化の趨勢は，確かに相互に密接に関連しているが，それらの進展の度合いには差があるという点である。経済的領域の近代化が先行し，他の領域の近代化がなかなか進まないといった事例は，多くの国家や社会において見られる。それに関連して第二に，ここで言う近代社会の姿が一様ではなく，多様な形態をとるという点である。特に，

第Ⅱ部　マス・コミュニケーションとジャーナリズム

文化的領域の近代化についてはその傾向が強い。文化的要因が経済的領域の近代化をはじめとする他の領域や近代社会の制度特性のあり方にも大きく影響し，近代社会は国家や地域に応じて多様な姿を見せているのが実情である。さらには，近代化がなかなか進展しない地域や国家も存在している（＝近代化の挫折）。ただし，そうした地域や国家にしても，後述するグローバリゼーションの進展により，世界システムの一部に組み込まれているという現実は忘れてはならない。

　ちなみに近代社会のこれらの特徴は，マス・コミュニケーションの発展とも深くかかわってきた。マス・コミュニケーションの情報に対する需要が高まるにつれ，情報の商品化が進み，マス・メディア企業はしだいに大規模化し，情報も効率的に生産されるようになってきた。また，マス・メディアを介した宣伝がさまざまな形態をとって行われるようになり，情報操作や世論操作も日常化してきた。特に，軍事情報や戦争情報に関しては厳しい統制や監視が行われてきたのは周知の通りである。

(4)　グローバリゼーション

　さらにギデンズは，近代化という趨勢が地球規模で拡散してきたことに着目し，この現象を「グローバリゼーション」ととらえる。人，物，情報の国家の枠を超えたグローバルなレベルでの交流の活発化が，急速に進展してきた。こうした現象をふまえギデンズは，グローバリゼーションを「さまざまな社会的状況や地域間の結びつきの様式が，地球全体に網の目状に張りめぐらされるほどに拡張していく過程」（同：85）と要約している。この傾向によって，先に述べた社会の「分化と統合」という現象が，まさに地球規模で生じてきたわけである。

　グローバリゼーションのとらえ方はさまざまであるが，ここでは最大公約数的な説明として以下のものを掲げておく（コーエン＝ケネディ，2000 ＝ 2003（Ⅰ）：45 － 58）。

　①　「空間」・「時間」概念の変化——人間の活動を制約する時間と距離の力

の減退。ただし，この変化を経験しない国家や地域も数多く存在する。

② 文化的交流の増大——すべての人々が，他の社会に由来する文化的意味や知識の流れにさらされる。

③ 問題の共通性——世界の国々や諸民族が直面する問題（例えば，戦争，テロ，自然災害，環境問題）が次第に似通ったものになりつつある。

④ 相互連関と相互依存の増大——個々の市民，地域，国家，企業，社会運動，専門家など，集団同士の結びつきが生まれ，国境を越えた交流や提携の濃密なネットワークが形成されつつある。

⑤ トランスナショナルなアクターと様々な組織——これに当たるのは，例えば超国籍企業，国際的政府間組織，国際的非政府組織，グローバルな社会運動，ディアスポラと国家に属さない人々などである。

⑥ あらゆる次元の同調化——経済・テクノロジー・政治・社会・文化といったグローバリゼーションのすべての次元が同時に結び合わされ，それぞれが互いのインパクトを強化し，増幅しあっている。

ギデンズは，こうした傾向を有するグローバリゼーションについて，前掲の近代社会の制度特性に対応させながら，「世界資本主義経済（資本主義）」「国際的分業（産業主義）」「国民国家システム（監視）」「世界の軍事秩序（軍事力）」といった諸次元を設定し，説明を試みている（図3—2）。こうして，国家間，あるいは地域間の相互交流の密度が高まり，その結果，地球規模でのそれらの相互依存関係も高まってきた。それは，地球規模での統合の動きととらえることも可能ではある。しかし実際には，こうしたグローバリゼーションは，国家間・地域間の政治・経済・文化といった諸局面において階層・支配関係を生み出し，国際的分業といった地球規模での分化の動きを生じさせてきた。

このような「分化と統合」は，国際社会のみならず，それぞれの国家・地域社会においても，さまざまな対立や紛争を引き起こすようになっている。すなわち，「世界の人々の大部分がグローバル化の恩恵から排除されているだけに，グローバル化とは深い分裂と激しい対立の過程」（ヘルド＝マッグ

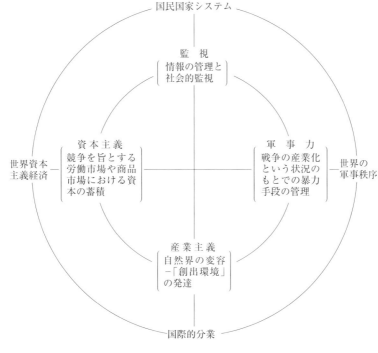

国民国家システム

監　視
［情報の管理と
社会的監視］

資本主義
［競争を旨とする
労働市場や商品
市場における資
本の蓄積］

軍　事　力
［戦争の産業化
という状況の
もとでの暴力
手段の管理］

世界資本
主義経済

世界の
軍事秩序

産　業　主　義
［自然界の変容
－「創出環境」
の発達］

国際的分業

図 3 － 2　モダニティの制度特性（内側の円）と
モダニティのグローバル化の諸次元（外側の円）

出典：ギデンズ，1990 ＝ 1993：80，92，より作成。

ルー，2002 ＝ 2003：5）として把握することも可能である。そうした傾向
は特に，「文化帝国主義」として立ち現れてきた。すなわち，「政治的・経済
的に優位に立つ社会（アメリカを中心とする先進産業社会）が，自らの支配
を確立し，永続させるための手段として，従属的社会に対して自らの文化
（価値観，理念，慣行）を押しつける」（カッコ内引用者，Casey et al.,
2002：51）という現象が顕著に見られるようになったのである。

3－2．情報環境の拡大と大衆社会の出現

　これまで述べてきたように，近代化の波は，工業化，民主化，都市化，さらには官僚化や管理化といった現象によって構成され，社会変動を加速させてきた。この社会変動は，「マス・プロダクション，マス・トランスポーテーション，マス・コミュニケーションの技術がマス・デモクラシーの促進要因となり，そのマス・デモクラシーは，マス・ナショナリズムの成長をもたらす」（正村，1986：6）というように大衆社会を生み出し，20世紀に入ってからはその傾向を一段と強めてきた。

　それでは，このような急激な社会変動によって成立した近代社会，それにともなって形成された大衆社会は，どのように評価されてきたのであろうか。この問題について以下では，マス・メディアの発達と普及，および情報環境の拡大という現象と関連させながら，大衆社会論の展開を軸に検討してみたい。

⑴　「市民社会」実現の期待

　大衆化の進展という社会変動については，それを伝統的社会から近代社会への移行という「社会発展」の観点から評価する論者がいた。これらの論者は，この種の社会変動により人々の意識や活動が伝統的社会から解放され，家族・近隣集団，さらには地域社会などの第一次集団を越えて拡大するという理由から，概してマス・メディアの発達にともなう大衆化の進展という社会変動を肯定的にとらえ，大衆社会ではなく「市民社会」の実現を期待していた。たとえばC.H. クーリーは，新聞をはじめとするコミュニケーション手段の発達が国民の間に共通の問題意識を生み出し，大衆の間での討論を活発化させ，その結果「公共意識＝世論」が形成され，民主主義の発展がうながされると考えた（クーリー，1929 ＝ 1970：71 － 79）。

　この主張を第 1 章で述べた「情報環境」と関連づけてみると，マス・メ

ディアの発達によって人々を取り巻く情報環境が著しく拡大し，情報環境における間接的環境，すなわち擬似環境が支配的になるというわけである。ただし，それが人々のマス・メディア情報へのアクセス可能性，すなわち情報入手の均等化を高める可能性を増大させることから，この種の現象は積極的に評価されることになる。

(2) 大衆社会の脆弱性

　その一方で，大衆化の進展という現象を批判的にとらえる論者も多数存在した。この点に関連して，例えばJ. ブーアスティンは，交通機関とコミュニケーション手段の発達を「跳ぶ力の増大」と名づけ，「跳ぶ力は不思議なことに，人々を近隣から分離し孤立させる方向に作用している」（ブーアスティン，1975 = 1980：124 - 125）と述べた。この観点に立つと，近代社会とは，「跳ぶ力」の増大によって人々を取り巻く情報環境が拡大し，また人々の社会的・地理的流動性が高まり，その結果，伝統的紐帯が減退し，社会不安や社会的不安定が増大してきた社会ととらえられることになる。

　このように大衆化の進展を社会の危機的側面の増大ととらえる大衆社会論は，とりわけ20世紀に入ってから多くの論者によって主張されるようになった。たとえばJ. オルテガは，「大衆とは，みずからを，特別な理由によって——よいとも悪いとも——評価しようとはせず，自分が《みんなと同じ》だと感じることに，いっこうに苦痛を覚えず，他人と自分が同一であると感じてかえっていい気持ちになる，そのような人々全部である」（オルテガ，1930 = 1971：440）といった大衆観に立脚し，大衆社会の脆弱さについて繰り返し論じた。また，ドイツ社会においてナチズムが勢力を得る過程を目の当りにしたK. マンハイムは，大衆社会の「合理性」について考察を重ね，「機能的合理性は実質的合理性を高めるものではけっしてない」と主張し，近代社会が「合理的な産業社会」という側面と「非合理的な大衆社会」という側面をあわせもつ二重構造の社会であることを指摘した（マンハイム，1935 = 1976：47）。

表3—1　エリート・非エリートの関係から見た
政治社会の類型

		非エリートの操縦可能性	
		低　い	高　い
エリートへの接近可能性	低　い	共同体的社会	全体主義社会
	高　い	多 元 的 社 会	大 衆 社 会

出典：コーンハウザー，1959 = 1961：42

　これらの論者に共通するのは，大衆社会を非合理的で情動的な大衆によっ
て構成されている社会としてとらえる点である。さらに，大衆社会の特徴と
して次のような点もあげられている（コーンハウザー，1959 = 1961：89）。
① 　労働団体や職業団体などの職場集団，および教会などを中心とする地
　　域社会といった中間集団の弱さ。
② 　家族その他の個人的関係の孤立化。
③ 　権力の中央集中に伴う全国的関係の集中化。
　ここでの指摘にあるように，大衆社会では職場集団や地域社会，さらには
家族といったエリートと大衆の間に存在する様々な社会集団（近隣社会，地
域社会，労働組合，宗教組織など）が弱体化し，エリートと大衆が直接に対
峙する傾向が強まる。その結果，エリートによる大衆支配や大衆操作の可能
性が増大し，大衆社会は否定的にとらえられるようになった。
　とはいえ，その一方で大衆社会では民主化がある程度進展し，コミュニ
ケーションの自由が拡大されているので，大衆がエリートに接近する可能性
が高い社会と見ることも可能である（表3 - 1）。大衆は，主としてマス・
メディアを通じてエリートの行動を監視することができるようになり，また
さまざまな手段によって自らの意見や主張をエリートに伝えることも可能に
なった。ただし，両者のそうした接近の仕方にしても，大衆社会では，合理
的な討論というよりも情動的な色彩の強い大衆の世論（mass opinion）や集

第Ⅱ部　マス・コミュニケーションとジャーナリズム

合行動・大衆運動という形態をとることが多く，あるいは政治的無関心が蔓延し，エリートに接近する機会を大衆が必ずしも十分に活かすことができないという事態が頻繁に観察されてきた。したがって，例えばナチズムの勃興・支配を招いたドイツ社会のように，大衆社会は全体主義社会へと容易に変化する社会ととらえられ，多くの論者の批判の的となってきた。そして，マス・メディアを中心に形成される擬似環境が支配する情報環境についても，情報操作，あるいは大衆操作の可能性の高まりといった危機的側面が強調されてきたのである。

(3) パワー・エリート論

　第二次世界大戦後のアメリカ社会を対象に，大衆社会の問題点について，いち早く興味深い考察を加えたのが C.W. ミルズである。ミルズは，先に示した「市民社会」実現の期待に関する論調に対して厳しい批判を加え，以下に示すようにマス・メディアの機能と大衆社会の脆弱性について論じた（ミルズ，1956 = 1958：506；訳一部補足・修正）。

①　大衆を構成する多数の人々は，たんなる意見の受け手にすぎない存在となる。

②　マス・コミュニケーションが組織化される程度は非常に高い。その結果，諸個人が迅速に，また効果的に反応を示すことは困難になる。

③　大衆が意見を行動に移す際，こうした行動のチャンネルを組織化し，統制する権威当局によって制御される。

④　大衆は諸制度からまったく自律できない。それとは逆に，権威を有する諸制度が大衆の中に浸透してしまう。それにより，大衆が討論を通じて意見を形成するという自律性は大きく縮減される。

　こうした悲観的かつ批判的な見解が，大衆社会論ではしだいに主流になってきた。ミルズは，民主主義が順調に機能し，多元社会の傾向が強いと言われた第二次世界大戦後のアメリカ社会に対して，パワー・エリート論を前面に出しながら強く批判を加えたのである。このような主張の背景には，「こ

れらメディアを動かす上層部の一部は，かれら自身，エリート層の一員であり，あるいはその召使たちの中で非常に重要な地位を占めている」（同：523）という厳しい見方が存在していた。ここでは大衆社会と全体主義社会とが近似していることが強調されていた。

3－3．マス・メディアの発達と普及⑴——欧米社会——

　急速な技術発展によって生じたコミュニケーション革命は，19世紀から20世紀にかけて，マス・コミュニケーションという社会過程を生み出し，大衆化，さらには近代化の進展に大いに寄与してきた。ここでは，そうしたコミュニケーション革命とマス・メディア（とくに新聞と放送）の発達と普及，およびそれらと社会変動との関連に焦点を合わせ，まずは欧米社会を対象に検討を試みることにしたい（表3－2：この表の作成，および本節を記述するにあたっては，クローリー＝ヘイヤー編，1991 ＝ 1995；デフレー＝ボール・ロキーチ，1989 ＝ 1994；佐藤，1998，NHK放送文化研究所編，2021，を主に参照）。

⑴ 「出版資本主義」と国民国家
　グーテンベルクが可動金属活字と新たな印刷機を発明し，いわゆる「グーテンベルク聖書」が現れたのは，市民革命や産業革命が生じるはるか以前の15世紀中頃であった。このコミュニケーション革命は，16世紀になって「出版資本主義」の成立をうながした。言葉は印刷されるという作業を通じて出版語として社会に流通し，印刷された言葉は，多様な言語の間に交換とコミュニケーションの統一的な場を提供したのである（アンダーソン，1991 ＝ 1997，87）。このような統一的な場の形成は，国王に従属する中央機構を備え，領域性と主権性を有する絶対主義国家の成立をうながす基盤を提供した。その一方で，こうしたコミュニケーション革命と出版資本主義の進展が，18

表3—2　欧米社会におけるマス・メディア発達略史

1450年ごろ	グーテンベルクがドイツで可動金属活字と新しい印刷機を発明。これを契機に，ヨーロッパで印刷技術が急速に普及。
1789年	フランスで人権宣言が採択され，第19条「思想と意見の自由なコミュニケーション」が宣言される。
1791年	アメリカで憲法修正第1条により報道の自由の原型が規定される。
1833年	アメリカで最初のペニー・プレス「ニューヨーク・サン」が発刊される。
1850年ごろ	ニュース通信社が，フランス，イギリス，アメリカで営業を開始し，電信を利用する。
1895年	イタリアでマルコーニが無線通信の実験に成功。
1906年	アメリカで，ラジオ実験放送が開始される。
1920年	アメリカで，初の商業放送局が正式に放送を開始。 その後，イギリス，フランス，ソ連，ドイツでラジオの本放送が相次いで開始（1922〜23年）。
1926年	イギリス・ロンドンで，初のテレビ公開実験が行われる。
1935年	ドイツ・ナチズム体制下でテレビの定時放送が開始。 その後，イギリス（BBC＝1936年），アメリカ（RCAとNBC＝1939年）などで相次いでテレビの定時放送が開始される。
1938年	オーソン・ウェルズのラジオドラマ「宇宙戦争」が放送され，アメリカでパニックを引き起こす。
1950年	アメリカでテレビ視聴者がラジオ視聴者を上回る。欧米の他地域も，これに追随。
1954年	アメリカでNBCとCBS，カラーテレビ放送開始。
1960年	アメリカの大統領選挙で，ケネディとニクソンの初のテレビ討論が実施される。
1980年	アメリカでケーブル・ニューズ・ネットワーク（CNN）が，サービスを開始。
1984年	旧西ドイツで，ケーブルテレビを利用した商業放送を開始。
1985年	フランスで初の商業テレビ局が開局。
1998年	イギリスで地上波デジタル放送開始。

世紀以降のヨーロッパでの国民国家の発生をうながした。すなわち，それらが「国民的アイデンティティ＝ネイションの創出」を生み出す重要な要因となったのであり（木畑，1994：7），その点は強調されるべきであろう。

　新たに想像された共同体は，市民革命や産業革命による近代化の進展によって，また18－19世紀におけるヨーロッパ諸国間の度重なる戦争をとおして，近代国民国家として形成されることになる。そして，その構成員は，イ

メージとして心に描かれた想像の政治共同体の中で「国民」となるのである（同：24, アンダーソン, 1991 = 1997, 参照）。このような一連の社会変動は, 西欧社会のみならずアメリカ社会においても生じ, 社会的近代化による中産階級の誕生や識字率の向上をもたらし, さらには社会の大衆化やマス・メディアの普及をうながしたのである。

(2)　大衆紙の登場

　19世紀中頃になると, 書籍が大量に流通するようになり, 少数の著者と大量の読者がしだいに分離するようになった（佐藤, 1998：48）。読書の普及と密接にかかわる象徴的出来事が, 19世紀に生じた大衆紙の急速な普及である。なぜ象徴的かというと, 新聞という「1日だけのベストセラー」は, 「異常なマス・セレモニー, 虚構としての新聞を人々がほとんどまったく同時に消費（想像）するという儀式を創り出した」からである（アンダーソン, 1991 = 1997：61 - 62）。アメリカでは, 大衆紙の先駆けとして, 1833年に「ペニー・プレス」と呼ばれた『ニューヨーク・サン』が発行された。この大衆紙は, センセーショナルな記事を中心に扱い, 主に街頭で1部1ペニーで売られ, 定期購読者を獲得し, 1837年には3万部の発行部数を誇るに至った。

　それに加えて, 1840 - 50年代には電信が普及し, 欧米社会ではそれを利用して通信社が急成長し（たとえばイギリスのロイター, アメリカのAP）, ニュースを中心とする情報の流通量は著しく増加するようになった。さらに, 1850年に輪転印刷機が開発され, その後, 電話や新たな植字機なども導入されるようになった。その結果, 新聞の発行部数の増大は加速され, 商品化が進んだ。本格的な大衆紙が登場し, それは「イエロー・ペーパー」, その担い手は「イエロー・ジャーナリズム」と呼ばれるようになった。

　大衆紙はたしかに情報消費者を飛躍的に増大させ, とりわけ国民レベルにおける情報の共有化をもたらした。しかし同時に, 大衆の間に情動的な反応や世論を生み出す可能性を高めた。この傾向は, 以下に見る放送メディアの普及により一段と強まってきた。

(3) ラジオの黄金期

　その後，社会の大衆化は，ラジオやテレビといった放送メディアの出現・
普及によって一段と加速されることになる。ラジオについて見るならば，19
世紀末になると無線技術が実用化され，1906年にはアメリカで初のラジオの
実験放送が行われた。ただし，この当時のラジオは一種のアマチュア無線で
あり，双方向メディアとして利用されていた。アメリカでラジオの定時放送
が開始されたのは1920年であり，1926年にはNBCが電話回線を結んでラジ
オのネットワーク放送を開始した。ヨーロッパを見ると，イギリスとフラン
スでは1922年に，またドイツでは翌23年にそれぞれラジオの本放送が開始さ
れた。イギリスで公共事業体としてBBCが設立されたのは1927年である。

　欧米社会では，ラジオは各家庭にまたたく間に普及し，1930—40年代は
「ラジオの黄金時代」と呼ばれ，マス・メディアの地位を確立したのである。
ラジオ・ドラマがアメリカ社会でパニックを生じさせ，その威力の大きさを
示したことで知られる「宇宙戦争」が放送されたのは1938年のことである。

　ラジオ放送をめぐる法制度に関しては，有限な電波を使用するというメ
ディア特性から周波数監理の必要性が認識され，政府の規制対象となること
も比較的容認されてきた。アメリカで1927年に制定された「新無線通信法」
の骨子は以下の通りで，この内容は現在の放送法の原型と言えるものである
（ベルトラン，1974 = 1977：61 – 62）。

　①　ラジオにも憲法修正第一条が適用される。

　②　電波は公共の財産であり，周波数帯は放送局のものではないから，3
　　　年ごとの免許制にする。

　③　放送局は，公共の利益または必要に奉仕しなければならない。

　この後，1934年に制定された「通信法」においては，放送によるさまざま
な公的なサービス提供という目的を実現するために，放送・通信の監督機関
としてFCCの設置が決められた。また，ドイツのヒトラーの政権下でのラジ
オの利用については，以下のように説明されている。

　「『一つの民族！　一つの国家！　一つの放送！』のスローガンは，ナチ放

送の課題をよく示している。確かに，1933年より毎晩 7 時から 1 時間番組『国民の時間』が導入され，ナチ・イデオロギーの宣伝放送が行われた。」（佐藤，1998：163）

このように，ラジオはまさに有効な宣伝・動員手段として機能していたのである。

(4) 20世紀・最強のメディア＝テレビ

最後にテレビの開発と普及についてだが，ラジオの普及が始まった1926年にロンドンで初のテレビ公開実験が行われた。1928—30年にかけては，ドイツ，イタリア，アメリカでテレビの実験放送が開始されている。ドイツでは1934年にナチス政権のもとで全放送局が国有化されたが，翌35年にはテレビの定時放送が開始された。さらに，1936年にはイギリスでBBCが，39年にはアメリカでRCAとNBCがそれぞれ本放送を開始した。

テレビの普及は，第二次世界大戦後急速に進んだ。アメリカの場合，テレビ受像機の保有率は，1950年には 9 ％であったのが，60年には87％に達し，80年には98％となり，市場はほとんど飽和状態になった（図 3 — 3 ：その間，1954年にはアメリカでカラーテレビ放送が開始されている）。アメリカでは，ABC，CBS，NBC（以上 3 局が 3 大ネットワークと呼ばれている），FOX，CW，MNTVなどの商業放送ネットワークと，公共放送局であるPBSが全国向けの放送（英語）を行っている。アメリカをはじめ，世界の多くの国家や地域において，テレビの影響力は社会の隅々にまで浸透していった。その理由は，言うまでもなく音声に動画が加わるというメディア特性にある。それと同時に，娯楽メディアの色彩が強いことが，テレビを20世紀・最強のメディアに仕立て上げてきたと言える。その後テレビ番組は地上波だけではなく，ケーブルテレビや衛星を経由して視聴者に届けられるようになり，多チャンネル化が進展してきた。また，VCR，そして近年ではDVDの普及によって，録画再生によって視聴する形態も一般化してきた。

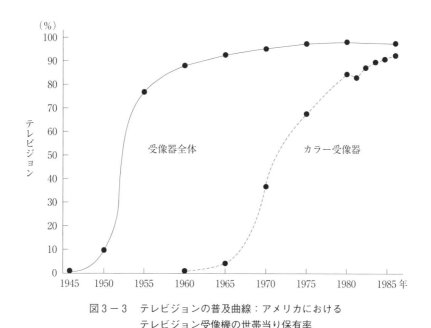

図3－3　テレビジョンの普及曲線：アメリカにおける
テレビジョン受像機の世帯当り保有率

出典：デフレー＝ボール・ロキーチ，1989 = 1994：139

　近年では，インターネットを介する動画配信サービスや音声配信サービス，インターネット放送が普及してきた。動画についてはNetflixが代表例である。このサービスでは，地上波放送局などの番組や映画，そして独自制作の番組も配信され，多くの視聴者を獲得している。また，視聴者が各々ダウンロードして番組視聴している。

　欧米社会におけるマス・メディアの発達・普及は，おおむね以上のように要約できるが，ここでは最後に放送制度ないしは放送体制の問題について若干触れてみたい。アメリカでは，歴史的に見ても，民間放送が圧倒的優位に立ち，公共放送（PBS）は存在しているが，その影響力はあまり大きくない。またイギリスでは，日本と同様，公共放送（BBC）と民間放送（ITVなど）の併存体制が続いている。その一方，フランスやドイツなどの西欧諸国では，かつてはアメリカとは対照的に公共放送を中心に発展を遂げてきた。ただし，

前述したような衛星放送に象徴される近年における放送関連技術の発達や，各国社会における多チャンネル化に対する要求の高まり，さらには放送事業者の多国籍化などによって，とりわけ1980年代以降，それらの西欧諸国においても民間放送局が次々と開局し，現在に至っている。

1990年代後半になると，デジタル化の波が放送にも及び，1998年9月にイギリスでは世界で初めて地上波デジタル放送が開始された。その後，欧米やアジアで次々とサービスが開始され，2009年にはアメリカでアナログ放送が停止されるなど，デジタル放送への移行が世界規模で進んでいる。それ以外の多くの国でも，日本も含め2010年以降アナログ放送が終了し，デジタル放送へと完全に移行した。また，デジタル化はケーブルテレビの広帯域化をうながし，高精細度（ハイビジョン）番組やVOD（ビデオ・オン・デマンド）の普及に一役買っている。

特筆すべきは，前述したように，インターネットを介した動画配信サービスが急速に普及してきたことである。アメリカでは，Netflix，Amazon Prime，Hulu など数百のサービスが提供され，放送番組の提供形態に大きな変化をもたらしてきた。これによりテレビ番組の視聴料金の節約がはかられ，個人視聴が一段と進むようになった。こうした動画配信サービス事業は，グローバルなレベルで展開し，放送事業に大きな影響を及ぼしている。

以上みてきたように，情報通信技術の発達とそれにともなうメディア変容は，放送業界，放送制度や放送体制に多大な影響を及ぼしてきた。

3－4．マス・メディアの発達と普及(2) ――日本社会――

ここでは，明治時代以降の近代日本社会におけるマス・メディアの発達と普及について，やはり新聞と放送を中心に社会の近代化と関連させながら概観してみる（表3―3；この表の作成，および本節を記述するにあたっては，山本，1978，1987；稲葉ほか編，1995；大石ほか，1996；佐藤，1998；日本

表3—3　日本社会におけるマス・メディア発達略史

1870年	最初の邦字日刊紙「横浜毎日新聞」が創刊される。
1875年	明治政府，新聞紙条令，讒謗律を公布し，民権派新聞の弾圧に乗り出す。
	《1870年代，読売新聞・朝日新聞などの小新聞が相次いで創刊されるが，1880年代になると，大新聞と小新聞との区分が不鮮明になる。》
1882年	時事新報創刊される。
1888年	「朝日新聞」東京へ進出，「東京朝日新聞」を創刊。これ以降，大阪系新聞が拡大し，新聞の商業主義化，および「不偏不党・客観報道」の色彩が強まる。
	《1910年〜20年代，新聞の発行部数が急増，大阪系の朝日・毎日の市場での寡占がすすむ。ただし東京系の読売新聞も，発行部数を伸ばす。》
1925年	ラジオ放送，東京・大阪・名古屋で開始。
1926年	東京・大阪・名古屋3放送局が合同して，社団法人日本放送協会を設立。
1928年	ラジオ，全国中継放送を開始。
1934年	日本放送協会の組織の根本的「改革」。番組編成・事業計画・予算などの放送の面での中央集権化が進む。
	《1930年代，ラジオ聴取者急増する。》
1941年	「言論・出版・結社等臨時取締法」公布される。「新聞事業令」の公布によって新聞社の合併・統合が進む（一県一紙体制へ）。
1945年	第二次世界大戦敗戦後，プレス・コードとラジオ・コードによるGHQの新たな情報統制の開始。
1950年	電波三法（電波法，放送法，電波管理委員会設置法）施行。放送法に基づいて特殊法人日本放送協会が発足。
1951年	日本で初の民間放送局。
1953年	NHK東京テレビ局，本放送開始（2月）。NTV開局，民放初のテレビ放送（8月）。
	《1950〜60年代，テレビ視聴者激増する。》
1960年	カラー・テレビが本放送を開始。
1984年	NHK，BS2—aによる衛星試験放送を開始。
1989年	NHK，本格的な衛星放送を開始。
2003年	地上波デジタル放送開始（2011年，完全移行）。

民間放送連盟編，2020；電通総研編，2015；NHK放送文化研究所編，2021を主に参照）。

(1)　新聞の普及

　明治時代の新聞は，とりわけその初期においては，国民の識字率も低く，その普及率も低かったことから，価格も高かった。したがって新聞読者層も

限定されており，現代で言うところのマス・メディアとは言い難い状況にあった。とはいえ，近代新聞として横浜毎日新聞が1871年に創刊されたのをはじめ，この時期，数多くの新聞が次々と創刊・発行されるようになった。政府の方針を伝達する一種の啓蒙手段として新聞を位置づけていた明治政府は，「新聞解話会」や「新聞縦覧所」を設置してその普及に努めたが，大きな成果をあげることはなかった。

　明治時代初期，政論記事を主に扱う「大新聞（東京日日，時事新報，郵便報知など）」が普及し始めた。その一方，通俗記事や読物主体の「小新聞（朝日，読売など）」も，しだいに発行部数を伸ばすようになった。この当時の新聞読者層については，次のように述べられている。

　　「大新聞は，官吏，教師，そして豪農工商に属する人々を対象に……全国的に薄いながらもかなり拡散した読者層をもっていた。……これにたいし小新聞の読者層構造は大都市の庶民層に集中していた。……（大新聞と小新聞）の読者層には大きな断層がみられた。」（カッコ内引用者；山本，1978：50 − 54）

　ところがその後，1875年に新聞紙条例や讒謗律が公布されるなど，新聞は政府の弾圧の対象となっていった。そうした中で大新聞はとくに1880年代以降，自由民権運動が高まるとともに政党の系列化を進めるようになってきた。

　新聞がマス・メディアとしての色彩を強めていくのは，識字率が増加し，また社会の大衆化が急進展した1920—30年代であった。この時期，小新聞から出発した朝日・毎日系新聞の発行部数の伸びは特に著しかった。『大阪朝日新聞』を事例に見ると，1910年には約16万部であったのが，23年に関東大震災が生じ同紙の東京進出が加速され，24年には100万部に達した。同様の傾向は『大阪毎日新聞』の場合も見られた。この種の新聞の勢力の増大は，「大新聞」と「小新聞」の中間を意味する「中新聞」の急速な普及を意味していた。この潮流が，前述した社会の大衆化，それに伴う国民レベルでの情報の共有化と密接に関連していたのは言うまでもない。「中新聞」の普及はその一方で，「不偏不党」ないしは「客観報道」という報道姿勢や報道内容

を生み出し，強化させることになった。この点に関しては，以下の記述が参考になる。

　「『不偏不党』性は時がたつにつれ，営利主義との結合を強め，表裏一体の関係になってゆく。そうして新聞と民衆の関係は基本的には生産者と消費者との関係になってきた。新聞記者＝生産者はあらゆる階層の読者＝消費者に一応の満足をあたえるような最小公倍数的な内容，とくに『不偏不党』の新聞内容＝商品をつくろうとする。……『不偏不党』紙は広告活動などによりますます資本主義の政治経済体制に組みこまれてきたので，支配体制にとって『不偏不党』性は好ましいものであった。」（同：199－200）

　その後，1930年代後半から40年代にかけて，日中戦争が本格化し情報統制が進む中で，新聞は言論活動のみならず経営面などにおいても様々な弾圧が加えられるようになった。その象徴的な出来事が，1941年の「新聞事業令」の施行であり，こうした政策を通じて新聞社の合併・統合が進み，それは地方紙において「一県一紙体制」を生み出すに至った。その結果，新聞発行社数は大幅に減少し，言論の自由や多様性も大幅に縮小され，大多数の新聞は他のマス・メディアとともに第二次世界大戦へと動員されていった。それは同時に，新聞が戦争に積極的に加担していくことでもあった。

　第二次世界大戦後，新聞は占領軍の監視・指導のもとにあったが（＝プレス・コード），業界全体の発行部数は順調に増大したが，近年減少傾向が続いている。朝夕刊セットでその推移を見ると（概数：一般紙とスポーツ紙の合計），1945年には1420万部であったのが，60年には2440万部，80年には4640万部，2000年には5371万部と部数を伸ばしてきた。ところが，その後インターネットの普及や「活字離れ，新聞離れ」が一段と進むことで，2020年には3509万部へと減少し，1世帯当たりの発行部数も0.61部となっている（日本新聞協会ホームページ）。

　現在，日本の新聞は，ニュース報道やその解説・論評機能を中心とする「一般紙」に関しては次のように分類されている（それ以外に「スポーツ紙」と「専門紙・業界紙」が発行されている）。

① 日本全国を市場とする「全国紙」。朝日，毎日，読売，産経，日本経済，の5紙。

② ある都県を越えた地域を市場とするか，北海道という大規模地域を市場とする「ブロック紙」。北海道，東京（中日の系列），中日，西日本，の4紙。

③ 各府県を主な市場とする「地方紙（＝県紙）」。

④ 地方小都市などを主な市場とする「地域紙（＝コミュニティ・ペーパー）」。

このうち全国紙の朝刊の販売部数を見ると（ABC協会資料，2021年上半期統計），読売新聞（717万部，概数以下同様）がもっとも多く，それに朝日新聞（475万部），毎日新聞（201万部），日本経済新聞（189万部），産経新聞（121万部）が続いている。同様にブロック紙を見ると，中日新聞が全国紙に匹敵する発行部数を誇っており（202万部），それ以外は北海道新聞（88万部），西日本新聞（48万部），そして中日新聞の系列下にある東京新聞（41万部）となっている。地方紙の発行部数に関しては，新聞社によって差は大きいが，おおむね10～55万部程度である。

(2) ラジオの普及

次にラジオについて見ると，日本で本放送が開始されたのは1925年であった。当初，東京・大阪・名古屋の3都市で公益社団法人として放送局は設立されたが，翌26年には3放送局が合同して，社団法人日本放送協会が発足した。同年，日本放送協会は全国放送網の構築に着手し，28年にほぼ完成し，全国中継放送も始まった。日本でもラジオは急速に普及したが，それを聴取契約者数の推移で見ると，1932年には100万，37年に300万，40年には500万をそれぞれ突破し，この時期に激増したことがわかる。その理由としては，ラジオのメディア特性（音声による情報伝達や速報性）があげられようが，それに加え数度にわたる受信料の引き下げ，受信機器価格の低下や月賦販売制度の導入といった要因も指摘できる。ちなみに，受信料は開局当初2円で

あったのが，1935年には50銭にまで下がっている。こうしてラジオは，マス・メディアとして確固たる地位を占めるに至った。

　その一方，戦時体制の中でラジオも当然のことながら情報統制の対象となった。1934年には逓信省の強力な指導のもとに，日本放送協会の根本的な「改革」が行われた。すなわち，放送の「地方分権制の廃止」「中央集権制の強化」などの方針が決められ，実行に移され，やはり戦争へと動員させられていったのである。その際のモデルとなったのが，ナチス・ドイツの放送「改革」であったことは知られている。こうした「改革」の結果，「全国中継放送のなかでは，夜7時のニュースに続く『政府の時間』や後の『国民に告ぐ』といった政府指導層の語る講演が最重要放送とされ，国民必聴の掛け声がかけられた」（竹山，1994：40）のである。

　第二次世界大戦後，日本放送協会は新聞と同様，占領軍の監督・指導を受けるようになったが（＝放送コード），1950年に電波法，放送法，電波管理委員会設置法のいわゆる電波三法が施行され，放送の民主化が目指された（ただし，電波管理委員会設置法は1952年に廃止）。そして，日本放送協会は特殊法人として再出発することになった。翌51年には民放ラジオ局が出現し，公共放送と民間放送という「併存体制」が始まった。ラジオの普及は戦後も続き，受信世帯は1952年には1000万台を突破したが，放送メディアの主役の座はしだいにテレビへと移っていくことになる。

　民間放送の場合，原則としてラジオ・テレビとも地域会社を基盤として放送を行うことになっている。ラジオ局の場合，NHKを除く民間放送局は，2020年時点でAM放送局47社（うちラジオ・テレビ兼営局が32社），FM放送局（単営）50社，短波放送局1社（それ以外に衛星経由の放送局やコミュニティFM局）がある。ただし以下に見るように，AM・FM放送局はネットワークに加盟して，全国ニュースなどを流している。地上波の主なラジオ放送・ネットワークは以下のようになっている。

① 　NHK／AM第1放送（公共放送）――ニュース・生活情報中心。
② 　NHK／AM第2放送（公共放送）――教育・教養番組中心。

③　NHK／FM 放送（公共放送）──音楽番組中心。

④　JRN／AM 放送：TBS ラジオ＆コミュニケーションズ系列（民間放送）。

⑤　NRN／AM 放送：文化放送，ニッポン放送系列（民間放送）。

⑥　JFN／FM 放送：FM 東京系列（民間放送）──音楽番組中心。

⑦　JFL／FM 放送：J-WAVE 系列（民間放送）──音楽番組中心。

⑧　日経ラジオ社／短波放送（民間放送）──経済専門情報中心。

⑶　テレビの普及

　テレビ放送について見ると，1952年に NHK 東京テレビと日本テレビ放送網に開局の予備免許が与えられ，翌53年に両局は本放送を開始した。さらに，54年には NHK 大阪・名古屋，両テレビ局が本放送を開始した。テレビ放送もラジオ放送と同様に公共放送・民間放送の「併存体制」となった。テレビのカラー放送が開始されたのが1960年，全国放送網が完成したのが1966年であった。テレビの普及は日本社会でも急速に進んだ。それを NHK の受信契約世帯数でみると（概数），1955年には 5 万にすぎなかったのが，60年には680万，80年には2920万に達し，2015年には4210万，2020年には4480万となっている。

　前述したように，民放テレビ局は地域社会を基盤としている。その内訳は，2015年度では VHF 局と独立系 UHF 局をあわせて127局となっている。ただし，テレビの場合には関東広域圏にサービスを提供する五つの東京キー局（下記参照）を中心としたネットワーク化が著しく進んでいる。もちろんローカル局にしても，地域向けニュースや情報番組を制作し，住民向けに放送している。

　しかし全般的には，東京キー局で制作される番組比率が圧倒的に高くなっている（日本民間放送連盟，2020）。東京キー局の場合，その比率は低くても「日本テレビ」89％（概数，以下同様）高いのが「テレビ東京」（99％）となっている。関西の準キー局の場合，「テレビ大阪」を除くと，自主制作番組の比率は30％台と比較的高くなっている。しかし，それ以外のローカル局の割合は大部分が20％以内にとどまっており，なかには 2 − 3 ％台の放送局も

ある。

　東京キー局を中心とした民放のテレビのネットワークは，以下に見るように，資本的にも番組内容（特に報道分野）の面でも，ネットワークによって程度はさまざまではあるが，各々全国紙と関連をもっている。

①　NNN（日本テレビ系列）──読売新聞。

②　JNN（東京放送系列）────毎日新聞。

③　FNS（フジテレビ系列）──産経新聞。

④　ANN（テレビ朝日系列）──朝日新聞。

⑤　TXN（テレビ東京系列）──日本経済新聞。

テレビ放送のもっとも大きな特徴は，人々のニーズに加え，技術革新の影響で着実に多チャンネル化が進んできたことである（図3─4）。この図を参照しながら，多チャンネル化の進展について概観してみる。民間放送（VHF）の場合，東京キー局の系列に沿う形で，各地方で次々と放送局が開局し，この面での情報に対するアクセスの平等化は実現しつつある。とはいえ，前述したように，情報内容の大部分が東京キー局によって生産されている点は強調されるべきであろう。また1968年には初のUHF局が開局し，その数も順次増加してきた。地上放送では，2003年12月からデジタル放送が開始され，2011年には放送のデジタル化が完了した。

　次に衛星放送に関しては，1984年には実用放送衛星が打ち上げられ，試験放送（BS放送）が開始された。92年には通信衛星を利用した放送（CS放送）も開始され，加えてケーブルテレビの敷設による多チャンネル化も進んできた。NHK衛星放送はサービス開始当初は難視聴地域の解消が主たる目的に掲げられていたが，現在は通常二つのチャンネルを通じて多様なサービス提供を行なうようになった。以下，「総務省報告書「衛星放送の現状」令和3年度第2四半期版」に基づいて，衛星放送の現状について記しておく。まずBSデジタル放送全体の視聴可能世帯数は約4500万（2019年），そのうちNHK衛星放送の加入世帯数は約2280万である（2021年）。民間衛星放送に関しては，WOWOWが1990年に日本で最初に放送を開始，1996年にスカイパーフェク

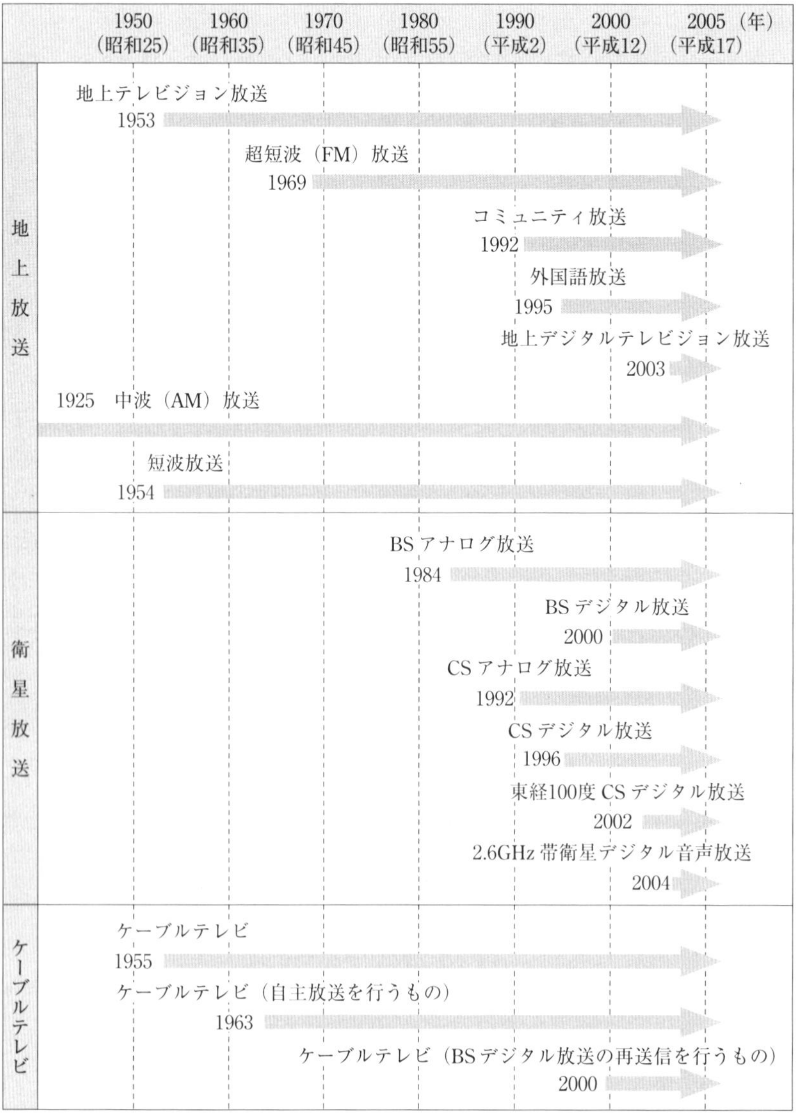

	1950 (昭和25)	1960 (昭和35)	1970 (昭和45)	1980 (昭和55)	1990 (平成2)	2000 (平成12)	2005（年） (平成17)
地上放送	地上テレビジョン放送 　1953		超短波（FM）放送 　　1969		コミュニティ放送 　1992 外国語放送 1995	地上デジタルテレビジョン放送 2003	
	1925　中波（AM）放送						
		短波放送 1954					
衛星放送				BSアナログ放送 　1984	BSデジタル放送 2000 CSアナログ放送 1992	CSデジタル放送 　1996 東経100度CSデジタル放送 2002 2.6GHz帯衛星デジタル音声放送 2004	
ケーブルテレビ	ケーブルテレビ 1955	ケーブルテレビ（自主放送を行うもの） 　　1963		ケーブルテレビ（BSデジタル放送の再送信を行うもの） 2000			

図3－4　主な放送サービスの開始年

出典：総務省編，2005：171

トTVがサービスを開始した。その後統廃合などが行われ，2021年段階での WOWOWの有料放送契約件数は約276万，スカパーJSATの契約件数は約219 万となっている。地上波の民間放送局も，各々衛星チャンネルによって番組 配信を行っている。それ以外に「衛星一般放送事業者」4社も番組提供サー ビスを行っている。

　1955年にサービスを開始したケーブルテレビは，1963年に自主放送（ケー ブルテレビ局が制作した番組の提供）を開始した。ケーブルテレビは，地上 波のテレビ放送や衛星放送の再送信，そしてケーブルテレビ各局が自主的に 番組を編集・制作する自主放送サービス，そして各種通信サービスを提供し てきた。加入者数を見ると，自主放送を行うケーブルテレビ（引込端子数 501以上）は約3117万世帯（世帯普及率52.4％）に達している（総務省報告書 「ケーブルテレビの現状」令和3年9月版）。近年，ケーブルテレビの伝送路 は再送信や多チャンネル以外の多目的サービスに使用されているが，その代 表的なものが「インターネット接続サービス」と「電話サービス」であり， これらのサービスの需要は増大してきた。2020年の段階でこれらのサービス は2,637万世帯に提供され，その内訳は「多チャンネルサービス」約873万世 帯，「インターネット接続サービス」約962万世帯，「電話サービス」約803万 世帯となっている（日本ケーブルテレビ連盟「ケーブルテレビ業界レポート 2020」：図3－5）。

　加えて，インターネットを介した動画配信サービスが急速に普及してきた。 この種のサービスに関しては，以下のように分類されるのが一般的である。

① 　放送局──NHKオンデマンド，NHKプラス，TVer，Huluなど。
② 　動画投稿──YouTube，ニコニコ動画など
③ 　プラットフォーム──Amazon Primeなど。
④ 　ライブ配信──AbemaTVなど。
⑤ 　ケーブルテレビ局・衛星放送──J:COMオンデマンド，WOWWOW メンバーズオンデマンド，スカパー！オンデマンドなど。
⑥ 　通信会社──dTV（NTTドコモ）など。

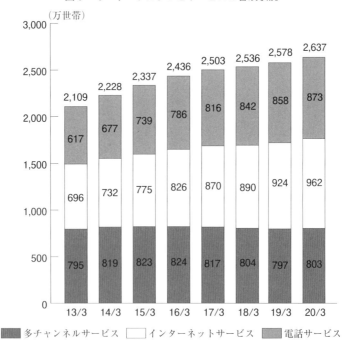

図3-5　ケーブルテレビサービスの普及状況

（万世帯）

出典：日本ケーブルテレビ連盟「ケーブルテレビ業界レポート2020」

　これ以外にもスポーツ中継やIT企業が提供するサービスも行われている。デジタル化やインターネットの普及を中心とする情報通信技術の発達により，多チャンネル化，高品質化の傾向は一段と進展し，スマートフォンやパソコンによる放送番組の受信もかなり一般化してきた。この傾向はまた，放送業界のみならず，放送制度や放送体制にも大きな変化を促してきた。

３-５．マス・コミュニケーションの機能

　以上，概観してきたように欧米社会や日本社会においては，近代化と並行

してマス・メディアは急速に発達・普及しその影響力を強め，第2章で論じたコミュニケーションの機能の領域においても，マス・コミュニケーションの比重は著しく高まるようになった。以下では，マス・コミュニケーションの機能についていくつかの理論やモデルを参照しながら，比較的直接に観察できる諸機能について論じることにする。

(1) マス・コミュニケーションの機能と逆機能

　マス・コミュニケーション研究のみならず，社会学などの領域においても貴重な研究成果をあげた P.F. ラザースフェルドと R.K. マートンは，かつてマス・メディアに特有な機能について以下の諸点を指摘した（ラザースフェルド＝マートン，1960 = 1968：276 - 282；一部説明を付加した）。

① 地位付与機能——マス・メディアは，社会的な問題，人物，組織，および社会的活動に地位を付与する。マス・メディアは，個人や集団の地位を正当化し，それによって彼らに威信を与え，彼らの権威を高める。この説明は，「有名性」に関する以下の指摘と密接に関連するととらえられる。それは，「〈有名性〉や〈有名人〉といったものは，人びとを束ねる現代的なあり方なのではないか……。つまりそれは，『メディアによる共同体』の経験である」（石田，1998：33）というものである。

② 社会的規範の強制——マス・メディアは，公の道徳にそむくような出来事（典型的には犯罪）を「明るみに出す」ことによって，組織的な社会的行動の口火を切る。公表というものは「個人的な態度」と「公の道徳」との間にギャップがあることを許さないのである。とはいえ，マス・メディアで伝達される犯罪などの社会問題は，「市民社会にあってはならない，しかしその情報は教えてあげるし，楽しんでもらう」（仲村，1988：16）という側面をもっていることは確かである。そこから，この種の情報伝達は「逸脱することの意味の深みを問うことからは遠ざけられる」（同：38）という状況が生じることがある。

③ 麻酔的悪作用——マス・メディアは，多数の大衆を政治にたいして無

関心にさせ，無精にさせる。マス・コミュニケーションの与えるものが増大すればするほど，それは，知らない間に人々のエネルギーを能動的な行動参加から引き離し，受動的な知識の積み重ねのために消費させるのである。この点に関して清水幾太郎はかつて，マス・メディアによる「コピーの支配」との関連から，「（マス・コミュニケーションによって）批判的能力の無条件降伏と思惟をぬきにした画一主義が生まれる」（清水，1972：143）という強い言葉で受け手としての大衆を批判した。

マス・コミュニケーション機能のこうした分類を，前章で検討した「機能」に関するマートンの指摘と照らし合わせてみる。そうすると，ある社会システムにとっては，「地位付与機能」と「社会的規範の強制」は概して「機能」として（ただし，逆機能の場合もある），「麻酔的悪作用」は「逆機能」としてとらえることができる。ここであげられた三つの機能に関しては，マス・コミュニケーションの重要な機能に焦点を当て，描写しているという評価もできるが，体系的に整理されているとは言い難い。

また，第2章で言及したラスウェルやライトのコミュニケーションの機能に関する考察をもとにして，マス・コミュニケーションの機能をより体系的かつ具体化する試みも行われた（表3―4）。ここではマス・コミュニケーションの機能は以下のように分類されている。

① 監視（環境の監視）。

② 相互作用（環境に反応するにあたっての社会の構成要素間の相互作用）。

③ 文化の伝達（ある世代から他の世代への社会的遺産の伝達）。

④ 娯楽。この機能は逆機能として作用する場合もある。

(2) マス・メディアの機能分析――テレビを中心に――

マス・コミュニケーションの機能については，このように要約できるが，次にマス・メディアによる受け手への情報提供という領域に注目して，新聞と放送の機能について検討してみる。新聞のメディア機能は，大別すると五

表3-4 H.D. ラスウェルと C.H. ライトの見解をもとにした
マス・コミュニケーションの機能分析

＜機　　　能＞	＜逆　機　能＞
1.　環境監視機能：情報・ニュースの提供	
・警告機能：自然災害	・過剰報道やパニックが生じる危険性
・手段的機能：経済・公衆・社会にとって必要不可欠なニュースの提供	・麻酔的悪作用：社会への過度の同化による無関心や受動性の高まり
・規範への接触：報道される人格や事件を通じて	・規範への過剰な接触，社会全体の構図を見失いがち
2.　社会の構成要素間の相互作用：情報の選択，解釈，批判	
・社会的規範の強制：合意形成，逸脱を明るみに出す	・社会的同調を高める，ステレオタイプの存続
・地位付与機能	・擬似イベント，イメージ，「人格」の創出
・社会的安定にとって脅威となる要因の抑止，パニックの抑止	・社会変動や社会的革新の抑止
・世論の監視，調整	・批判力の軽視，多数派の専制
・政府のチェック，安全装置として機能	・既存権力の維持・拡張
3.　社会的遺産（＝文化）の伝達：教育	
・社会的凝集力の増大：共通の経験基盤の拡大	・多様な下位文化の減退，社会の大衆化を加速
・社会とは疎遠だというアノミー感覚の減退	・社会化の過程の非人格化，人間的接触の欠如
・社会化の継続：学校教育以前／以後の教育，社会統合の促進	・画一化の傾向，文化的成長の抑止
4.　娯楽の提供	
・休息，現実逃避，レジャー時間の充足	・現実逃避を促進，レジャーへの没頭
・大衆文化の創造：大衆が芸術や音楽に接触	・良質な芸術の堕落
・芸術に対する趣味や嗜好の向上	・芸術に対する嗜好が低下，その成長を抑止

出典：Severin = Tankard, 1992：296, より作成。

つに分類される（表3―4）。これらの機能を先に示した「マス・コミュニケーションの機能分析」と対応させるならば，①「報道機能」は「（環境の）監視」に，②「評論機能」は「相互作用」に，③「教育機能」は「文化の伝達」に，④「娯楽機能」はそのまま「娯楽」となる。広告に関しては，本来の機能に加えて，状況に応じてこれら各機能を担うことになる。

メディア機能	サブ・カテゴリー	説　　　　　明
報道機能	速　　報　　性	ニュースの第一報を即座に伝える。
	詳　　報　　性	調査報道（investigating report）やインサイドストーリーの発掘に重点をおき，ニュースをさまざまな角度から報道する。
	解　　説　　性	ニュースを社会全体の文脈のなかに位置づける。
評論機能	エディトリアル性	紙面の構成や社説などを通じて，新聞社独自の価値判断を提示し，世論形成に取り組む。
	フォーラム性	投書欄や署名記事を通じて，多様な意見の交換の場を提供し，幅広い意見を紹介する。
教育機能		社会で生きていくうえでの基本知識を提示して，知識のパッケージ（一般教養）をアップデイトしていく。
娯楽機能	娯楽素材の提供	クイズやマンガ，小説や読み物など「読む」娯楽を提供する。
	娯楽案内情報の提供	映画案内やラ・テ面，レジャーガイドなど，他のメディアないしは直接行動による娯楽を享受するための情報を提供する。
広告機能	全国的商品広告	全国的広告主が，商品知名度をたかめたり，受け手と商品の新しい関係を提示するための広告。
	地域的生活広告	求人・不動産広告，バーゲン広告など，地域性が重視される生活に密着した広告。

出典：日本新聞協会研究所編，1984：7

　次に，テレビやラジオといった放送メディアの機能について見るならば，その内容は新聞の機能とほぼ同様である。ただし「広告機能」に関しては，特にテレビの場合には，イメージ広告の比率が高く，また広告自体が映像作品として受容される可能性も高いことから，たんなる商品情報の提供の域を越えて娯楽機能としての色彩も非常に強いと言える。以下では，社会的影響力が非常に大きいテレビ放送にしぼって，そのメディア機能について検討してみたい。まず，主に報道機能に重点をおいて，テレビというメディアの特性を新聞などの印刷メディアと比較するならば，それは次のように要約され

よう。

　「文章に書かれた話はさし絵や写真の説明とともに，（読者から）事件を遠くに引き離し，情報の受け手に事件の全体像を内省的に見せる機会を与える。それにひきかえ，テレビの映像は視聴者を直接現場に連れて行き，至近距離から即時的に，起こるままを見せるのである。」（カッコ内引用者；エスリン，1982 = 1986：96）

　ここでの指摘にもあるように，テレビは新聞などの印刷メディアとは異なり，「即時性」や「切り取られた現実の直接的提示」といった独自の手法によって，受け手に直接的に訴えるメディアとして機能する可能性を高め，影響力を増大させてきた。またテレビが，いわゆる「娯楽機能」を中心とするメディアであるという点も重要である。実際，日本のテレビの場合，民放のゴールデンタイムのほとんどがバラエティやドラマ，アニメーション，そしてスポーツ中継といった番組によって占められている。したがって，テレビは新聞（特に一般紙）と比べ，はるかに娯楽機能の比重が高いことがわかる。このことは程度の差はあれ，コミュニケーションの自由が制度的に保証されている社会では，ほぼ共通していると言えよう。

　それに加えて，ここで言う娯楽機能が，報道機能をはじめとする諸機能に大きな影響を及ぼしている点もテレビの機能を考える際にはきわめて重要である。この点は，先に引用したメディアの特性との関連から，テレビを演劇的なメディアとしてとらえる次の指摘が示唆に富む。

　「本質的に演劇的なメディアであるテレビは，はじめからその本質にもとづく特別な要請──その内なる論理──によって，ドラマチックで，感情的で，個人的な内容をもつ素材に力点を置かざるをえなかった。したがって，視聴者はテレビを主として娯楽のメディアと考えている。ニュースもドキュメンタリーも政治番組も含めて，すべての番組が最終的には娯楽的な価値によって判断されるのである。」（同：101）

　こうしてみるとテレビは，前述した大衆社会にまさに「適した」メディアと言えるし，逆から見ればこのメディアの普及によって社会の大衆化は一段

と加速してきたとも言えるのである。

3−6．日本社会におけるメディア接触と機能評価

　これまでマス・コミュニケーションの機能を中心に述べてきた。それでは
メディアの利用者は，マス・メディアを含め各種メディアにどのように接し，
評価しているのだろうか。この問題について検討してみる。

(1)　メディア接触

　NHK放送文化研究所は，「日本人とテレビ」という調査を5年ごとに実施
してきた（最後は2015年）。2020年，この調査はやはり日本社会の構成員を対
象としながらも，「全国のメディア意識世論調査」とタイトルを変え，調査
内容も大きく変更された。特に，当然インターネット関連のメディアに関す
る調査が多くなり，回答の選択肢にもYouTubeなど各種SNSが登場するよ
うになった。以下では，この調査結果によりながら，メディア接触やメディ
ア意識について概観してみる（斉藤ほか，2021）。

　メディアの利用頻度に関して，「毎日のように利用している」割合は，「テ
レビ（リアルタイム）」82％，「LINE」46％，「YouTube」21％，「テレビ番組（録
画）」20％，「（インターネット）サイト・アプリ」16％，「Instagram」13％，
「Twitter（現在はX，以下同様）」12％，という順位になっている（表3―6）。

　このうち「テレビ（リアルタイム）」に関しては，年代が上がるほど長時
間視聴になり（70代以上で5時間以上という回答が約40％），若年層（16〜
29歳）では短時間視聴が多くなり（2時間視聴以下が約60％），逆に，LINE，
YouTube，Instagramなどのインターネット系メディアの利用は年代が下が
るほど高いという結果になった。例えば，YouTubeを「毎日利用している」
を見ると，若年層の男72％，女53％であるのに対し，70代以上は男女とも
1％にとどまっている。このようにメディア利用に関しては，予想通り世代

表3－6　毎日のように利用するメディア（複数回答）

1．テレビ	82%	5．（インターネット）アプリ・サイト	16%
2．LINE	46%	6．Instagram	13%
3．YouTube	21%	7．Twitter	12%
4．テレビ番組（録画）	20%		

出典：斉藤ほか，2021：32－33，より作成

差がかなり大きいことがわかる。

(2)　各メディアの機能評価

　次に，やはり「全国のメディア意識」調査によりながら，各メディアの機能評価について検討してみたい（斉藤ほか，2021）。この調査では，①テレビ（録画再生・インターネット動画サービスでの視聴を含む），②ラジオ（インターネットラジオを含む），③新聞（電子版を含む），④本・雑誌・漫画（電子版含む），⑤YouTube，⑥YouTube以外のインターネット動画，⑦LINE（LINE NEWS含む），⑧Twitter，⑨Instagram，⑩上記（LINE，Twitter，Instagram）以外のSNS，⑪Yahoo!，⑫上記（Yahoo!）以外のサイト・アプリ，といった各種メディアを対象にして，以下に示す七つの機能についての効用評価が行われている。以下，その結果を要約してみる（図3－6）。

①　世の中の出来事や動きを知るうえで，もっとも役に立つもの──テレビに対する評価がいまだ圧倒的に高く（66%），それから大きく離されて新聞（13%）が続いている。第3位はYahoo!（6%）である。

②　感動したり，楽しんだりするうえで，もっとも役に立つもの──テレビに対する評価がもっとも多く（55%），それに本・雑誌・漫画（11%）とYouTube（11%）が続いている。

③　癒しやくつろぎを感じるうえで，もっとも役に立つもの──テレビに対する評価がもっとも高く（43%），YouTube（14%），本・雑誌・漫画（10%）が続いている。

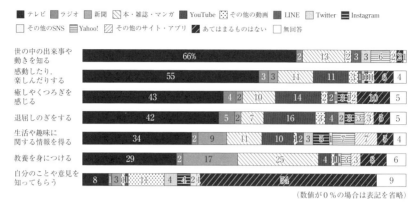

（数値が0%の場合は表記を省略）

図3－6　メディアの効用比較

出典：斉藤ほか，2021：16

④　退屈しのぎをするうえで，もっとも役に立つもの——テレビに対する評価がもっとも高く（42％），次いでYouTube（16％）となっている。少し離れて，第3位は本・雑誌・漫画（7％）である。

⑤　生活や趣味に関する情報を得るうえで，もっとも役立つもの——テレビに対する評価がやはり高く（34％），それに本・雑誌・漫画（11％），YouTube（10％），新聞（9％）が続いている。YouTube以外のインターネット関連では，Yahoo!（7％）と上記（Yahoo!）以外のサイト・アプリ（7％）に対する評価がやや高くなっている。

⑥　教養を身につけるうえで，もっとも役に立つもの——今回の調査では，テレビが1位（29％），本・雑誌・漫画（25％）が続き，ここでは新聞は一定の評価を得ている（17％）。インターネット関連ではYouTubeが多くなっているが（4％），従来型のマス・メディアから大きく離されている。

⑦　自分のことや意見を知ってもらううえで，もっとも役に立つメディア——ここでの質問は，回答者が情報入手の際に利用するメディアを尋ねた①～⑥とは異なり，情報発信で利用するメディアに関するものである。

結果は,「あてはまるものはない」(54%) がもっとも多くなった。ちなみに,無回答（9%），テレビ（8%）となった。インターネット関連では，LINE（11%）が多く，それに Twitter（4%），Instagram（4%），上記（LINE, Twitter, Instagram）以外の SNS（2%）が続いている。

以上述べてきたように，①～⑥までのメディア機能評価に関しては，質問項目によって差はあるものの，概してテレビに対する評価が高くなった。ただし，YouTube などのインターネット系に対する機能も一定の評価を得ていることがわかった。機能評価に関して，世代間でかなりの差がここでも生じている。たとえば，「癒しやくつろぎを感じるうえで，もっとも役に立つ」メディアに関しては，高年層（60歳台）以上ではテレビが58%と圧倒的に高く，中年層では（30～50歳台）テレビが32%，YouTube 18%，本・雑誌・漫画15%となり，若年層（10～20歳台）では YouTube が44%ともっとも高く，テレビは14%にとどまっている。

さらに，⑦の「自分のことや意見を知ってもらううえで，もっとも役に立つメディア」に関しては，「あてはまるものはない」(54%) と無回答（9%）をあわせると，63%となる。他方，情報発信に有用と言われるインターネット関連のメディアに関する結果を合計すると22%という結果になった。インターネットを通じた情報発信は一定の評価をえているものの，全体的にはまだそれほど高い評価にはいたっていない。

この調査ではまた，ニュースを見聞きする際に利用するメディアと，娯楽として利用するメディア（いずれも複数回答）に関しても尋ねている。このうちニュースに関しては，民放テレビ78%，NHK テレビ70%，新聞57%，というように，従来型のマス・メディア特にテレビが上位をしめた。インターネット系の Yahoo! 34%と LINE 24%がそれに続き，ラジオ20%もここでは第6位に入っている（表3―7）。娯楽として利用するメディアに関しても，民放テレビ78%，NHK テレビ57%，本・雑誌・マンガ50%，と従来型のマス・メディアが上位にあげられ，YouTube 41%がそれに続いている（表3―8）。

表 3 - 7　ニュースを見聞きする際に利用するメディア（複数回答）

1．民放テレビ	78%	6．ラジオ	20%
2．NHK テレビ	70%	7．本・雑誌・マンガ	18%
3．新聞	57%	8．YouTube	14%
4．Yahoo!	34%	9．放送局や新聞社の公式ニュースサイトやアプリ	10%
5．LINE	24%	10．Twitter	10%

出典：斉藤ほか，2021：37，より作成

表 3 - 8　娯楽として利用するメディア（複数回答）

1．民放テレビ	78%	6．LINE	24%
2．NHK テレビ	57%	7．ラジオ	22%
3．本・雑誌・マンガ	50%	8．Yahoo!	21%
4．YouTube	41%	9．Instagram	15%
5．新聞	36%	10．Amazon プライム・ビデオ	14%

出典：斉藤ほか，2021：39，より作成

　ニュースと娯楽，二つの領域で利用するメディアに関する調査結果を見て
も，テレビ利用に対する評価が高く，根強いことがわかる。ここでもむろん
世代間で差があることは十分考えられ，実際，インターネット系ニュースの
場合，男女いずれの若年層においても，LINE（男43%，女60%），YouTube（男
41%，女30%），Twitter（男39%，女45%）が全体の平均よりも上回ってい
る（表3－9）。その傾向は娯楽の方が顕著であり，若年層のメディア利用
を見ると，YouTube（男90%，女89%），Instagram（男32%，女66%），
Twitter（男38%，女61%），LINE（男34%，女53%）が全体の平均を大きく
上回り，また若年層の中でもかなりの男女差があることがわかった（表3―
10）。
　なお，このうちニュースに関しては，メディア利用にあたって，いくつか

表3－9　利用メディア（ニュース）上位（複数回答）
（全体と若年層男女別）
(%)

	全体		男若年層		女若年層	
70%以上	民放テレビ	78			民放テレビ	71
	NHKテレビ	70				
60%台			民放テレビ	59	LINE	60
50%台	新聞（紙）	57				
40%台			LINE	43	NHKテレビ	45
			YouTube	41	Twitter	45
30%台	Yahoo!	34	NHKテレビ	39	Yahoo!	36
			Twitter	39	YouTube	30
			Yahoo!	35		

（利用が30%以上のメディアのみ）

出典：斉藤ほか，2021：13

表3－10　利用メディア（娯楽）上位（複数回答）
（全体と若年層男女別）
(%)

	全体		男若年層		女若年層	
90%以上			YouTube	90		
80%台					YouTube	89
70%台	民放テレビ	78				
60%台					Instagram	66
					Twitter	61
					民放テレビ	60
50%台	NHKテレビ	57	民放テレビ	51	本・雑誌・マンガ	55
					LINE	53
40%台	本・雑誌・マンガ	49	本・雑誌・マンガ	44		
	YouTube	41				
30%台	新聞（紙）	36	Twitter	38	Amazonプライム・ビデオ	35
			LINE	34		
			Amazonプライム・ビデオ	32		
			Instagram	32		

（利用が30%以上のメディアのみ）

出典：斉藤ほか，2021：15

表 3 −11　ニュースの効用評価

1．速報性	NHKテレビ	41%	民放テレビ	18%	Yahoo!	15%
2．わかりやすさ	NHKテレビ	35%	民放テレビ	31%	新聞	9 %
3．詳報性	NHKテレビ	30%	民放テレビ	20%	新聞	19%
4．自分の都合で利用	Yahoo!	19%	民放テレビ	17%	新聞	17%
5．信頼性	NHKテレビ	49%	新聞	13%	民放テレビ	11%
6．関心を広げる	民放テレビ	30%	NHKテレビ	14%	Yahoo!	13%
7．手軽に見られる	民放テレビ	24%	Yahoo!	18%	NHKテレビ	15%
8．話題の共有	民放テレビ	36%	NHKテレビ	15%	Yahoo!	10%
9．危機の際の信頼性	NHKテレビ	51%	民放テレビ	8 %	新聞	8 %
10．伝達力	NHKテレビ	39%	民放テレビ	23%	Yahoo!	8 %

出典：斉藤ほか，2021：37 − 38．より作成

の効用評価について調査も行われている（表 3 —11）。

①「速報性」（情報を早く得られる）に関しては，NHKテレビ（録画再生
　などでの視聴も含む：以下同様）41%がかなり多く，それに民放テレビ
　18%（録画再生などでの視聴も含む：以下同様），Yahoo!（Yahoo! ニュー
　スを含む：以下同様）15%，LINE（LINE NEWS を含む：以下同様）7 %
　が続いている。

②「わかりやすさ」に関しては，NHKテレビ35%と民放テレビ31%が上位
　をしめ，それから大きく離されて新聞（電子版を含む：以下同様）9 %，
　Yahoo! 7 %，があげられた。

③「詳報性」（詳しく知ることができる）に関しても，NHKテレビ30%，
　民放テレビ20%が上位をしめるが，新聞19%もかなりの評価をえている。
　Yahoo! 9 %がそれに続いている。

④「自分の都合で利用」（自分の都合に合わせて利用できる）に関しては，
　Yahoo! 19%が首位になり，民放テレビ17%と新聞17%が僅差で続いてい
　る。一方，NHKテレビ11%，LINE 8 %というように，回答はかなり分
　散している。

⑤「信頼度」（信頼できる）に関しては，NHKテレビ49%が非常に高くなり，

かなり離れて新聞13％と民放テレビ11％が続いている。インターネット系のメディアは、Yahoo! 3 ％、LINE 2 ％というように低い評価となっている。

⑥「関心を広げる」（関心がないことでも知ることができる）に関しては、民放テレビ30％がもっとも高くなり、NHKテレビ14％、新聞13％、Yahoo! 13％が続いている。

⑦「手軽に見られる」（情報を手軽に見られる）に関しては、民放テレビ24％、Yahoo! 18％、NHKテレビ15％、LINE 9 ％、新聞 9 ％、というように既存のマス・メディアとインターネット系メディアが入り組んだ結果になっている。

⑧「話題の共有」（人との共通の話題がえられる）に関しては、民放テレビ36％がもっとも多くなり、NHKテレビ15％、Yahoo! 10％、LINE 7 ％、新聞 7 ％、という結果になった。

⑨「危機の際の信頼性」（いざという時に頼りになるのは）に関しては、NHKテレビ51％が圧倒的に高く、民放テレビ 8 ％、新聞 8 ％、Yahoo! 6 ％、ラジオ（インターネットラジオを含む） 4 ％、という結果になった。

⑩「伝達力」（多くの人に伝わる）に関しては、NHKテレビ39％がもっとも多くなり、民放テレビ23％がそれに続き、以下、Yahoo! 8 ％、新聞 6 ％、Twitter 4 ％、LINE 3 ％、ラジオ 3 ％、となった。

　ニュースに関するメディア利用の効用に関する調査結果の概要を見ると、NHKテレビに関しては、「速報性」「わかりやすさ」「詳報性」「伝達力」に加え、「信頼度」「危機の際の信頼性」の効用が高くなり、他方、民放テレビは「関心を広げる」「手軽に見られる」「話題の共有」の効用が高く評価された。インターネット系のYahoo! は、「自分の都合で利用できる」という効用で首位にあげられた。ここでもテレビの効用はかなり評価されていることがわかる。特に、「信頼度」「危機の際の信頼性」といった項目に関するインターネット系メディアに対する評価の低さは印象的である。

第4章 マス・コミュニケーションの
効果・影響モデルの変遷

第1章において，ラスウェルのモデルに関連してすでに述べたように，コミュニケーション研究は，受け手に対する効果ないしは影響という問題を中心に据えてきた。マス・メディアによる，あるいはマス・メディアを通した送り手による受け手の説得（あるいは操作）という問題を軸に，効果・影響研究はこれまで展開されてきたといっても過言ではない。

こうした一方向的なコミュニケーションの説得効果に関する研究が隆盛をきわめてきた原因は，言うまでもなくコミュニケーション当事者の送り手／受け手関係がきわめて固定化されているマス・コミュニケーションの発展・普及に求められる。この系譜に属する研究は，マス・メディアの普及と大衆化がいち早く進んだアメリカを中心に経験的手法を主に用いて展開されてきた。従来，マス・コミュニケーションの効果・影響に関する研究の多くは，この種の研究を三つの時代（弾丸効果モデル，限定効果モデル，強力効果モデル）に区分して検討することが一般的であった（例えば，Severin ＝ Tankard, 1992：260 - 262；ただし，ここで言う弾丸効果モデルは「弾丸理論」と呼ばれる場合がある）。

本章では，弾丸効果モデル以前の欧米社会を対象とした研究についてまずは考察を加え（「市民社会」とマス・メディア），その後，上記の三つのモデルについて論じることにする。さらに，とくに1980年代以降のマス・コミュニケーションをめぐる理論的展開，それに加えて戦争報道を中心とするマス・メディア報道を主たる対象として「強力影響・機能モデル」という段階を設け，マス・コミュニケーションの効果・影響について検討を行うことにしたい。したがって，本章の時代区分はおおよそ以下のようになる（図4—

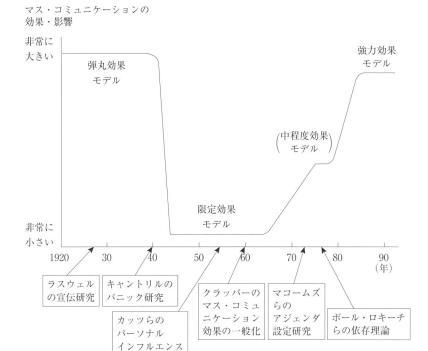

図 4 − 1　マス・コミュニケーションの効果・影響研究の変遷

出典：Severin = Tankard, 1992：261, より作成（一部省略・変更）。

1, 参照）。

　①　弾丸効果モデルの時代（1920〜40年代前半）。

　②　限定効果モデルの時代（1940年代中頃〜60年代中頃）。

　③　強力効果モデルの時代（1960年代後半〜90年代）。

　④　強力影響・機能モデルと複合モデル, 共存の時代（1990年代〜現在）。

4-1.「市民社会」とマス・メディア

　ここではまず，マス・メディアが本格的に普及する以前の欧米社会で，新聞を中心とする印刷メディアがどのように機能してきたかという問題について，いくつかの研究を参照しながら論じてみる。

(1)　市民的「公共圏」

　活版印刷が発達を遂げた16〜17世紀にかけて，西欧社会では活字文化の普及が進み，同時に識字率も徐々に上昇した。また，いわゆるニュース情報に対する人々のニーズも顕在化し，原初的形態の新聞が出現した。第3章でも述べたように，こうした活字文化の発展が，近代「国民国家」への変化，すなわち一般の人々の間での「国民的アイデンティティ」の創出をうながした点は重要である。この点に関しても，やはりアンダーソンは次のように巧みに説明している。

> 「人間の言語的多様性の宿命性，ここに資本主義と印刷技術が収斂することにより，新しい形の想像の共同体の可能性が創出された。これが，その基本的形態において，近代国民国家登場の舞台を準備した。これら共同体の潜在的広がりは本来的に限られたものであり，しかも同時に，既存の政治的境界とは，きわめて偶然的な関係をもつにすぎなかった。」（アンダーソン，1991 = 1997：86）

　その後，17〜18世紀においてもこうした傾向は継続し，西欧社会では都市社会を中心に活字文化を軸にした新たな公共的な社会空間が生まれるようになった。J. ハーバーマスは，「市民」（主に都市に居住し，財産と教養というこの空間への参入資格を有する人々）を担い手とするこうした空間を「公共圏」（例えば，コーヒーハウス，夕食会，サロンなど）ととらえて考察を加えた。公共圏では，第一に，社会的地位の平等性を前提とし，社会的地位を度外視するような行動様式が要求され，第二に，そこでの討論は，従来問題

とされなかった領域を問題化することを前提とし，第三に，そうした問題に関する討議に参加する可能性は，（財産と教養という資格要件を満たしていれば）万人に開かれていたと，ハーバーマスは説明する（カッコ内引用者；ハーバーマス，1990 ＝ 1994：55 - 57）。新聞を中心とする印刷メディアの普及は，こうした公共圏においては公的な問題や争点を提供する，すなわち公衆に討議するための素材を提供する役割を担うと評価されることになる。

(2) 啓蒙機関としてのマス・メディア

　第3章の「情報環境の拡大と大衆社会の出現」ですでに論じたように，その後，18〜19世紀にかけて産業革命や市民革命を契機として，欧米社会を中心に急速に近代化が進み，それは大きな社会変動をもたらした。こうした社会変動は，人・物・情報の流動性の高まり，あるいはそれらの都市へのさらなる集中（＝都市化）という側面をもっており，その結果，従来の農村を中心とする地域社会とは異なる，企業などの近代的な組織への参加を通じて新たな社会関係を築く新たな人々が出現してきた。そして，それらの人々が社会の中心に位置するようになったのである。

　この趨勢は，マス・コミュニケーションの進展と関連しながら展開し，一般市民が情報によって「頭のなかに描く世界（＝情報環境）」（リップマン）の著しい拡大をもたらすことになった。もちろん，欧米社会では本格的なマス・メディア時代が到来する以前，すなわち18世紀にはプレスにおける情報・意見・娯楽が自由競争や自働調整作用によって適切に淘汰されるという主張，すなわち「自由主義原則へのプレスの転化が完成した」（シーバート，1956 ＝ 1959：82）という見解（＝プレスの自由主義理論；この種の理論に関しては第6章で論じる）が存在していた。この時期のプレスの受け手である公衆（ないしは大衆）は，「公共の利益に反するものを捨て，個人およびその属している社会の必要をみたすものを受け容れるものだ，というふうに信頼できる存在」（同：96）と見なされていた。

　前述したように，情報環境の拡大は大衆社会の出現と密接に関連していた。

大衆の意識は，家族や近隣集団，さらには地域社会を越えて拡大するように
なった。やはり第3章でも言及したが，この傾向はまた，「プレスは，民主
主義を意味する。というのは，それは庶民の手の届くところに知識をもたら
すからである」（クーリー，1929 = 1970 : 75）という指摘に象徴されるよう
に，民主化の進展と不可分な関係にあるという主張へと展開されるに至った
からである。この種の見解では，マス・コミュニケーションの発達は「市民
社会」を生み出す契機として，換言するとマス・メディアは啓蒙機関の一つ
と見なされたのである。

(3) マス・メディア批判の視角

　このように，啓蒙機関としてのマス・メディアに対する期待が存在する一
方，新聞の普及が一段と進み，さらには20世紀初頭にラジオが登場すること
で，マス・メディアの政治的・経済的・社会的・文化的な重要性や有用性の
みならず，その危険性に対する認識も高まるようになった。第3章で検討し
たように，特にアメリカでは，19世紀後半になると大衆の好奇心を刺激する
ような記事を優先し，営利主義に走る「イエロー・ジャーナリズム」が強い
影響力をもつようになっていたが，この傾向は同時にメディアや情報に対す
る人々のアクセスの平等化をうながすことになった。

　ところがその一方，この当時国民国家がその成熟度を増すにしたがい，国
家が人々の私的ないしは民間の領域と様々な形でかかわるようになった。そ
の結果，「社会の国家化」と同時に「国家の社会化」も進み，国家と社会の
分離が次第に崩壊していくことになった（ハーバーマス，1990 = 1994 :
198）。公共圏の担い手として想定されていた，自律した「市民」の集合体と
しての社会が，資本主義システムと官僚制システムの論理に支配される国民
国家というシステムによって変貌を余儀なくされ，その存立基盤を弱めてい
くことになったのである。それと同時に，マス・メディアは公共圏としての
機能を弱め，広告，広報，さらには宣伝の用具としての性格を強めていき，
そこでは「批判的な公開性は操作的公開性によって駆逐される」状況が観察

されるようになった（同：234）。こうした政治社会状況，それを反映したマス・メディア研究が，20世紀に入って活発化するようになった。その代表が，以下に見るように弾丸効果モデルと呼ばれる一群の研究である。

4－2．弾丸効果モデル

　マス・メディアの影響力の著しい進展は，その受け手である大衆が，マス・メディアによって，あるいはマス・メディアを介して政治エリートによって操作・支配される可能性を高めていった。この趨勢は，マス・コミュニケーション研究にも当然重大な影響を及ぼし，さまざまな批判的見解を生み出すにいたった。こうしてマス・コミュニケーション研究は，大衆社会論と強く結びつきながら，「宣伝研究」や「パニック研究」，さらには「キャンペーン研究」のなかで具体的に展開されるようになった。これらの研究は，マス・メディアによって伝達された情報（＝刺激）が，受け手の態度や行動の変化（＝反応）を喚起するという，弾丸のように受け手に直接到達するマス・メディア効果の存在を示したことから弾丸効果モデルと呼ばれている。

(1)　宣伝研究
　宣伝とは通常，「政治的目標の達成を目的とした，情報やイメージの意図的な統制，操作，伝達」（O'Sullivan, et. Al., 1994：246－247）という意味をもつ。宣伝を行うのは通常は大衆動員や大衆操作を目論む政治的指導者と考えられるが，その手法については以下に示すようにまとめられている。
　「指導者は，俳優と同じように自然でなければならない。……自分の目指す方向に大衆を向かわせ，つれてゆこうとする前に，指導者は大衆と同調して心をふるわせ，彼らの記憶をよみがえらせ，彼らの理想を照らし出し，彼らの感ずるものを感ずるのである。」（モスコヴィッシ，1981 ＝ 1984：222－223）

そのうえで，宣伝戦略は次の三つの局面に分類され，説明されている（同：223 - 230）。

①　空間を操作する「演出」——宣伝は，群衆あるいは大衆の間に心理的な霊的共感状態を生み出すために，政治的・歴史的舞台（例えば，宮殿，大聖堂，劇場など）の設定という「演出」を必要とする。

②　時間を操作する「儀式」——そうした舞台のうえで「儀式」が展開される。儀式のなかで指導者は，さまざまなシンボル（例えば，旗，画，像，歌など）を用いて幻惑力を駆使する。それによって群衆の間で心理的な自動現象が始まり，彼らが一斉唱和へと動き出すきっかけが作られる。

③　言葉を操作する「説得」——このようにして舞台装置が作られ，儀式が進むなかで，指導者は言葉を用いて群衆を「説得」するのである。その際に必要とされるのは，「断言」と「反復」という説得の文法なのである。

　このうち最後の「説得」に関しては，やはりモスコヴィッシが紹介しているナチス・ドイツの宣伝大臣であったゲッペルスと集会の参加者とのやり取りが参考になろう（同：231 - 232）。

　「諸君は，総統（＝ヒットラー）と共に，そしてわれわれと共に，ドイツ民族の全面的勝利を信ずるか？」。一同の返事——「然り」。

　「諸君は全面戦争を欲するか？」。一同の返事——「然り」。

　「諸君は，かくも必然的な戦争が，今日諸君の想像以上にいっそう全面的かつ激烈なものとなることを欲するか？」。一同の返事——「然り」。

　マス・メディアの発達と普及は，ここで言う群衆を大衆へと変質させ，宣伝の大規模化をうながしてきた。すなわちマス・メディアは，空間的に集合していた群衆を，新聞読者・ラジオ聴取者・テレビ視聴者としてそれぞれ分散させ，パーソナル・コミュニケーションの基本形態である会話の実質的な機能を後退させた。それにより指導者は，マス・メディアを通じて大衆に暗示をかけ，大規模な心理的動員を行うことが可能になったのである。マス・

メディアは，宣伝に必要な演出，儀式，説得という戦略の有効性を増大させ，さらには宣伝活動を日常化するのに大いに寄与してきた。この点に，宣伝研究がマス・コミュニケーション効果・影響研究の中で重要な位置を占めてきた理由が求められる。

それに加えて，戦争宣伝をテーマに宣伝研究が多くの注目を集めた点も重要である。実際，第一次世界大戦などの経験をふまえ，戦争には「軍事」「経済」といった局面と同時に，「宣伝」の局面があることを指摘し，敵国のみならず自国や同盟国，さらには第三国に対する戦争宣伝の重要性も論じられたのである（Lasswell, 1977：223 - 228）。

(2) パニック研究

弾丸効果モデルを構成する調査研究としては，パニックに関する調査研究もある。スメルサーによれば，パニックとは「一般化された脅威の信念をうけいれて，人びとはその脅威から生命・財産または権力を守るために，社会的相互作用の確立されたパターンから逃走する」（スメルサー，1963 = 1973：167 - 168）行為を指す。

マス・メディアがパニックを生み出した事例としては，第3章でも触れた「火星人の襲来」を扱ったラジオ・ドラマ「宇宙戦争」に関する調査研究が有名である（キャントリル，1940 = 1971）。これは，1938年10月に放送されたこのドラマが，全米で引き起こしたパニックを素材とし，ラジオの効果の強大さを示した研究である。パニックが引き起こす脅威は，制御不能のものとして知覚されるが（心理学的には無力という感情も含まれる），このドラマはまさにそうした感情を生み出した。キャントリルの調査によると，「宇宙戦争」を聴いていた人は，成人に限っても600万人と推定された。そのうち番組を現実の出来事として，すなわち「ニュースと信じた人」が28％（約170万人）に達していた。さらに，ニュースと信じた人のなかで，実際に「驚いた人，あるいは不安に陥った人」が70％（約120万人）おり，このラジオ・ドラマによってパニックが生じたことが報告されている。

(3) キャンペーン研究

　最後に，キャンペーン研究について簡単に触れておく。ここで言うキャンペーンとは，「明確な目標の達成を目指して，通常はマス・メディアによって指揮・展開される，組織化された説得行為を指す。その対象は世論や人々の行動である」（O'Sullivan, et. Al., 1994：35）ととらえられる。人々の感情に訴えて目標の実現を図ろうとする点では，前述した宣伝ときわめて近い行為である。ただしキャンペーン研究の場合には，社会的（ないしは道徳的）に公認された目標達成をめざす説得行為を素材とする傾向が強いと考えられる。その典型が選挙キャンペーンであることは言うまでもない。

　弾丸効果モデルを裏づけるキャンペーン研究としては，第二次世界大戦中，アメリカで戦争債券の購入を国民に勧めたラジオ・キャンペーンに関する調査研究がある（マートン，1946 = 1973）。この研究は，1943年9月に18時間にも及んで行われたキャンペーンを素材としている。ケイト・スミスという当時全米で有数のラジオ・スターが，軍人や民間人の戦争にかかわる逸話を放送し，聴取者に対し戦争債券の購入を計65回も呼びかけた。その結果，約900万ドルもの債券誓約を獲得できたのである。この調査は，ラジオによるキャンペーン効果の強大さを経験的に示したと言える。

4 － 3．限定効果モデル

(1) 大衆社会と多元社会

　上述した弾丸効果モデルにおいては，マス・メディアの発達・普及と社会の大衆化という現象が同時進行することが主張された。この主張に従うならば，大衆化という現象は，例えばナチズムによって支配されたドイツ社会のみならず（＝危機における大衆社会），それ以外の産業社会においても日常的に観察しうる現象（＝常態における大衆社会）ということになる（綿貫，1962：93 － 94）。

第3章の「パワー・エリート論」においてすでに論じたが，そうした観点から，大衆消費社会，およびレジャー社会といった傾向が著しく進展した第二次世界大戦後のアメリカ社会を大衆社会ととらえ，その現状を厳しく批判したのがミルズであった。ミルズは，常態における大衆社会としてのアメリカ社会が，政治家・財界人・軍人からなる一群の「パワー・エリート」によって支配され，しかもこれらのエリートが内的規律と利害の共同によって相互に密接に結び付いていると主張した。そして，マス・メディアは，パワー・エリートの権力手段であると同時に，メディア上層部自身，そうしたエリートの一員に属していると考えられたのである（ミルズ，1956 ＝ 1958：「第3章，大衆社会」）。

　近代社会を分析する際の大衆社会論の妥当性は，広く認められ，マス・コミュニケーション研究にも大きな影響を及ぼしてきた。しかしながら，それを第二次世界大戦後のアメリカ社会に適用するミルズの見解に対しては激しい批判が加えられるようになった。そうした批判は，政治学や社会学のみならず，マス・コミュニケーション研究の領域においても生じた。当時のアメリカの（マス・）コミュニケーション研究は，主として心理学ないしは社会心理学に依拠しつつ調査研究を経験的（実証的）に進め，意図的あるいは非意図的にせよ，大衆社会状況，コミュニケーション過程におけるマス・コミュニケーション優位の主張に対する反証を次々と提示していた。そのなかで発見され，論じられたのは，マス・メディアと受け手としての大衆の間に介在するさまざまな要因であった。マス・コミュニケーション過程において，そうした介在要因が強い影響力を有する社会は多元社会ととらえられ，その主張を前面に打ち出す見解は多元主義ととらえられたのである。

　このようにマス・コミュニケーションの効果・影響に関しては，対立する二つの見解が存在していた。一方は，パワー・エリートの存在を主張し，大衆社会論の観点から弾丸効果モデルの系譜に属するマス・コミュニケーション効果論である。他方は，多元主義論にもとづき，弾丸効果モデルに対する反証を経験的に示した限定効果モデルの妥当性を主張する見解である。ただ

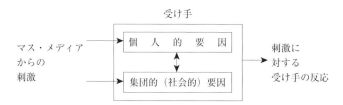

図4－2　マス・コミュニケーション効果・影響の介在要因

し，マス・コミュニケーション研究の歴史的な流れからすると，すでに述べたように，弾丸効果モデルに代わって限定効果モデルがしだいに優位に立つようになった。

　そこで以下では，多元主義論と連動しつつ提示された限定効果モデルの展開について論じることにする。その際，マス・メディアと大衆との間に位置する様々な介在要因を扱うモデルのなかから，主要なものを取り上げ検討する。介在要因に関しては，受け手の個人差といった「個人的要因」と，受け手が属する下位文化や受け手間の社会関係といった「集団的（あるいは社会的）要因」に分類し，それらの要因の果たす役割に注目する（図4－2）。ここでは便宜的に，介在要因を個人的要因と集団的要因とに切り離して整理しているが，これら二つの要因は相互に関連するものである。

⑵　個人的要因

　まず「個人的要因」に関しては，第2章の「コミュニケーションの効果・影響の研究」ですでに言及した「社会化」の問題が密接に関連する。すなわち，マス・メディア以外の家族などさまざまな社会化の担い手によって形成された個人の「先有傾向」が存在し，それがマス・コミュニケーションの効果に重大な影響を及ぼすと考えられたのである。また，こうした先有傾向と関連して，受け手が既存の態度や意見と整合するメディアや情報に接触する傾向が高いという「選択的接触」，さらにはそれから派生する情報の「選択的知覚」や「選択的記憶」にかかわるモデルが提示され，それをもとに調査研究が蓄積されていった。この種のモデルを支える中心的理論として広く知

られているのが,「認知的不協和の理論」である。この理論の中心は, 次のように要約されている (フェスティンガー, 1957 = 1965 : 31 - 32)。

① 認知要素 (人が自分自身について, 自分の行動について, あるいは自分の周囲のことについて知っている事柄) の間には, 不協和 (= 矛盾) または不適合な関係が存在することがある。

② 不協和の存在は, 不協和を低減させ, または, 不協和の増大を回避させる圧力を生じさせる。

③ こうした圧力の働きが現われる仕方には, 行動の変化, 認知の変化, および新しい情報や意見に対する周到な接触が含まれる。

この理論を情報接触や情報認知に適用すると,「宣伝, 情報, およびマス・メディアに対する接触に見られる選択性についてのデータの多くは, 不協和低減の試みという線で解釈できる」(同 : 167) ことが示された。すなわち受け手は, マス・メディアやそれによって伝達される情報に接触する場合, 先有傾向と不協和を増大させるマス・メディアや情報を回避する可能性が高く, 逆に不協和を低減させるマス・メディア情報に接触する可能性は高くなるのである。このことから, 受け手に与えるマス・メディアの効果・影響が一様ではなく, また効果をもたらす場合でも, それは受け手の態度を「改変」させるよりも, 既存の態度を「補強」ないしは「強化」する方向に働く可能性が高いという結論が導かれることになった。

(3) 集団的要因

次に,「集団的要因」との関連で提示されたマス・コミュニケーション効果・影響モデルについて見てみよう。その代表としては,「コミュニケーションの二段階の流れモデル」があげられる。このモデルでは, マス・メディアの効果に影響を及ぼす次の二つの要素が指摘された (カッツ = ラザースフェルド, 1955 = 1965 : 127)。

① 集団規範——これは, 一見個人的なもののように思われる意見や態度も, じつはその人が交渉を結んでいる少数の仲間たちと共有している意

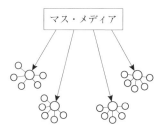

○＝オピニオン・リーダー

δ＝オピニオン・リーダーと社会的接触をもつ個人

図 4 − 3　コミュニケーションの二段階の流れ

出典：マクウェール＝ウィンダール，1981＝1986：71

見や態度である場合が非常に多いということである。したがって，ある個人の意見や態度を変えようとする試みが成功するかどうかは，彼／彼女の所属している集団が，提案されたその変化に対して抵抗を示すか，それともそれを支持するかということに大きく依存しているということになる。

② 　パーソナル・コミュニケーション――ここでは，ある集団と集団の外部の世界をつなぐコミュニケーション・パターン，および集団内部でのコミュニケーション・パターンが問題とされる。ここでは，集団内部で影響力をもつ「オピニオン・リーダー」が重要な役割を果たす。

　ここで言う「オピニオン・リーダー」とは，集団の外部の世界，すなわち集団を取り巻く社会と集団とをつなぎ，また集団内でのパーソナル・コミュニケーションにおいて，中心的役割を果たす人物を意味する。コミュニケーションの二段階の流れモデルでは，「いろいろな観念はラジオや印刷物からオピニオン・リーダーに流れ（＝第一段階），そして彼らから活動性のもっと少ない人びと（＝フォロアー）に流れてゆくことが多い（＝第二段階）。」（カッコ内引用者；同：21）という仮説が提示された（図 4 − 3 ）。

　そして，この仮説をもとに，「日用品の買物行動」，「流行」，「社会的・政治的問題」，「映画観賞」という四つの領域でのコミュニケーションの影響の

問題についての調査が実施された。その結果，ある程度の留保条件は付されながらも，受け手が所属する，あるいは帰属意識をもつ，家族・同輩集団・近隣集団などの第一次集団においては，情報の種類に応じてオピニオン・リーダーが存在し，フォロアーに対する彼らの影響力がマス・コミュニケーションの影響力を上回るという見解が示された。なお，オピニオン・リーダーの特徴は，以下のように要約されている（同：とくに「14. コミュニケーションの二段の流れ」「15. 影響および影響者についての要約」を参照）。

① フォロアーよりもマス・メディアに多く接触しているが，必ずしもマス・メディアから多くの影響を受けてはいない。

② フォロアーとの関係は，垂直的関係というより水平的関係のほうが一般的である。

③ 一人のオピニオン・リーダーが複数の領域にまたがって存在する傾向は低い。

またE. ロジャーズは，このコミュニケーションの二段階の流れモデルを発展させ，「技術革新の普及過程（The Diffusion of Innovation）」についての調査研究を行った（ロジャーズ，1962 = 1966）。その結果，技術革新の「採用過程」におけるコミュニケーションの影響の流れは，「革新者→初期採用者→前期追随者→後期追随者→遅滞者」というように「多段階」であることが示された。このうちオピニオン・リーダーの機能を担うのは，あまりに早い段階で革新的技術を採用するために，しばしば逸脱者と見なされる革新者ではなく，初期採用者であるとの見解が提示された。このモデルではまた，時間の経過とともに採用者数が増加することを示す普及曲線，すなわち「S字カーブ」の存在も指摘された（図4—4）。このS字カーブは，技術革新のみならず，突発的に生じたニュース情報の普及や，情報機器など新製品の普及状況を検討する際にも有用な図式である。

以上，概観してきた諸モデルは，マス・コミュニケーションの効果と，パーソナル・コミュニケーションの効果や小規模な中間コミュニケーションの効果を比較し，後者の効果のほうが大きいことを示した。それと同時に，

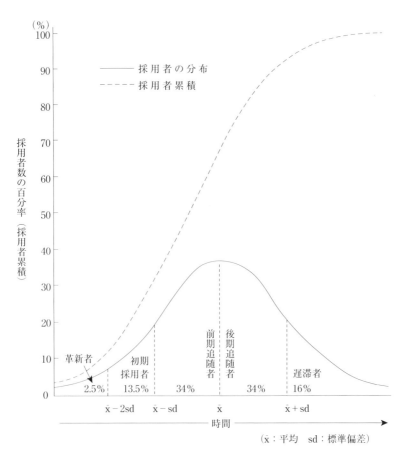

図 4 − 4　E.M. ロジャーズの普及モデル

出典：杉山，1992：83

マス・コミュニケーションの効果が限定的であることを示したことから，
「限定効果モデル」と総称されている。

(4)　マス・コミュニケーション効果の一般化

　これらの限定効果モデルに属する調査研究をとりまとめ，マス・コミュニ
ケーションが持ちうる効果の一般化を試みたのが J. クラッパーである（ク

ラッパー，1960 ＝ 1966）。クラッパーはマス・コミュニケーションの効果を，①創造，②補強，③小変化，④改変，⑤無効果，に分類した。そして，マス・コミュニケーションが「補強」効果として作用する可能性が高く，その要因として「媒介（＝介在）的要因」の影響力の大きさを指摘した。そのうえで，マス・コミュニケーションの効果について，以下に掲げるような「一般化」が可能であることを試論的に示したのである（同：24 － 25；訳一部修正）。

①　マス・コミュニケーションは，通常は受け手に効果を及ぼす必要かつ十分な要因として作用することはない。むしろ，マス・メディアと受け手との間に存在する媒介要因や影響力の中で，あるいはそれらを通じて機能する。

②　これらの媒介要因が存在することから，マス・コミュニケーションは受け手の既存の諸状況を強化する過程において，複数ある促進要因の一つとして機能するのであり，唯一の要因というわけではない。

③　マス・コミュニケーションが人々の態度を変化させる場合，一般に以下の二つの条件のうち一つが満たされている。第一は，媒介要因が無効であり，マス・メディア効果が直接的であることが見出される場合，第二は，通常は人々の態度を強化する媒介要因が，それ自身変化をうながす方向に作用することが見出される場合である。

④　ただし，上記以外の状況，すなわちマス・コミュニケーションが直接的な効果を生み出すか，あるいはマス・コミュニケーションそれ自身が直接に特定の心理的作用として働く場合もある。

⑤　マス・コミュニケーションは，一つの要因として作用するか，直接の効果を与えるかのいずれかである。マス・コミュニケーションの効力に影響を与えるのは，以下の諸要因である。それは，マス・メディアとマス・コミュニケーションそれ自体，あるいはマス・コミュニケーションが置かれた状況（それにはたとえば，メディア内容の構成，情報源やメディアの性質，既存の世論の風潮など）である。

このように要約されうる限定効果モデルの主張を受け容れるならば，マス・メディアを用いたエリートによる大衆説得や大衆操作の可能性は低いことになる。したがって，そうした特徴を有する社会を大衆社会と見なすことはできない。さらに，前述したように，この当時のアメリカ社会では，前述したミルズのパワー・エリート論とは異なり，利益集団の役割の大きさ，そして地域社会の政策決定の場におけるエリートの非重複性などを根拠とする多元主義論が多くの注目を集めていた。マス・メディアの限定効果モデルは，こうした多元主義論の主張と連動することで，アメリカ社会が大衆社会よりも多元社会として位置づけられる可能性が高いことを示唆する役割を果たしたのである。

(5) 利用満足研究

　マス・コミュニケーション効果・影響研究の流れからすると，これら一連の限定効果モデルの観点をより一層強化し，送り手から受け手へという従来の効果・影響研究の観点を逆転させ，受け手の立場からこの種の研究の再考を迫ったのが「利用満足研究」である。利用満足研究とは，受け手の側の情報に対する「欲求」の程度と内容，およびそうした欲求を満たす際にマス・メディアを利用する，あるいは利用しない「動機」に着目するものであり，主として自由記述による調査手法を用いて発展を遂げてきた。例えばW. シュラムは，人間が何らかの「報酬」を求めるためにニュースに接触するという考えを提示し，次に見るようにその種の報酬を，情報を入手することで即座に効用が得られる「即時報酬」と，情報を主に知識として入手し，時間的経過に耐えうる効用が得られる「遅延報酬」とに分類した（シュラム，1960 ＝ 1968：222 − 223）。

① 即時報酬——快楽原理にもとづくもので，犯罪，事故，災害，スポーツなどのニュースに接触する動機を指す。

② 遅延報酬——現実原理にもとづくもので，政治・経済問題，科学，教育などに接触する動機を指す。

この分類を参照しつつ D. マクウェールらは，やはり利用満足研究の立場から，テレビ視聴行動を事例に調査を実施した。すなわち，彼らはテレビ視聴行動を「目標指向的」ととらえ，視聴動機を次のように分類した（マクウェール編，1975 = 1979：44 - 54）。

① 　気晴らし——これには，日常生活のさまざまな「制約からの逃避」，解決しなければならない諸問題の「重荷からの逃避」，気分をほぐす，といった「情緒的な解放」が含まれる。

② 　人間関係——これには，会話の中で情報を活用できるという社会的効用，視聴者がテレビの登場人物などと擬似的な社会関係を結ぶ「代理的な交友関係」が含まれる。

③ 　個人的なアイデンティティや自己確認——これには，自らが抱く価値（観）の強化や再保証，自己理解，現実問題の対応策を想起するといった「現実の探究」が含まれる。

④ 　環境の監視——これには，公共の出来事に関する情報と意見を獲得する視聴行動が該当する。

　こうした調査研究を経て利用満足研究は発展を遂げてきたが，それらをもとにしてマス・コミュニケーションに対する個人の行動の過程を描いたのが図4—5である。この図については，おおよそ次のような説明が加えられている（竹内，1990：172 - 173）。情報に対する人々の「要求（欲求）」は，集団との関係や政治的・社会的問題といった「社会的条件」と「個人的特性」に影響されながら生じる。その要求（欲求）にもとづいて，人々はマス・メディアに接触するが，その際これまでの経験から培われた「メディア・イメージ」や，メディアへの接触可能性などさまざまな「外在的条件」が作用する。そうしたイメージや外在的条件が，マス・メディア接触への動機づけを阻害する方向に作用した時には，接触行動は起こらない。マス・メディア接触への動機づけが生じ，実際に接触行動が起こった場合には，何らかの「充足」がもたらされることがある。その充足経験は蓄積されて，再度メディア・イメージの形成に寄与することになる。

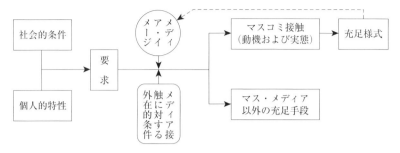

図 4 − 5 　「利用と満足研究」のための
マス・コミュニケーション行動図式

出典：竹内，1990：173

　以上述べてきたように利用満足研究は，それまでのマス・コミュニケーション効果モデルとは異なる視点に立ちながらも，マス・コミュニケーション研究史においては，弾丸効果モデルの有効性に対し疑問を投げかけ，限定効果モデルの妥当性を高めるのに寄与してきた。その後利用満足研究は，さまざまな新たなメディア，たとえば VTR，DVD，テレビゲーム，さらにはソーシャル・メディアなどの利用動機とそれによって得られる満足に関する研究にも応用されてきた。

４ − ４．強力効果モデル

　限定効果モデルがマス・コミュニケーション研究のなかで隆盛をきわめ，さらには利用満足研究の視点が提示され，多くの注目を集めている間も，さまざまなメディアは普及を続け，高度化も進んでいた。その代表は，言うまでもなくマス・メディアとしてのテレビであった。その結果，人々を取り巻く情報環境の拡大，それにともなうマス・メディアへの依存度の一層の増大という現象が日常的に観察されるようになり，限定効果モデルの有効性に対する批判がしだいに高まってきた。こうした研究の流れは，「強力なマス・

メディア概念への回帰」（E.ノエル・ノイマン）と呼ばれており，それは弾丸効果モデルの復活を想起させるものであった。

　しかしながら，強力効果モデルは，次の二つの理由から弾丸効果モデルとは異なる展開を見せてきており，その点からすればこの種のモデルを弾丸効果モデルのたんなる再来という評価は妥当性を欠くと言える。第一は，この種のモデルが，限定効果モデルをはじめとする当該研究領域の豊富な研究成果の影響を受けつつ，それに対する再批判からなりたっているという点である。第二は，強力効果モデルが，前述したようにテレビの普及に象徴されるメディア変容，それと連動する社会変動，さらにはそうした変動に対応して編み出された概念・理論などを視野に収めているという点である。

(1)　アジェンダ（議題）設定モデル

　そこでまず強力効果モデルのなかで，これまでもっとも多くの関心を集めてきた「アジェンダ設定モデル」について検討してみたい。ここで言うアジェンダとは，マス・メディア，公的な政治機関，受け手としての公衆，いずれかのレベルにおいて，重要度や顕出性（salience）が高まった社会的な問題や争点を指す。

　アジェンダの設定とは，さまざまな事件や出来事などの社会的問題が，マス・メディアによって報じられ（＝メディア・アジェンダ），それが人々の関心を喚起し（＝公衆アジェンダ），公的な政治機関において対応すべき問題・争点として認知され（＝政策アジェンダ），その結果，社会的問題の解決が政策によって試みられるという一連の過程を指し示すものである（図4―6）。この図で示すように，問題や争点が公衆アジェンダに据えられることなく，メディア・アジェンダから政策アジェンダへと直接転移される場合もある。ただし，ここで強調しておきたいのは，マス・コミュニケーション研究の領域においては，アジェンダ設定モデルとは，マス・メディアのレベルでアジェンダとなった問題や争点が，公衆アジェンダに転移される過程を研究対象としているという点である。そこで以下では，マス・コミュニケー

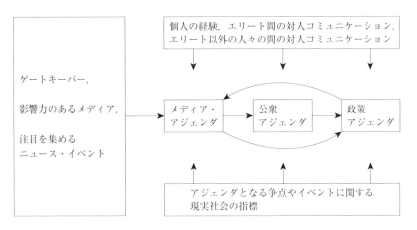

図4−6　アジェンダ設定過程の主要素

出典：Rogers ＝ Dearing，1988：557．より作成。

ション研究に属するアジェンダ設定モデルについて検討してみる（ウィーバー ほか，1981 ＝ 1988；マコームズほか，1991 ＝ 1994；竹下，2008）。

　このモデルに属する調査研究は，選挙キャンペーンを主たる素材としている点では限定効果モデルと共通するが，それよりも比較的長期間のマス・メディアの効果・影響を扱うものである。アジェンダ設定モデルは，研究の焦点を，限定効果モデルがもっぱら扱った受け手の「態度」や「行動」から，受け手の「認知」のレベルへと移行させ，そのレベルに対するマス・メディア効果の大きさをさまざまな調査を通して経験的に示した（図4−7）。すなわち，マス・メディア効果が顕著に見られるのは，ある問題や争点に関して，「いかなる意見を持つべきか（What to think）」という側面よりも，「どの争点や問題について意見を持つべきか（What to think about）」という側面であるというのが，このモデルの主張である。また，特定の問題や争点ではなく，たとえば経済問題や外交問題といった問題群や争点群の重要度や顕出性の程度が，マス・メディアから公衆に転移される状況を扱う調査研究も行われてきた。さらに，選挙の場合には，問題や争点ではなく，立候補者につい

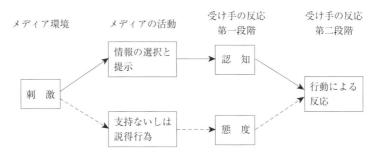

メディア環境　　　　メディアの活動　　　受け手の反応　　　受け手の反応
　　　　　　　　　　　　　　　　　　　　第一段階　　　　　　第二段階

```
                    ┌──────────┐      ┌──────┐
                    │情報の選択と│─────▶│認　知│──┐
          ┌────┐    │提示      │      └──────┘  │    ┌──────────┐
          │刺 激│───▶└──────────┘                ├───▶│行動による│
          └────┘    ┌──────────┐      ┌──────┐  │    │反応      │
                 ┈┈▶│支持ないしは│┈┈┈▶│態　度│┈┈┘    └──────────┘
                    │説得行為  │      └──────┘
                    └──────────┘
```

注：実線はアジェンダ設定研究が関心をもつ関係
　　破線は態度変容の研究が関心をもつ関係

図4-7　マス・メディアの効果モデル

出典：Becker, et al., 1975：39，より作成。

てのイメージが転移される過程に関する調査研究もアジェンダ設定研究 の一環として行われてきた。

　このモデルが登場した背景には，前述したテレビの普及とその社会的影響力の大きさがある。すなわち一般にテレビは，新聞などの印刷メディアと比べ公平かつ中立的な報道を行うことを法制度的に要請されており，放送局間の主張や見解の差が印刷メディアと比べ明確ではない。その一方，多チャンネル化や多メディア化の進展により，受け手は主張や見解の異なる複数のメディアに接触しながら情報入手を行うことが日常化してきた。これらの要因を考えあわせると，従来の効果研究が焦点をあわせてきた態度や行動よりも，認知に対するメディアの効果や影響について考察する方が現代社会では適切と考えられたのである。

　実際，日本社会でも「マス・メディアは情報環境の設定者として視聴者・読者に情報を提供するのであって，ある方向に誘導しようと意図しているものではない」（稲増＝池田，2007：107）という観点からの研究も進められてきた。そして，例えば2005年の衆議院選挙（郵政選挙）を対象としたメディアの効果・影響に関する調査研究では，「（刺客）報道においてすら，（オーディエンスに対して）ある程度のインパクトは見られたものの，メディアの

報道が人々の投票行動まで特定の方向に動かすような大きな力を検出しはしなかった」（同：125 - 126）という結論が導かれている。

　アジェンダ設定モデルはその精緻化を進めるなかで，こうしたマス・メディア効果の大きさを限定する受け手の側の「随伴条件」の研究へとその中心を移行させてきた。随伴条件の代表とも言えるのが，「オリエンテーション欲求」である。それは，選挙キャンペーンへの関心（オリエンテーション）が高く，また投票意思の確定度が低い（不確実性が高い）有権者ほど，アジェンダ設定効果を受けやすいというものである。このような随伴条件への関心の移行は，マス・メディア効果の大きさに限定を付すものであり，したがってこのモデルは当初は強力効果モデルではあったが，しだいに中程度効果モデルへとその位置づけを変化させてきた。

　アジェンダ設定モデルは，受け手の認知に対するマス・メディア効果の強大さという仮説から出発しながらも，効果・影響研究の対象領域をしだいに拡大し，マス・コミュニケーション研究に多くの刺激を与えてきたと評価できる。たとえば，受け手の意見の方向性やその強さ，それらに対するマス・メディアの影響力，さらには問題や争点のフレーミングという問題にまで，このモデルは関心を拡張させてきた。次の指摘は，それらを要約して示したものである。

　「ある争点の顕出性が増大すると，公衆の側でも知識が増大し，より強い意見が生じるようになるのが常である。しかし，その意見がどの方向に向かうかは定かではない。意見の方向性を左右するのは，各人がこれまでメディアのメッセージに付与してきた信念や価値だけではない。他者との討論を通じて各個人のなかで育成される視座に加え，メディアがどの集団の利害や価値観に立っていかに争点を提示するかによっても，意見の方向性は左右されるのである。」（マコームズほか，1991 = 1994：33）

　アジェンダ設定モデルはこのように拡張され，その主唱者であるマコームズは，このモデルを起点としてより統合的な枠組みを提示した（図4―8）。ただし，このモデルが前述したように，当初は受け手の「認知」のレベルに

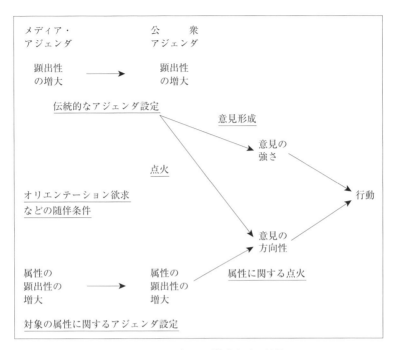

図4－8　アジェンダ設定とその結果

出典：McCombs, 2004：142. より作成。

しぼってマス・メディアの強力効果を経験的に示してきたことを想起するならば，後述するようにフレームないしはフレーミングの問題にまで踏み込んで理論的拡張をはかることは，このモデルの説得力の有効性を低下させるという評価も可能であろう。

(2)　沈黙の螺旋モデルと第三者効果仮説

　マス・メディアの強力効果を主張するモデルは，アジェンダ設定モデル以外にも複数存在し，それらは連動しつつ発展を遂げ，現在に至っている。そのなかの代表的なモデルである「沈黙の螺旋モデル」について述べてみる（ノエレ・ノイマン，1984 = 1988）。このモデルは，主として旧西ドイツ社

会を対象に実施された調査をもとに提示された。このモデルの前提と調査結果の概要は，次のようにまとめることができる。

① 人々は一般に社会的孤立を恐れるものである。

② したがって，人々は，自分の意見が多数派に属するか，あるいは社会に広く受け容れられると確信するならば，自分の意見を公的な場で表明する傾向が高くなる。他方，それとは逆の状況にあると感じるならば，その人は自らの意見を公的な場で表明する傾向は低くなる（ただし例外的に，少数派に属すると認識しても，公的な場で自らの意見を表明する人もごく少数ながら存在する。これらの人々はハード・コアと呼ばれている）。

③ こうして，自らの意見が少数派に属すると判断した人々は，しだいに意見を公表しなくなり，沈黙の螺旋が増幅しながら進展する状況が生まれる。それによって，社会における支配的意見，あるいは支配的世論が形成されていく。

④ 人々が自分の意見が多数派・少数派のいずれに属するかという判断を下す基準を提供するのは，多くの場合，マス・メディアである。したがって，マス・メディアの効果・影響はきわめて強大だと言える。

沈黙の螺旋モデルでは，マス・メディアの強力効果と支配的世論との関連はこのようにとらえられた。このモデルはマス・メディア（内容）が以下のような特徴を有すると考えられている。

① マス・メディアの表現内容が類似していることから生じる「共鳴性」。

② 類似したメッセージが受け手に繰り返し伝達されることによって生じる「蓄積性」。

③ 影響が広範囲にわたって生じる「普遍性」。

これらの特徴が，前述した大衆社会論と類似性を持つことが了解されよう。このモデルは，アジェンダ設定モデルとは逆に，マス・メディアの強力効果を前提として，支配的な世論形成のメカニズムの説明を試みたものと言える。このような観点から，沈黙の螺旋モデルは経験的調査を繰り返し行い，マ

ス・メディアの強力効果を示したのである。

　なお，この沈黙の螺旋モデルは，人々が画一的な報道を行うマス・メディアの主張を世論と見なすことで生じる世論過程を描くものである。それは，マス・メディアに対して人々が過度に依存することで生じる，意見分布に対する誤った認識と，それによって引き起こされる世論の増幅現象の説明を行ったものである。このモデルについては，ある問題や争点に関する「意見分布に対する無知」（pluralistic ignorance）によって引き起こされる支配的世論の形成過程について論じたものだとも言える。こうした世論過程に関しては，沈黙の螺旋モデルと関連して，「第三者効果仮説（third-person effect hypothesis）」（Davison, 1983）として検討されたことがある。これは，マス・メディアによる説得的コミュニケーションの対象となった人々は，自分よりも他者のほうがマス・メディアの影響を受けやすいと考えるという仮説である。この仮説はいくつかの経験的調査によって検証されてきた。

　強力効果モデルでは，マス・メディアはこのようにして支配的世論形成の重要な要因として論じられてきた。

(3)　培養理論

　強力効果モデルに属する研究として，G. ガーブナーらによって提唱された「培養理論」についてもここでは述べておこう（Signorielli and Morgan, 1990, を主に参照）。初期の培養理論では，人々を取り巻く次の二つの環境が比較され，調査が進められた。

① テレビ番組における暴力描写の状況（象徴的環境）。

② 現実に暴力に遭遇する可能性（現実の環境）についての受け手の認識の程度。

　このように，象徴的環境としてテレビの内容分析が行われ（＝メッセージ・システム分析），その一方，テレビの高視聴者が低視聴者に比べ，現実の環境よりもテレビが提示する環境に近い環境認知を行い，それに反応する傾向が高くなる（＝培養格差）という調査結果が提示された。それが，テレ

ビの強力効果を示す根拠とされてきた。この種の調査研究は、受け手の心理に対する効果を対象としていることから「ミクロ分析」と位置づけられている。

　他方，培養理論はテレビによって反復的に提供される大量のメッセージとイメージが，多くの人々が共有する価値観や信念を形成する，「主流」形成の役割も果たしていると考え，研究対象としている。これは「マクロ分析」と呼びうるものであり，「文化指標」プロジェクトと呼ばれる一連の調査研究の中で具体化されてきた。この観点は，従来のマス・コミュニケーション研究の枠内にある，マス・メディアが人々の社会化に及ぼす効果や影響という領域を越え，既存の支配的な価値観を再生産するマス・メディアの機能に関する研究へと発展する可能性を示していると言える。

(4)　メディア依存理論

　これまで述べてきたように，強力効果モデルの系譜に属する各モデルは，大衆社会論で主張された弾丸効果モデルの影響を強く受けながらも，限定効果モデルにおいて精緻化された研究手法を受け継ぐことにより，経験的にマス・メディア効果の強大さを実証してきたという側面をもつ。こうした効果研究の展開のなかで，強力効果モデルの系譜に属しながらも，より統合的なコミュニケーション・モデルの提示を試みたのが「メディア依存理論」である。最後にこのモデルについて検討してみる（Ball-Rokeach and DeFleur, 1976；デフレー＝ボール・ロキーチ，1989 = 1994，第11章参照）。このモデルの基本的立場は，次のように説明されている。

　「メディア依存理論は，個人が集団的紐帯を失って，孤立化しているがゆえに，メディアが強力であるという大衆社会の考えを共有しない。むしろ，依存理論は，メディアの権力は，個人が彼らの目標を達成するのに必要なある情報源をメディアそれ自体が統制していることにあると考えている。さらに，社会がより複雑になればなるほど，メディアの情報源へのアクセスを必要とする個人的目標の範囲が拡大すると考えている。」（デフレー＝

ボール・ロキーチ，1989 ＝ 1994 : 374)。

この理論では，「メディア情報に対する受け手の依存の程度」は，「社会システム」と「メディア・システム」という他の二つの構成単位との相互連関によって規定されると考えられている。この場合，「社会システム」は構造的安定度によって測定され，その程度が低いと，受け手のメディア依存度は高まる。「メディア・システム」は，メディアによって提供される情報の機能の程度（＝数），および社会におけるその種の情報の集中度によって測定され，それらの程度が高くなると，それに比例して受け手のメディア依存度は高まると考える。すなわち，メディア依存の程度は，社会システムに応じて異なり，また同一の社会システムでもその時々の構造的安定度やメディア情報の集中度によってその程度が異なることが，この理論では示されている。もちろん，近代化が進み，マス・メディアが発達・普及した社会では，一般に社会の複雑性が増大し，社会変動の速度が増し，さらにはメディア情報の機能や社会におけるその種の集中度が増大しているので，社会の構成員のメディア依存度は概して高くなると言える。

それに加えて，この理論は，諸個人によってメディア依存度が異なるという問題についても，同様の観点からモデル化を試みているおり，それは四つの段階として提示されている（同 : 378 - 381 ; 図 4 — 9）。

① 「ステップ 1」では，メディア情報に接した人を，「積極的選択者」と「偶発的観察者」に分類する。積極的選択者は，その人の以前からの経験，知り合いとの会話，メディアで獲得した手がかりといった予測のうえで特定の情報に選択的に接触する。他方，偶発的な観察者は，その名のとおり非意図的なメディア情報の接触者であるが，なかにはその情報に対する依存度が増大する人も出てくる。

② 「ステップ 2」では，個々人の目標，個人的・社会的環境，特定のメディア内容の潜在的有効性に関する予測，メディア内容に対するアクセスの容易さなどの要因によって，メディア依存度の強さが決定される。そして，メディア依存度が高くなると，「認知的覚醒（情報に注目し，

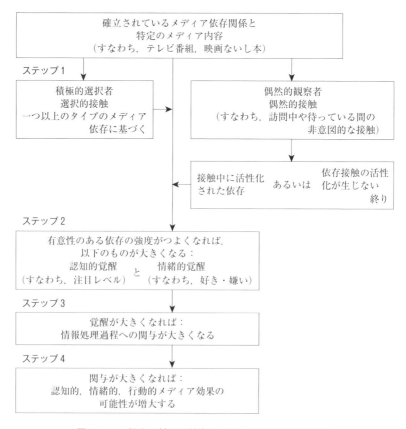

図4－9　個人に対する特定のメディア内容の効果過程

出典：デフレー＝ボール・ロキーチ，1989 ＝ 1994：378

　維持する)」と，「情緒的覚醒（感情を覚醒する)」とが増大する。

③　「ステップ3」では，情報接触後にその情報を想起するといった情報
　　処理過程への積極的参加，すなわちここで言う「関与」が生じる。

④　最終段階「ステップ4」では，そうした関与の結果，「認知的・情緒
　　的・行動的メディア効果」が生じる。

このようにして，諸個人のメディア依存の程度と，その高まりが説明され

ている。この図式は，前述した利用満足研究やアジェンダ設定モデルで論議されたオリエンテーション欲求と共通する部分がある。しかしながら，このモデルの出発点が，社会システム，メディア・システム，受け手という三者間の相互作用にあり，そのうえでメディア効果の説明が行われ，より統合的なモデルの提示が行われている点は留意されるべきであろう。この点がメディア依存理論の特徴だと言える。

4－5．強力影響・機能モデルと複合モデル

これまで概観してきたように，強力効果モデルは主として経験的な手法を用いてマス・メディア効果の強大さを示してきた。この種の研究はその後も継続され現在に至っているが，その一方でマス・コミュニケーションに関するさまざまな理論や調査と交錯しながら新たな局面を切り開くようになった。以下では，マス・メディアを取り巻く環境，およびマス・メディアそれ自体の変化を視野に収めつつ，従来の効果研究とは異なる角度からマス・コミュニケーションの強力な社会的影響力について考察を加えてきた理論動向を中心に扱う。したがって，ここでの検討は，経験的手法を中心に展開されてきたマス・メディアの「効果（effect）」よりも，マス・メディアの強力な社会的「影響（influence）」，ないしは「機能（function）」が中心となる。

マス・メディアに対するこの種のアプローチは，マルクス主義の影響を受けつつ，また大衆社会論と連動しつつ，特に第二次世界大戦後，批判的コミュニケーション論として展開されてきた。ここでは，そうした動向も視野に収めながら，マス・コミュニケーション論が新たな展開を見せ始めた1980年以降を中心に概観する。それに加えて，マス・コミュニケーションがインターネットを介するようになってきたことを考慮し，インターネットに備わる様々な機能との複合という観点からの検討も行う。

⑴ スキーマ理論

　スキーマ理論は，受け手の側におけるマス・メディアの情報処理過程に注目する。その際，マス・メディアで報じられた出来事，それに関する評価が，個人ないしは社会のレベルで蓄積（＝記憶）される点に注目すると同時に，そうした評価や記憶が「記憶のスキーマ」として情報処理過程に及ぼす影響についても関心を寄せる。この点では，第2章で言及したステレオタイプの考え方，そしてアジェンダ設定モデルのなかで論じられるようになったフレームと共通する概念である。言うなればスキーマ理論は，累積的なマス・メディアの影響に着目し，マス・メディアの強力な影響力や機能について論じてきたのである。

　ここで言うスキーマとは，「状況や人物に関する体系化された知識によって構成される認知構造」であり，そうした知識は「過去の経験から抽象化された」ものとして把握される（Graber, 1988, 28）。スキーマ理論は，受け手がそうしたスキーマを活用して，マス・メディア情報を受容し，処理する一連の過程の説明を試みる。スキーマの機能は次のように要約されている（同：29）。

① スキーマは，どの情報が注目，処理，蓄積され，その結果，どの情報が記憶から引き出され，利用可能になるかを決定する。

② スキーマは，人々が新たな情報を入手した場合，それを組織化し，評価する手助けをする。そして，そうした情報を既存の認識に適合できるようにする。この機能により，人々は馴染みの情報を入手した場合，新たな概念を構築する必要はなくなる。

③ スキーマは，人々が直接に入手した以上の情報を入手することを可能にする。また，誤った情報を埋め合わすことも可能にする。それにより，不完全なコミュニケーションでも了解可能になる。

④ スキーマは，問題解決の手助けをする。というのも，スキーマには問題に対処するためのシナリオや手法が含まれているからである。

　スキーマ理論におけるマス・メディアのこの種の影響は，「特定の争点に

関するメディアの強調は，争点に地位を付与する（あるいは顕出性を増大させる）だけでなく，こうした争点に関して人々がそれ以前に獲得し記憶した情報を活性化させる」というマス・メディアの「点火効果（priming effect）」（Iyengar ＝ Kinder，1987）と密接に関連する。これらのモデルは，「メディア効果をメディア内容に対する個人の連続的な認知反応」（ロス＝ナイチンゲール，2003 ＝ 2007：93）ととらえることもできる。

　スキーマ理論はまた，マス・メディアが伝達する個々の出来事を受容する際に活用されるスキーマが，前述した「記憶のスキーマ」（Graber，1988：148 - 149）として受け手の情報処理過程の中で再生産される点に注目する。すなわち，受け手の知識，記憶，イメージに対するマス・メディアの影響にまで研究の関心を拡張し，従来のマス・メディア効果論とは異なる視点を提示するのである。この点にこそ，スキーマ理論を強力影響モデルの一つに組み入れる根拠があると考えられる。

⑵　メディア・フレーム論

　スキーマ理論で提示された「記憶のスキーマ」は，個人レベルのみに存在するわけではない。社会の他の構成員と共有され，そして社会レベルで作動し，さらには社会の支配的な価値観の再生産に寄与すると見ることも可能であり，この点にマス・メディアの強力かつ累積的な影響力が見出させる。このような問題関心は，フレーム，ないしはフレーミングの問題へと展開されてきた。以下の指摘はその傾向を要約したものである。

　「フレーム（そしてアジェンダ設定）という概念を取り入れることで，メディアの生産過程と受容過程に関するより詳細な比較が可能になる。ジャーナリストなどのメディアの専門家は，情報内容のフレーミングという作業と，それらがどのように解釈されうるかを予期する作業をつねに行っている。他方，オーディエンスは，解釈フレームを必ず採用している。この場合，解釈フレームは，メディアなどの情報源に依拠しながら時間をかけて生み出され，再定義されるものである。」（Jensen, ed.，2002：150）

このようにフレームやフレーミングの問題は，送り手と受け手の相互作用という観点を重視する。その中で，マス・コミュニケーションの送り手に重点を置いて，またマス・メディア効果論に対してより厳しい批判を加え続けてきたのがメディア・フレーム論である。その代表的論者である T. ギトリンは，かつて限定効果モデルの代表的な調査研究である『パーソナル・インフルエンス』を取り上げ，アメリカ社会を素材にして次のように批判した。

「メディア社会学における主要なパラダイム（＝限定効果モデル）は，メディアが有する権力から目をそらしてきた。それは，政治社会活動のうち，何が正常で何が異常かを定義する権力，何が政治的現実であり，そうでないかを語る権力，また何が政治的に正当であり，正当でないかについて述べる権力である。さらには，二大政党制という政治構造を正当化し，社会的に注目を集める政治的アジェンダを確立する一方，それ以外の問題や争点を抑制し，それを方向づけ，排除し，反体制運動のイメージを形成する権力である。」（カッコ内引用者；Gitlin, 1978：205）

限定効果モデルに対するこの批判は，マス・メディアを中心とするコミュニケーション過程が，既存の政治社会が抱える問題や争点が社会的に表面化するのを抑制し，社会に対して異議申立てを行う人々や組織に対して否定的なイメージを形成する作用を強調する。そして，この種のコミュニケーション過程が果たす政治構造の正当化といった現状維持機能の存在を見出すのである。たしかに，限定効果モデルや一部の強力効果モデルでは，こうした問題関心は希薄であった。ギトリンはその点を厳しく批判し，限定効果論などで軽視されてきたマス・メディアの社会的影響力を研究課題として明示するために，「メディア・フレーム」という概念を提示し，以下のように説明を行う。

「メディア・フレームは，その多くが語られず，また人々に知られることもない。ジャーナリストや受け手である我々は，この枠組みを通して頭の中で社会を構成する。すなわち，ジャーナリストはメディア・フレームを通じて社会の出来事を報道し，我々はそうした報道に大きく依存している

のである。メディア・フレームは，何を認知，解釈，表象するか，つまりは何を選択，強調，排除するかということに関する一貫したパターンなのである。シンボルを操作する人々（例えばジャーナリスト）は，こうしたパターンにもとづいて，言語的あるいは視覚的に，言説を日常的に構成している。」（カッコ内引用者；Gitlin, 1980：7）

フレーミング研究はこのように，マス・メディアが情報やその意味だけでなく，社会のイメージを構成する際に用いられるフレーム，ないしはさまざまな価値（観），さらにはイデオロギーも，（その多くは無意識のうちに）伝達されることを強調する。そして，そうした価値（観）やイデオロギーは，既存の政治社会システムを再生産するのに寄与していると考える。ここで言うイデオロギーについては，人々が考え，行動する際の規準となる「常識」として作用するという見方が優先されている（同：10）。こうした立場が，A.グラムシをはじめとするネオ・マルクス主義の影響を強く受けている点は押さえておく必要がある（この点は第5章で論じる）。

マス・メディアないしはジャーナリストは，個々の社会的な出来事に関する報道，解説，論評を通して人々に影響を及ぼすが，それと同時にメディア・フレームを通じて支配的な価値（観）やイデオロギーを伝達するという，潜在的な影響力を行使している。そして人々は，そうした価値（観）やイデオロギーを（多くの場合無意識に）受容することを通じて，結果的に既存の政治社会システムの安定や維持に参加しているととらえられる。メディア・フレームという概念は，マス・メディアのこの種の影響力を問題にしたのである。

⑶　能動的オーディエンス論とテクスト論

以上述べてきた，スキーマ理論とメディア・フレーム論は，ここで言うマス・メディアの強力影響・機能モデルに属するととらえられるが，同時に注目したいのは，そこではたんに効果や影響が問題にされているわけではなく，スキーマやフレームといった用語を用いながら，伝達されるメッセージの

「意味」や「意味づけ」の過程が重視されている点である。

　この種の関心は次第に発展をとげ，メッセージの意味が構築・構成される過程において様々な価値（観）が競合し，抗争するという見解が提示されるようになった。この観点に立つ研究は，多種多様なメディアで伝達される文字，音声，映像を一般に「テクスト」と呼び，その分析を行う調査研究は「テクスト分析」と総称される。メディア・フレーム論やスキーマ理論とこうしたテクスト分析を連関させた場合，送り手がメッセージの意味づけに用いるメディア・フレームと，多様な受け手が各々抱くスキーマ（あるいはフレーム）とが競合し，抗争する空間がテクストということになる。

　それと同時に，受け手の側におけるテクストの意味の理解，ないしは解釈を主たる対象とする研究が活発化してきた点も強調されるべきであろう。この場合，従来マス・コミュニケーションの受け手としてとらえられていた人々は，マス・メディアのテクストを理解し，解釈する「読み手（reader）」と呼ばれることになる。また，この種の研究は，主としてテレビ研究を中心に行われてきたこと，その際，読み手を取り巻く社会・文化的状況が重視されてきたことが考慮され，それらは「能動的オーディエンス論」と称されるようになった。したがって，読み手すなわち能動的なオーディエンスは，各々の置かれた社会・文化的文脈の中で，テクストを能動的かつ多様に解読する可能性をもつ存在として位置づけられることになる。こうした観点からのオーディエンス研究の課題は，次のように要約されている（Corner, 1991：267）。

①　オーディエンスは，自分が見たもの，聞いたもの，読んだものからどのような意味を作り出すのか。

②　オーディエンスの解釈には一定の幅があるはずなのに，なぜ特定の意味が生み出されるのか。

③　こうした意味形成の行為は日常生活の場で見出されるが，それはメディア権力に関する諸概念，および人々の知識・感情・価値観に関する諸概念とどのように関連するのか。

ただし能動的オーディエンス論は，マス・コミュニケーションの効果研究の修正モデルとして提示された，前述の「利用満足研究」とは異なる視角を有することを主張する。というのも，利用満足研究は受け手の能動性の側面だけを重視し，テクストにおける価値（観）の競合や抗争という側面を重視してこなかったからである。それに対し，たとえばテクスト分析の観点に立つJ. フィスクは，テレビのテクストを「閉塞力と開放力との間の緊張状態」が生じる空間と見なす。すなわち，「前者（閉塞力）は，優先的（＝社会における支配的）な意味を選んでそのテクストのもつ意味の潜在力を封じ込めようとする力であるのに対して，後者（開放力）は，多様な視聴者がそれぞれにふさわしい多様な意味と交渉することを可能にする力」（カッコ内引用者：フィスク，1987 ＝ 1996：125）ととらえるのである。これら二つの力が競合し，抗争が繰り広げられる空間がテクストであり，オーディエンスによるマス・メディアのテクストの理解や解釈とはこうした空間に参入することにほかならない。

　オーディエンスによる能動的な読解の可能性は，テクストの解釈を行う，いかなる場面でも生じる。その典型が，自らが属する社会や文化から流入した，テクストに関する読解やそれに伴うテクストの理解の仕方である。グローバリズムの進展により，確かにテクストの表層的な意味に関してはグローバルなレベルでは共有が進んだと言えよう。実際，たとえば2001年9月11日に生じた「同時多発テロ」の情報，特に映像の表層的な意味は，グローバルなレベルで共有された。しかし，この出来事から引き出された意味，すなわち深層的な意味は多様であり，グローバルなレベルで見れば，この出来事に対する反応は必ずしも単純なものではなかったことは周知の通りである。例えば「朝のニューヨークで世界貿易センタービルに旅客機が突っ込み，火柱が上がる。その映像がテレビで流れたころ東エルサレムは夕方だった。パレスチナ人が旗をふり，クラクションを鳴らして喝さいした。『巨人の鼻をへしおった』と声を弾ませる男性がいた」（朝日新聞，2005年9月14日，朝刊）という報道を見れば，その点は即座に了解されよう。とはいえ，こうし

た報道はグローバルなレベル，特に日本を含む先進産業社会では，あくまで
も少数にとどまっていた。アメリカを先導役として，世界は「反テロリズ
ム」で一致する方向へと向かったのである。

　テクストを読む際のオーディエンスの「能動性」は，社会における優先的
な解釈とつねに対立するわけではない。そうした能動性が，フィスクの言う
「閉塞力」と連動し，社会における優先的かつ支配的な意味が再生産される
ケースも多々見られるのであり，現代社会ではむしろその方が一般的とも言
える。前述したように，オーディエンスは多様な解釈を行う可能性があるに
もかかわらず，たとえば世論という形態をとって，あたかも特定の意味が集
団レベルで生み出される状況はたしかに観察されうるのである。この場合，
マス・メディアの影響力はテクストの意味を通じて，社会の支配的価値（観）
の再生産に結びつくことになる。そこに，能動的オーディエンス論が強力影
響・機能モデルへと組み入れられる契機が存在すると考えられるのである。

4－6．ソーシャル・メディアの普及とマス・メディアの影響力

　近年，ソーシャル・メディアの急速な普及により，これまで述べてきたマ
ス・メディアの影響力に関しても，いくつかの重要かつ大きな変化が見られ
るようになってきた。オーディエンスは，従来型のマス・メディアではなく
インターネットを通じていち早く情報を入手する傾向を強めるようになった。
その際，マス・メディアの情報だけでなく，ソーシャル・メディアを通じて
発信される情報に接する機会も非常に増えてきた。その結果，マス・メディ
ア報道に対する批判が高まる頻度も高まってきた。したがって，マス・メ
ディアの情報が相対化され，その影響力は次第に低下してきたと言う見方は
当然できる。

　各メディアの利用頻度や機能評価に関する調査結果を見ると（第3章），
YouTube，LINE，（インターネット）サイト・アプリ，Instagram，Twitter

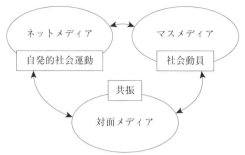

図4－10　間メディア社会

出典：遠藤，2018：25

といったソーシャル・メディアに対する評価が若年層を中心に非常に高くなっている。とはいえ、ソーシャル・メディアがマス・メディアにとって代わってきたわけではない。現代社会では、口承・対面メディア、マス・メディア、ソーシャル・メディアが重層的・複合的に併存する「間メディア社会」という状況がごく普通に観察されるようになった（総務省編，2019：101；遠藤，2018；図4—10）。

　第1章では、マス・コミュニケーションについて、マス・メディア組織が「不特定多数」の人々に向けて情報を発信する（1対不特定多数）コミュニケーションという説明を行った。また、マス・コミュケーションが社会における情報の共有という役割を果たしていることも指摘してきた。ソーシャル・メディアが普及してきた間メディア社会では、ソーシャル・メディアの影響力の増大によりマス・コミュニケーションという社会過程も変化し、それが人々や社会に与える効果や影響も一層複雑になってきたのである。

第5章　政治コミュニケーション論の展開

5－1．政治コミュニケーション論の視座

　これまで検討してきたように，マス・コミュニケーションの効果・影響に関する理論やモデルでは，コミュニケーションは概して次のようにとらえられてきた。それは，マス・コミュニケーションの送り手が受け手に対し，一方向的に効果・影響を与えるメッセージの伝達過程というものである。そこでは相互作用としてのコミュニケーションという考え方は，当然後景に退くことになった。

　実際，本章で検討する政治コミュニケーション研究の多くは，これまでマス・コミュニケーションの効果・影響研究の枠内で進められてきた。というのも，これまで再三論じてきたように，先進産業社会を中心として，コミュニケーション過程におけるマス・コミュニケーションの比重が増大し，送り手と受け手の役割分化が進んできたからであり，その結果，一方向的な図式が優先されるようになってきたからである。そこでは，マス・メディアを介した政治エリートによる大衆説得，大衆操作といった受け手の側で生じる効果や影響が重視されていた。以下に掲げる政治コミュニケーションの定義も，こうした問題関心の延長線上にあると言える。

　　「政治コミュニケーションとは，次に示す目的をもって送り手が受け手に対し，政治的メッセージを意図的に伝達することである。その目的とは，そのメッセージが伝達されなかったならば，行われなかったであろう行動を受け手にさせることである。」(Windlesham, 1966：17)

　これまで述べてきたようにマス・コミュニケーション研究は，効果・影響

研究を中心に展開され，それが政治コミュニケーション研究にも大きな影響を及ぼしてきた。その点を考慮するならば，政治コミュニケーションに関するこの定義を最大公約数的なものと見ることも可能である。また，この定義が「ある社会的関係の内部で抵抗を排してまで自己の意志を貫徹するすべての可能性（この可能性が何にもとづくかは問うところではない）」（ウェーバー，1922 = 1972：86）という，かの有名な M. ウェーバーの権力観の影響下にあることも明らかであり，コミュニケーションという社会過程を権力概念との関連との中で説明を試みようとした点については相応の評価を与えることもできよう。

　もちろん，後述するように，（政治）権力論に関する論議が拡大・進展し，深まるなかで，さらにはマス・コミュニケーション研究において効果研究がより相対化される過程において，この定義を見直す必要性が高まってきたという事実を押さえておくことは重要である。ただし，ここで確認しておきたいのは，権力とコミュニケーション，いずれの概念に関してもより詳細な検討を行うことを前提条件としながらも，（マス・）コミュニケーションという社会過程を権力行使の過程として把握し，（マス・）コミュニケーション過程を権力現象として読み解くこと，それこそが政治コミュニケーション研究に共有されるべき基本的視座だということである。

　以上の点を踏まえ，政治コミュニケーションの理論的変遷について考察を加えることにしたい。

5 ― 2 ． 政治コミュニケーションの効果・影響研究

(1)　選挙キャンペーン

　これまでマス・コミュニケーション効果・影響研究という範疇を用いて論じてきたが，前章で検討したように，そこで展開されてきたアプローチや問題関心は多様であり，実際，政治学，社会学，社会心理学などの領域と重複

し，交錯しながら調査研究は進められてきた。とはいえ，その下位領域に位置づけられる政治コミュニケーションの効果・影響研究の領域においてこれまで圧倒的な影響力を有していたのは，選挙キャンペーンを主たる素材とする投票行動研究であった。

　第4章でも言及したように，投票行動研究は，行動論的政治学の立場から経験的に調査研究を進め，アメリカを中心に数多くの調査結果を次々と提示してきた。1940〜60年代にかけては，注目すべき調査である「エリー調査」と「エルミラ調査」が実施され，限定効果モデルを裏づける結果が示された。このうちエリー調査では，民主党のルーズベルト候補と共和党のミルキー候補が1940年に競ったアメリカの大統領選挙を対象に調査が実施された（ラザースフェルドほか，1948＝1987）。また，エルミラ調査では，民主党のトルーマン候補と共和党のデューイ候補が1948年に競ったアメリカ大統領選挙を対象に調査が実施された（Berelson, et. al., 1954）。このように投票行動に関しては，マス・コミュニケーションの影響力は，有権者個人の先有傾向や，それにもとづく選択的接触，知覚，記憶などによって減殺され，有権者が属する集団のオピニオン・リーダーの影響力が大きいことを示すデータが提示されたのである。

⑵　政治コミュニケーション効果・影響研究に対する批判

　ところが，やはり第4章でも論じたように，1960年代後半から，こうした限定効果モデルに対する批判が高まり，その一方で強力効果モデルが相次いで提示されるなど，限定効果モデルの見直しの作業が進められるようになった。次に掲げる批判は，その代表的なものである（カッコ内引用者；Katz, 1987：28）。

　①　限定効果モデルは，メディアを情報，アジェンダ，公的空間を提供する機関というよりも説得機関として扱うという過ちを犯している。

　②　限定効果モデルは，政治を選挙の投票に代表されるという過ちを犯している。したがって，メディアの政治的役割は投票への影響に限定され

てしまっている。

③　限定効果モデルは，他の領域における意思決定と投票とを一つに括ってしまうため，政治の場におけるメディアの影響力を過小評価している。

④　限定効果モデルは，メディアが人々の意見を変化させることがいかに困難かを「発見」するために，無意味な理論や現代社会には適合しない大衆社会のイメージ（万能のメディアと無防備な大衆）を引き合いに出している。

⑤　限定効果モデルは，エリー調査とエルミラ調査を他の地域や時代にまで無警戒に一般化してしまっている。

この批判から了解されるように，限定効果モデルは一方向的な流れとしてマス・コミュニケーションをとらえ，しかも受け手の，すなわち有権者の態度や行動の変化に対する効果・影響に注目することで，自らの守備範囲を限定して経験的調査を進めてきたと言える。その結果，このモデルは，マス・コミュニケーション過程の有する政治的かつ社会的影響力を過小評価することになった。ただし，この批判は，既存の限定効果モデルの対象領域やアプローチに対して向けられたものであり，その点からすれば効果研究の修正を求める穏健な批判と位置づけられよう。

それに加えて，従来のメディア効果研究の展開を丹念に再検討し，一般の理解とは異なる指摘も存在する（岡田，1992：39）。

①　マス・メディアは情報や知識の伝播と普及のみならず，意見形成の面においても，むしろ受け手に直接に作用し，したがってコミュニケーションの一段階の流れや直接効果も，仮説的妥当性を十分にもっていること。

②　パーソナル・コミュニケーションはマス・メディアの影響を緩和したり，相殺するよりも，むしろ相乗的・相互補完的に働くこと。

③　マス・メディアに対するパーソナル・コミュニケーションの優位性は原則として意思決定過程に限定されるべきで，情報提供や意見形成の局面にまで不当に拡張されてはならぬこと。

メディア効果に関するこの見方は，限定効果モデルよりも強力効果モデル
に近い内容となっている。このようにマス・コミュニケーションの効果・影
響モデルに対しては，さまざまな批判が加えられるようになった。こうした
批判はまた，このモデルに属する政治コミュニケーションの効果・影響モデ
ルにも適用可能だと言えよう。

⑶　政治コミュニケーション効果・影響研究の修正と分類
　これらの批判を受けながらも，政治コミュニケーションの効果研究は調査
研究を蓄積していった。ここでは，第2章の「コミュニケーション効果・影
響の研究」で示した基準にもとづいて（表2―1），政治コミュニケーショ
ンの効果・影響研究を分類してみる。この作業は，従来この種の研究の中心
に位置した経験的研究（特に「ミクロ―非累積的」研究）を相対化するとい
う狙いを有している。その点からすると，この分類を提示することは，既存
の政治コミュニケーション効果・影響研究の修正という意味をもつ。そこで
ここでは，「政治コミュニケーションの効果・影響の対象（ミクロ―マク
ロ）」と「政治コミュニケーション効果の累積性（非累積的―累積的）」とい
う二つの軸にそって分類し（表5―1），表中に示した代表的な研究動向に
ついて概観してみる。

表5―1　政治コミュニケーションの効果・影響研究の分類：
代表的な研究領域の例示

| | | 政治コミュニケーションの効果・影響の累積性 | |
		非累積的	累積的
政治コミュニケーションの効果・影響の対象レベル	ミクロ	投票行動研究	政治的社会化の研究
	マクロ	世論過程研究	コミュニケーションと政治・社会変動の研究

1）「ミクロ―非累積的」研究

　この研究に分類されるのは，ある政治的な出来事がマス・メディアによっ
て報道され，それが人々の政治的な意識や態度，さらには行動にいかなる影
響を及ぼすかということを主題とする研究である。その代表的研究は，前述
した「投票行動研究」である。その理由は，言うまでもなく選挙が民主主義
にとってもっとも基本的な制度として認識されてきたことにある。同時に，
比較的限定された期間を対象に調査を実施できるという側面もある。選挙時
のキャンペーンの効用としては，例えば以下の点が指摘されている（Joslyn,
1990：98 - 108）。

　① 有権者が候補者の公約を比較し，自らの選好に近い候補者の選択が可
　　　能になる。
　② 有権者が政治家や政党のこれまでの成果を評価することが可能になる。
　③ 有権者が候補者のパーソナリティを知ることが可能になる。
　④ 有権者が候補者と候補者が属する政党との関係（たとえば忠誠心の程
　　　度）を知ることが可能になる。
　⑤ 有権者が候補者のイデオロギー的な立場（たとえばアメリカの場合，
　　　リベラルあるいは保守）を知ることが可能になる。
　⑥ 有権者を説得するために，象徴的な訴え（たとえば，高潔さ，勤勉，
　　　個人主義，ないしは英雄と悪者）が有権者に向けて行われる。これによ
　　　り有権者は，社会の既存の神話や文化的な理念を再確認する。この場合，
　　　選挙は政策選択の機会というより，政治的な儀式として把握されること
　　　になる。

こうした機能を有する選挙キャンペーンも含め，選挙におけるマス・メ
ディア情報の受容過程に関する研究もさかんに行われてきた。それは例えば，
①選挙予測報道の影響研究，②政見放送の効果研究，③投票行動の意志決定
過程におけるマス・メディアの影響に関する研究，④利用と満足研究，⑤選
挙報道の内容分析を通じての受容研究，に分類されている（児島，1988：
46）。前述のアジェンダ設定モデルは，有権者の認知の側面を中心に選挙報

道の効果に関する調査を行ってきたが，基本的にはこの分類（ミクロ―非累積的）に属すると考えられる。

　さらに，その後はアジェンダ設定モデルの仮説に見られるように（第4章），日本でも2005年の「郵政選挙」に関しては，認知の領域におけるマス・メディアの効果や影響力の有効性を示した調査結果が提示された。しかし，その一方で，「小泉政治」における「メディア政治（あるいはテレビ政治，テレポリティックス）」に関しては以下のような見解も存在する。

　　「メディアを通じて，巧みに自分自身のパーソナリティを作り上げた点で，小泉首相はほとんどの前任者たちと対照的である。……小泉首相は党内の反対派を『抵抗勢力』と呼び，それがメディアを通じて選挙民への直接のアピールへと結実したのである。」（芹川，2010：249）。

　なお，政治的出来事に関するこうした諸個人の認知，態度，行動の集積が，後述する世論過程であることは言うまでもない。

2）「ミクロ―累積的」研究

　この研究領域に相当するのは，「政治的社会化」についての諸研究である。通常，政治的社会化とは，「政治の世界についての知識，感情，評価といった政治的志向性を獲得するプロセス」（ドーソンほか，1977 = 1989：63）と定義されている。第2章の「コミュニケーションの機能」の節ですでに見たように，コミュニケーションは「社会的遺産の伝達」という機能をもつが，政治的社会化に対するコミュニケーションの効果・影響とは，ある社会の構成員が，様々なレベルのコミュニケーションを通じて政治的志向性を獲得する過程にほかならない。なお，ここで言う政治的志向性については，たとえば社会問題に関する関心の強さ，支持政党や政策と関連する「保守的―革新的」といった志向性があげられる。ここで獲得された政治的志向性は，当然のことながら政治的な認知，態度・感情，行動，とくに投票行動，さらには世論過程に影響を及ぼす。ただし，この研究領域で扱われる志向性は，一般に既存の政治システムにおいて制度化された組織（たとえば，一定の勢力を

有する政党）に対応するものが中心となる。

3）「マクロ―非累積的」研究

　ここでの代表的な政治コミュニケーションの効果・影響研究は，世論過程に対するマス・メディアの効果・影響に関する研究である。それは，前述の「ミクロ―非累積的」研究の対象とされた諸個人の政治的な認知，態度・感情，行動の集積体としてとらえられ，それが政策過程に及ぼす影響という観点から研究が進められてきた。すなわち，政策過程研究の一領域として位置づけられてきたのである。この種の研究は，「アジェンダ構築（agenda building）」過程に関する研究のなかで論議されてきた（Cobb, et. al., 1976）。アジェンダ構築モデルとは，社会的な問題や争点が政策過程に参入する過程のモデル化を試みたものである。その形態は，以下の三つに分類されている（ibid, 1976：126 - 127）。

①　外部主導（outside initiative）モデル――統治機関以外の集団によって提起された争点がアジェンダへと発展する過程を扱うモデル。

②　動員（mobilization）モデル――政府内で提起された争点が，自動的に政策アジェンダの地位を獲得するとともに，公衆アジェンダにも拡大される過程を扱うモデル。

③　内部アクセス（inside access）モデル――統治機関内で提起されながらも，争点を提起した主導集団が，公衆アジェンダに設定されることを望まない，すなわち一般の公衆のレベルへと争点が拡大することを望まないアジェンダ構築過程を扱うモデル。

この種の研究はまた，世論喚起の担い手に応じて次の四つの領域に大別することができる。

①　政治エリートがマス・メディアを通じて受け手である大衆にアジェンダを提示し，説得するという，一連の過程に関する研究である。そこでの研究は，大衆説得，世論操作といった問題が中心になる。

②　大衆の側からの公的な意見表明が，たとえば社会運動という形態を

とって生じ，それをマス・メディアが報道した結果，世論が喚起されるという一連の過程に関する研究。この種の研究は，政治参加論や社会運動論との関連で論じられてきた。

③　マス・メディアが独自に調査報道や政治的キャンペーンを行い，自らがアジェンダ構築の担い手として機能し，世論を喚起するといった過程を対象とする研究である。

以上の三つの世論過程では，その発端は，ある特定の政治社会の内部の行為者によるものであるが，以下に示すケースも存在する

④　政治社会の外部の行為者（たとえば，国際機関，外国政府，外国のマス・メディアや世論）によって提起された問題や争点をマス・メディアが報道し，それに対して大衆が反応し，世論過程が作動し，アジェンダに据えられるケース。

4）「マクロ—累積的」研究

ここでの政治コミュニケーションの効果・影響研究の代表としてあげられるのは，「コミュニケーションの発達と政治・社会変動との関連に関する研究」である。当初，この問題に関しては，社会におけるコミュニケーションの発達・普及が，国民国家レベルでの社会統合，すなわち政治社会統合にいかなる影響を及ぼすのかという観点から論じられることが多かった。こうした政治変動は，主に民主化と等置される政治発展として把握され，そのなかでコミュニケーション効果の問題が扱われてきた。

そこでのシナリオはおおよそ以下の通りである。

①　国家レベルにおいて，マス・コミュニケーションを中心にコミュニケーションが発達する。

②　それによって地理的・社会的に遠隔にいる社会の構成員に共感する能力，すなわち「心理的動員」の可能性が増大する。

③　その結果，既存の地域や集団を越える国民レベルでのアイデンティティが形成・強化され，国民国家が成立・維持される。

こうした考え方は，コミュニケーションの発達を政治変動や政治発展の推進力ととらえ，とりわけ第三世界の国々の開発・援助戦略にも大きな影響を与えたのである。

　以上見てきたように，政治コミュニケーションの効果・影響研究は，限定効果モデルを中心とする効果・影響研究に対する批判を取り込みながら，多様なアプローチを包含しつつ，研究対象の拡張を図ってきたと言える。ただし，そうした作業も次に見るような批判的コミュニケーション論からの批判を免れることはなかった。

5－3．批判的コミュニケーション論

　政治コミュニケーション論とは，すでに論じたように，コミュニケーションという社会過程を権力行使の過程ととらえ，考察を試みるものである。ただし，ここで強調しておきたいのは，政治コミュニケーションの効果・影響研究においては，マス・コミュニケーション過程で伝達される情報が，その当事者間でどの程度共有され，それが受け手としての個人や社会にいかなる効果・影響を及ぼすかという視点に立っているという点である。その視点をマクロのレベルにまで，あるいは累積的効果の領域にまで拡大するにしても，政治コミュニケーションの効果・影響モデルは，社会の構成員による「情報の共有」，さらには情報の共有による構成員の「社会への同化」，あるいはその結果生じる「社会の統合」という問題関心が明示的あるいは黙示的に共有されていると見ることができる。そして，その際の社会の単位は基本的には国民国家が想定されてきたのである。

⑴　マルクス主義的政治コミュニケーション論
　以上の点に関して，P. バーガーの言う「社会学的問題」を参照するならば，

それは研究者の問題関心に応じて以下のように分類され，説明されることになる。第一は，マス・コミュニケーションの効果・影響の有無や，その程度に関心を寄せる政治コミュニケーションのとらえ方は，「特定の社会的場面を，当局者や管理者（＝コミュニケーションの送り手としてのエリート）の視点から見ながら，ある物事がなぜ『うまくいかないのか』」（カッコ内引用者；バーガー，1963 ＝ 1979：57）という観点を前面に出す研究である。第二は，社会において共有される情報の意味と，それが社会の統合や安定といった側面において果たす役割に注目する政治コミュニケーション論という観点である。それは，「システム全体がどのように作動しているのか，何がその前提になっているのか，どのような手段でシステムの統合がなされているのか」（同）という関心につらなることになる。

　この後者の関心から，前述したコミュニケーション，ないしはマス・コミュニケーションという社会過程を権力行使過程として把握する視座，すなわち政治コミュニケーションの効果・影響研究とは異なる視座が導き出されることになる。そして，政治コミュニケーション論の変遷を歴史的に見るならば，この問題関心と視座に大きな影響を及ぼしてきたのが，マルクス主義，ないしはネオ・マルクス主義に立脚する政治コミュニケーション論，なかでも批判的コミュニケーション論である。

　マルクス主義は，かつては「国家還元主義」「経済還元主義」「階級還元主義」といった三重の還元主義の色彩を帯びており，国家をブルジョアジーの道具としてとらえていたことは知られている（加藤，1986：76）。この種のアプローチの多くに共通するのは，やはり支配階級に奉仕するマス・メディア，ないし政治エリートの用具としてのマス・メディアという見方である。その基盤には以下のような主張が存在していた。

　「支配階級の思想はどの時代にも支配的な思想である。……物質的生産の手段を左右する階級は，それと同時に精神的生産の手段を左右する。だから同時にまた精神的生産の手段を欠いている人々の思想は，おおむねこの階級の思想に服従していることになる」（マルクス＝エンゲルス，1933 ＝

表5―2　マス・メディアの権力に関する二つのモデル

	支配モデル	多元主義モデル
情報源	支配階級と支配エリート	競合する政治的・社会的・文化的な利害や集団
マス・メディア	所有の集中化と形態の画一化	多数存在し，互いに独立
情報の生産	規格化，手順の定型化，統制化	創造的，自由，独創的
内容と世界観	「上から」の決定による選択，画一化	受け手の要求に応じて，多様かつ競合する見解が存在
受け手	他者依存的，受動的，大規模に組織化	分節化，選択的，反抗的，能動的
効　果	強大，既存の社会秩序を承認	大きいが，一定せず，その方向も予測不可能，効果がないこともある

出典：McQuail, 2010：88. より作成。

1966：66)

　こうした見解はアメリカ社会にも適用され，たとえば「政府は強制や説得という物理的ないし心理的手段を用いて情報生産を直接・間接に支える決定的な役割をはたしている」（シラー，1973 ＝ 1979：47）という指摘がなされ，国家とマス・コミュニケーションの結びつきの強さが強調されていた。マス・コミュニケーションに対するこうした批判的主張は，一般に批判的コミュニケーション論と総称されてきた。批判的コミュニケーション論は，マルクス主義の影響を強く受けつつ，マス・コミュニケーション過程の有する現状維持機能，すなわち資本主義を核とする現存の支配体制に寄与するマス・メディアに対して批判を加えてきた。また，そうした体制を前提に論を進めてきた一連の政治コミュニケーション効果・影響研究に対しても厳しく批判してきた。この観点に立つ批判的コミュニケーション論は，ミルズらが主張した大衆社会モデル（第4章）と多くの共通点をもち，「多元主義モデル」との対比から「支配モデル」と呼ばれている（表5―2）。

　この表で示されるように，批判的コミュニケーション論に属する支配モデルでは，マス・メディアは「支配階級と支配エリート」によって統制され，

大衆操作の手段として利用されることが強調されている。すなわち、「たいていのアメリカ人はそれと気づかぬうちに、いわば選択の余地のなき情報網に捕えられている」（同：24）という見解が示されたのである。したがって、この種の見解が、「多数の互いに独立したメディア」が存在することを強調し、それらの諸機能の有効性を高く評価しようとする多元主義モデル、それと連動する政治コミュニケーション研究に対して、厳しい批判を加えるのも当然であった。

(2) 批判的コミュニケーション論の展開

　ただし、ここで留意されるべきは、こうした批判的コミュニケーションにおいては、例えば権威主義体制で見られたような明確な言論統制という形態にとどまらず、民主主義を標榜する先進産業社会における合意の形成、あるいは支配的価値観の再生産という局面にまで批判の対象を拡大し、むしろその局面に重点を置いていたという点である。R. ミリバンドによる次の指摘は、そうした立場を集約するものである。

　　「マス・メディアは完全な保守的一致を確保はできない。……しかし、マス・メディアは、反対意見の全面抑圧によってではなく、合意の外部にある意見を珍奇な異端として提示することによって、あるいは、さらに効果的に、それらの意見を見当はずれの奇矯なもの……として取り扱うことによって、体制信従的空気の促進に貢献することができるし、また実際に貢献している。これは非常に『機能的』なことである。」（ミリバンド、1969 ＝ 1970：271 - 272）

　こうした統制手法に関して、かつて佐藤毅は先に示した「支配モデル」に立脚しつつ、日本社会を事例にして、主に国家の権力機構によるマス・メディア統制の方法と形態を以下のように四つに分類したことがある（佐藤、1976）。それは、①法律の制定や改定など（例えば放送法）の「ネガティブな統制（フォーマル）、②政府などによる直接・間接の介入・干渉、利益誘導、自主規制の強要などの「ネガティブな統制（インフォーマル）」、③政府

の宣伝やPR（広報番組など）の「ポジティブな統制」，④政策的にイベントをつくりだし（オリンピックや万博など），それをマス・メディアによって増幅させるという「イベントの創出」というものである。

　こうして見ると，批判的コミュニケーション論は，ニュース報道に象徴されるいわゆる政治的メッセージによる世論操作のみならず，それ以外のたとえばドラマなどの娯楽的メッセージによる大衆意識の操作という側面にも強い関心を寄せてきたことがわかる。この点について，やはりミリバンドは「様々な形態における『娯楽』産業の目的は，利潤であるかもしれない。しかしその製品の内容は，それがゆえに，多少ともはっきりした種類の政治的・イデオロギー的含意から免れるわけでは決してないのである」（ミリバンド，1969 = 1970：257）と主張している。

　それと関連して，批判的コミュニケーション論のなかには，マス・メディアを影響力の強い「文化産業」ととらえ，「消費者の欲求を文化産業は作り出し，操縦し，しつけ，娯楽を没収できるようになる」（ホルクハイマー＝アドルノ，1947 = 1990：221）という主張も行われてきた。支配モデルに分類されるこれらの見解は，後述する「多次元的権力観」と類似する視角を持ち，社会の支配的な価値観とは異なる価値観の抑圧，さらには排除という側面に着目してきた。したがって，この種のモデルがコミュニケーションによる合意の形成，それを通じた政治・社会統合を前提としながら蓄積されてきた政治コミュニケーションの効果・影響に属する理論やモデルに対して，厳しい批判を加えてきたことは明らかである。

⑶　イデオロギー装置としてのマス・メディア

　このように新たな展開を見せてきた批判的コミュニケーション論は，伝統的なマルクス主義における主流の考え方，すなわち経済的領域における階級関係を重視し，そこから社会的な対立・紛争の発生（ないしは抑止）を説明するという考え方を大きく転換，ないしは拡張させてきた。こうした見解に多くの示唆を与えてきたのが，マルクス主義に修正を加え続けてきたネオ・

マルクス主義であった。

　ネオ・マルクス主義の重要な特徴の一つとして国家に関する考え方があげられる。この中では，国家はたんに大衆を抑圧する装置としてとらえるという立場は採用されない。ネオ・マルクス主義において国家は，先に若干論じたように，現体制に対する合意や同意を大衆のレベルで生み出す装置として認識されている。この種の研究では，そうした合意や同意を日常生活の場で生み出す役割を担うのが，政府，警察，裁判所などの「国家の抑圧装置」とは区別されうる，「国家のイデオロギー装置」であることが強調される。そしてマス・メディアは，情報装置として教会，学校，スポーツなどとともに国家のイデオロギー装置として位置づけられてきた（アルチュセール，1970 = 1993：35 - 43）。ここで言うネオ・マルクス主義の考え方，そこから導き出されたメディア論や（マス・）コミュニケーション論は，以下のように要約されるA．グラムシのヘゲモニー概念に基礎を置くことにその特徴が認められる。

　「観念とイデオロギーとが経済諸構造の決定において決定的役割を演ずるということ，およびブルジョア社会は公然たる権力によって統制されるだけではなく，その権力作用の形態は（被支配者＝大衆からの）同意を通じても行われる……。ブルジョア・イデオロギーは，支配階級において影響力を持つばかりでなく，道徳や言語の形で同意や正当性を引き出すほどに大衆によって内在化される。それ故に，国家は，一つの階級を強制的に支配する政治的装置でも制度的装置でもない。それは，実際に大衆から反応を引き出す知的支配の器である。」（カッコ内引用者；ヴィンセント，1987 = 1991：215）

　このように，大衆の間にイデオロギーを「内在化」させ，それを通じて同意をとりつけ，合意を生み出すという状況を指し示す概念がヘゲモニーと呼ばれる。それは，たとえば社会的に顕在化した問題や争点に対する人々の態度や行動を方向づけるという機能をもつ。民主主義社会におけるマス・コミュニケーションを通じた合意形成の問題を具体的に検討し，分析する上で

参考になるのが，ベトナム戦争時のアメリカのジャーナリズム（特にテレビ・ジャーナリズム）の社会的影響をきわめて簡略化かつ単純化して示した理念的な図式，「合意，正当な論争，逸脱の空間構成」である。ここで示された空間は，次のように説明されている（Hallin, 1989：116 – 118）。

① 合意の空間——この空間には，ジャーナリストや社会の大部分の構成員にとっては論争とはならない社会的事象が位置している。ここでのジャーナリストの役割は，合意されている価値を支持し，賞賛することにある。

② 正当な論争の空間——ここは客観性が求められる空間である。政治過程において既得権益をもつ主要なアクターが認識する争点に関する，選挙での論議や正当な論争がこの空間で行われる。この空間では，客観性とバランスがジャーナリストにとって最も重要な価値である。

③ 逸脱の空間——この空間で活動する政治的アクターや政治的主張は，ジャーナリストや政治的主流派によって，価値のないものと見なされる。この空間では，政治的合意に反したり，それに挑戦したりする人々は，ジャーナリズムによって公の場に立たされ，非難され，公的な政治の場から排除される。

このうち「合意の空間」では，マス・メディアやジャーナリズムは，ある問題や争点に関して既存の合意や同意を再生産する，まさにここで言うイデオロギーの機能を担う。「正当な論争の空間」では，問題や争点に関して多種多様な論議が繰り広げられ，同意や合意が成立することもある。「逸脱の空間」に位置づけられた問題や争点は，社会で顕在化することはない。こうした観点に立つならば，支配階級がマス・コミュニケーションを通じて大衆を操作し，抑圧するという単純な図式は有効性を減退させることになる。それに代わり，例えばマス・コミュニケーションを通じて，社会の多数派が受容している常識や価値観が再生産され，社会の制度や手続き，さらには既存の権力関係に関する合意が社会レベルで生み出される過程が強調されることになる。ここでは，大衆の側からの自発的同意により既存の政治・経済・社

会システムが維持される側面，そしてそれを前提とした問題や争点の排除，すなわち逸脱の空間への位置づけが強調されることになる。

5－4．多次元的権力観と政治コミュニケーション

これまで検討してきたように，政治コミュニケーション論は，効果・影響研究と批判的コミュニケーションの系譜に分類される。ここで強調しておきたいのは，批判的コミュニケーション論の流れでは，ヘゲモニーという概念に象徴されるように権力に関する見方，すなわち権力観が変化してきた点である。そこで以下では，この問題について多次元的権力観を中心にすえ，政治コミュニケーション論に関して再考してみたい。

(1) 多次元的権力観

多次元的権力観に関連してまず指摘できるのは，政治コミュニケーションの効果・影響研究が，S.ルークスの言う「一次元的権力観」，すなわち「多元主義論」によって規定されているという点である（表5－3）。ここで言う一次元的権力観とは，「意識的に形成され，活動において示され，それゆえにまた，人々の行動の観察をとおして見出されると想定されている諸選好間の紛争」において行使される権力を指す（ルークス，1974 = 1995：19）。この権力観では，社会的に顕在化した利害や主張のみが扱われ，社会において顕在化する以前に抑圧された利害や主張，さらにはそれらの基盤となる価値観の問題は重視されない。すなわち，政治コミュニケーションの効果・影響研究は，後述するコミュニケーションの排除機能についての検討が十分ではなく，現実の政治社会を一面的かつ部分的にしか把握していないと評価されうるのである。

実際，ルークスの分類では，「問題や争点が社会的に顕在化することを抑止する際に行使される権力（＝「二次元的権力」；ノンデシジョン・メーキン

表 5 — 3　各権力論の特徴

1.　一次元的権力観
研究の焦点(a)　行動
(b)　政策決定
(c)　(重要な) 争点
(d)　観察可能な (公然化した) 紛争
(e)　(主観的) 利益
ここで考えられているのは，政治参加により明らかになった政策選好
2.　二次元的権力観
行動に焦点をあわすことへの (限定的な) 批判
研究の焦点(a)　政策決定，あるいはノンデシジョン・メーキング
(b)　争点と潜在的争点
(c)　観察可能な (公然化した，あるいは隠蔽化された) 紛争
(d)　(主観的) 利益
ここで考えられているのは，政策選好あるいは不満
3.　三次元的権力観
行動に焦点をあわせることへの批判
研究の焦点(a)　政策決定，政策アジェンダに対する統制 (必ずしも決定によるわけではない)
(b)　争点と潜在的争点
(c)　観察可能な (公然化した，あるいは隠蔽化された) 紛争及び潜伏した紛争
(d)　主観的かつ真の利益

出典：ルークス，1974 ＝ 1995：41 － 42, より作成 (一部変更)。

グ)」の存在が指摘されている (ルークス，1974 ＝ 1995；Bachrach and Baratz, 1970, 参照)。こうした権力状況においては，社会的に不利な状況にある人々が，自らの利害や主張を社会的に表明することによってさまざまな不利益を被ることを予期し，それを表明することを断念してしまう。したがって，社会的に形成される合意にしても，それは「虚偽合意」であると見なされる。このように二次元的権力観は，社会的に不可視の領域にまで権力の問題を拡張し，権力には可視的・不可視的という二面性 (two faces of power) が備わることを指摘するのである。

　それに加え，ここで注目すべきは，ルークスが「人々の真の利益について

の認識を問題にし，その認識能力を欠如させることこそが権力の至高形態」との見解から「三次元的権力」という権力観を提示したことである（同：42）。この権力観では，一次元的権力観は厳しく批判されることになる。なぜなら，一次元的権力観は，経験主義を重視する行動主義ないしは行動論的政治学に立脚し，観察可能な公然化された権力行使のみに注目するからである。その点からすれば，潜在的な権力行使に関心をもち，それによって成立する合意を「虚偽合意」と見なし，権力の二面性を指摘する二次元的権力観は高く評価されることになる。

しかしながらルークスは，二次元的権力観が問題や争点の社会的な顕在化にかかわる意見表明に研究の関心を限定し，問題や争点の存在自体に関する人々の認識能力に関する考察が不十分と考え，結果的に批判を加えるのである。すなわち，「真の利益」に対する認識能力を欠如した人々は，実際には他の人々や集団との間で利益が対立し，自らが不利益な状況に置かれているにもかかわらず，そうした状況に対する適切な認識を行うことができなくなる。それゆえに，この状況を争点として定義できず，紛争は社会的に顕在化することなく，潜在化したままになると考えるのである。これは前述した「逸脱の空間」に紛争が位置づけられ，それにかかわる問題や争点が社会で潜在化してしまう状況に相当する。

以上述べてきた二次元的権力観や三次元的権力観，すなわち「多次元的権力観」を採用するならば，多元主義論にもとづく政治コミュニケーションの効果研究の扱う領域がきわめて限定的であることが理解されよう。

(2) 多次元的権力状況におけるマス・メディアの役割

以上の点を踏まえるならば，さまざまな問題や争点が社会的に顕在化する段階を扱う一次元的権力に加え，問題や争点が表面化しない段階まで視野に収めた二次元的権力と三次元的権力に関する考察を行うことの必要性が認識されよう。政治権力をこのように多次元的にとらえた場合，諸個人や組織が自らの利益の実現をはかる過程については，以下のように描き，説明するこ

*この図では煩雑さを避けるため，フィードバック・ループはあえて省略した。

図5－1　権力論をもとにした集団の利益実現過程

とが可能となる（図5－1：利益認識，利益表明，利益実現という用語については，飯田，1992，を参照）。

　第一は，現行の価値や資源の配分，制度や手続き，「現実」に対する認識により，自らが不利益をこうむっているという「利益認識」の段階である（三次元的権力）。第二は，利益を損なわれていることを認識した人々が不満をいだき，その不満を組織化し，公的な場で自らの不満を表明するという「利益表明」の段階である（二次元的権力）。第三は，組織化を進めた人々が，組織の構成員，ないしはそれ以外の人々や組織（たとえば既存の他の組織，マス・メディア，世論など）から提供された，ないしは調達した諸資源を活用しつつ，表明した利益の獲得をはかる「利益実現」の段階である（一次元的権力）。

　これら各段階において，マス・メディアないしはジャーナリズムの役割はどのように位置づけられるのであろうか。第一の「利益認識」の段階では，マス・メディアが社会問題の存在を認知し，それを報道することにより，人々が自らの利益が損なわれていることを認識するようになる。第二の「利益表明」の段階では，そうした「利益認識」が不満に転化され，それらの不満，それにもとづく主張がマス・メディアによって報道されることにより，社会問題が社会的に表面化し，それをめぐる紛争の規模が拡大される。その結果，その問題や主張は争点として社会的に広く認知されるようになる。第三の「利益実現」の段階においては，政治エリートによってその問題や主張に関する対応が討議されることになる。その際，マス・メディア報道により，問題の重要性や主張の正当性が社会に広く周知され，政治エリートは，そう

した主張を取り入れるために，既存の価値や資源の再配分，ないしは制度や手続きの見直しを行うことがある。

このように多次元的権力観を導入することにより，不可視の領域における権力の問題に関する考察が可能となることがわかる。それに応じて政治コミュニケーション論も，研究対象を拡大することが可能となり，有用性を高めてきたと考えられるのである。

5－5．政治コミュニケーションの排除モデル

(1) 排除モデルの視座

これまでの考察から，批判的コミュニケーション論の変化が，権力観の拡張と対応しながら，コミュニケーション概念，さらには政治コミュニケーション論の変革を導く重要な契機となったことが理解されるであろう。ここでは，批判的コミュニケーションから多大の影響を受けながらも，それとは異なる視座も取り込む研究によって提示された一連のモデルを「政治コミュニケーションの排除モデル」と総称してみる。ここで「排除」という用語を用いるのは，R. マーフィーによって提起された次に見る「閉鎖理論」の考えに触発されたことにほかならない。

　「閉鎖理論は，第一に，閉鎖の対象（何の独占か？何からの排除か？）と私が呼ぼうと思っているものに関して，焦点を，生産手段から破壊の手段や知識の手段のような他の支配の基盤にまで拡大する。第二に，閉鎖の規則に関して，焦点を，私有財産に関わる法から資格証明や人種，民族，宗教，ジェンダー……にもとづく独占や排除のような，他の独占や排除の形態にまで拡大する。」（マーフィー，1988 = 1994：82）

この指摘を参照するならば，政治コミュニケーションの排除モデルが，文化的同化や社会統合を前提として政治コミュニケーションの効果や影響について論じるのではなく，またそうした同化・統合にコミュニケーションがど

のように寄与するかという顕在化した問題を中心にすえない理由があらためて了解されるであろう。このモデルは，そうした同化・統合の過程に潜むコミュニケーションの排除機能に着目するのである。政治コミュニケーションの排除モデルに属する見解は，批判的コミュニケーション研究に多大な影響を及ぼしてきた（ネオ・）マルクス主義のみならず，社会的な排除の再生産に着目する研究成果を取り入れることにより，従来のコミュニケーション・モデルに代わる有力な考え方を提示していると言える。

このモデルはまた，既存の社会システムに対する批判，あるいはコミュニケーション効果モデルに代表される従来の中心的なコミュニケーション研究に対する批判を越え，新たな理論やモデル，さらにはより具体的な分析枠組みを提示する可能性をもつ研究と見なしうる。こうした点を認識するならば，政治コミュニケーションの排除モデルが，政治コミュニケーション研究のみならず，コミュニケーション研究そのものに対しても一つの方向性を示していることが了解されよう。

ただし，ここで強調しておきたいのは，前章で概観したように，「強力影響・機能モデルと複合モデル」ではスキーマやフレームといった概念，そしてオーディエンスとしてのジャーナリズム，能動的オーディエンスといった見方を積極的に取り入れることにより，さらにはソーシャル・メディアの機能も視野に収めることを通じて，マス・コミュニケーションを含むコミュニケーションは相互作用過程として再認識されるようになり，新たな理論展開を見せ始めたことである。そして，これらの傾向は，前述したバーガーの第二の説明，すなわち情報の有する意味と，それと社会統合・安定との関連に関する問題関心と深くかかわっている。それは以下に示すいくつかの局面として理解することができる。

第一は，第1章で述べたように，コミュニケーションという社会過程について，その当事者間における情報の意味の共有という問題を重視するということである。この場合特に，情報の理解や解釈といった「深層的」なレベルにおける情報の意味の共有が問題となる。それに関連して第二に，情報の意

味やそれに関する解釈を重視するコミュニケーションの把握の仕方が，情報による「現実」の構築や構成，そして定義づけとその評価に密接にかかわるという点があげられる。第三に，このようなコミュニケーションに関する見解から，以下のような問題関心が浮上することになる。すなわち，この観点に立つことが，コミュニケーションという社会過程と社会の統合や安定といった問題とを接続することになるのである。なぜなら，これまで度々述べてきたように，ある情報に関して共有される意味，ないしは優先される解釈というのは，社会における価値観の分布，ないしは支配的価値観と関連すると考えられるからである。

　そこで以下では，政治コミュニケーションの排除モデルを構成するいくつかの研究を取り上げ，考察を加えることにしたい。

(2)　カルチュラル・スタディーズ

　すでに見たように，批判的コミュニケーション論は，マルクス主義的政治コミュニケーション研究における周流の考え方，すなわち，経済的領域における階級関係から様々な社会的対立・紛争の発生（ないしは抑止）を説明するという考え方を大きく転換させ，エスニシティやジェンダーといった経済的な階級関係以外の要因から生じる社会問題も積極的に扱うようになってきた。実際，アメリカをはじめとする先進産業諸国においても，人種，民族，宗教，言語，地域，世代，ジェンダーなどをめぐってさまざまな社会的亀裂が存在し，それが深刻な社会紛争を頻繁に生み出すようになった。この状況は，これまで論じられてきた多元主義論の主張や，それにもとづく諸政策によっては，多元主義の理念が十分に実現されてこなかったことを示すものであった。

　このような理論的関心にもとづく研究は，とりわけカルチュラル・スタディーズに属する一群のメディア研究，あるいはコミュニケーション研究のなかで積極的に進められてきた。カルチュラル・スタディーズは，まさに学際的な研究として立ち上がり，特に1980～90年代に多くの注目を集めてきた。

それは以下のように説明されている。

「カルチュラル・スタディーズは，社会関係と意味との関係——あるいは
より正確に言うと社会的区分が意味づけされること——に焦点をあわせて
きた。文化は，一般に階級，ジェンダー，人種などによって生じる不平等
な状況が自然化され，表象される空間と捉えられる。その場合，これらの
不平等と経済的・政治的不平等とを（できるだけ）切り離すことが目論ま
れた。それとは逆に，文化はまた，従属的立場に置かれた様々な集団が生
活し，自らの置かれた立場に抵抗する手段でもある。それゆえ文化は，ヘ
ゲモニーをめぐって抗争が繰り広げられ，確立される場所である。従って
文化は，『文化的抗争』が行われる場所なのである。」（O'Sullivan, et. al. ed.,
1994：71）

カルチュラル・スタディーズを構成する概念はこのように要約される。ま
た，こうした理解から導き出されるカルチュラル・スタディーズの基本的な
原理と観点，そしてそれらに深くかかわる先行研究とカルチュラル・スタ
ディーズとの関係は次のように要約されている（ターナー，1996 = 1999：
21 - 55：訳一部変更）。

① 言語と文化——言語とは関係性のシステムである。言語は，差異と類
似のネットワークをとおしてカテゴリーを確立し，区分を行う。「現実」
をつくりあげる力は，文化のなかにおける言語のメカニズムとして理解
される。意味は文化的に構成されたもの，つまり文化的に固有なもので
ある。

② 記号論と意味作用——人々は文化内で確立されたコードや慣習との関
連のなかで記号を選択し，組みあわせる。それは，他人に解釈されると
きに生成されうる意味の範囲を限定するためである。記号論で中心的位
置を占めるのはテクスト分析である。テクスト分析の目的は，テクスト
の構造そのものに分析を限定するべきではなく，そのようなテクストを
テクストとして生みだしたより大きな構造，すなわち文化そのものの構
造を分析する場として利用することにある。

③ マルクス主義とイデオロギー——伝統的なマルクス主義はイデオロ
ギーを虚偽意識と考えた。しかし，カルチュラル・スタディーズはそれ
とは異なり，イデオロギーを概念化の枠組みであると考える。イデオロ
ギーは人々の現実意識を形成する。良くも悪くも，イデオロギーが構成
した世界が，人々がつねに住む世界なのである。

④ 個人主義と主体性——人々はイデオロギーを内面化してしまうため，
その存在や効果について意識させられることはめったにない。イデオロ
ギーとは無意識なのだ。本格的な自己という概念はフィクション，つま
り不可能なものとして消え失せる。そのかわりに，その場所に社会的に
生み出されたアイデンティティの感覚をもつ社会的存在があらわれる。
このアイデンティティの感覚が「主体性」なのである。

⑤ テクスト，コンテクスト，ディスコース（言説）——カルチュラル・
スタディーズは，テクストをコンテクストから切りはなして考え，特定
の歴史的情況におけるテクストの位置を無視する傾向にあった「テクス
ト的研究」ないしは「表象の研究」と，テクストが生み出される政治
的・歴史的・経済的・社会的コンテクストを分析し，文化からテクスト
に書き込まれたコードを読解しようとする「コンテクストの研究」ない
しは「歴史研究」に分類される。しかし，両者の境界は消滅しつつある。
言説とは，個々のテクストやテクスト群内にも見出されるのと同時に，
より大きな歴史的・社会的構造や関係の内部に置かれることも要求する
ような社会的に生産された概念の集合のことである。

このように，カルチュラル・スタディーズは，社会学，政治学，記号論，
文芸批評，そしてメディア論やコミュニケーション論といった各領域の研究
成果を積極的かつ批判的に摂取してきた。同時に，これまで取り上げられる
機会が少なかった日常生活を研究対象として重視し，そこで作用する文化の
権力性の問題（たとえばジェンダーの問題）について考察を加えてきたこと
に特徴がある。とくにマス・コミュニケーション論との関連からすると，こ
れまで政治コミュニケーション研究の中心に位置したニュース研究以外の，

たとえばドラマや音楽を対象とするポピュラー・カルチャー研究を対象に，テクスト研究や言説研究，そしてオーディエンス研究を蓄積してきたのである。

⑶ 「能動的オーディエンス論」再考

　カルチュラル・スタディーズは，メディア・テクストの構成，そしてオーディエンスの側におけるメディア・テクストの受容過程を重要な研究対象の一つとしてきた。そこで重要なのは，前述したように従来の政治コミュニケーション研究，さらにはマス・コミュニケーション研究の中心的視座であった，エリートによって生産されたメッセージによって一方向的に操作される受け手としての大衆という把握の仕方が転換してきたことである。すなわち，前章で若干検討した能動的オーディエンス論とカルチュラル・スタディーズは，密接に関連しながら展開してきたのである。能動的オーディエンスをめぐる研究動向は，以下のように要約されている（Casey, et. al., 2002：20；一部修正・補足）。

　①　研究の焦点は，意味形成に関する記号論的視点の重要性に置かれている。すなわち，オーディエンスがニュースやコメディなどのある特定のテクストをどのように読み，意味形成を行うかが研究課題となる。

　②　人々がオーディエンスとしてどのように行動するかという問題を扱う際，エスノグラフィックな研究手法が中心となる。この種の研究では，ジェンダー，メディア利用，権力が問題となる。

　③　研究の焦点は，ある特定のジャンルやメディア・テクストと一定度関連させながら，自らを定義するオーディエンスである。

　ここでも強調されているように，能動的オーディエンス論では，いわゆる「エスノグラフィック」的手法が積極的に採用されてきた。エスノグラフィック的手法とは，主として文化人類学の影響を受けつつ，「研究者がある特定の集団の文化に入り込み，集団の内側から人々の意味づけや行動を説明しようとする」調査手法であり，「概して質的な社会調査に分類されるも

のである」（O'Sullivan, et. al., 1994：109，参照）。この手法は，カルチュラル・スタディーズにおけるテレビ研究において頻繁に用いられてきた。そこでは，例えば家庭という場に焦点をあわせ，参与観察とインタビュー調査によって，テレビ視聴の状況と，オーディエンスのテレビ・テクストの解読，それらをとおしたオーディエンスの自己定義，さらにはアイデンティティの形成過程が観察された。その際，ジェンダーの問題が頻繁に取り上げられるなど，家庭という場で作用する権力について考察が加えられてきた。

　カルチュラル・スタディーズのコミュニケーション研究の主導者の一人であるS. ホールは，オーディエンスがテクストを多様に解読・解釈する可能性を認め，その能動性を高く評価する。その一方で，オーディエンスのそうした多様な解読・解釈の中に，一定の階層・支配関係が存在することを認め，テレビ番組を事例に次のような説明を行っている（図5－2）。すなわち，番組制作者は，社会の「技術基盤」「生産関係」「知識の枠組み」にもとづいて番組の意味を作り上げる（意味構造1によるコード化）。オーディエンスは，それぞれのコードにしたがって，番組を「意味ある」言説として多様に解読し，解釈する（意味構造2によるコードの解読）。ただし視聴者は，番組の受け手であると同時に番組制作者にとっては重要な情報源の一つなので，視聴者のコードの解読は，社会の技術基盤，生産関係，知識の枠組みに影響を及ぼすことになる。ホールはこのような循環図式を提示したうえで，意味の生成ないしは意味の解読を行う際に用いられるコードを次のように分類する（Hall，1980：136－138）。

①　支配的コード——これは，社会の支配的な価値観を反映するコードである。

②　交渉的コード——このコードは，支配的コードの正当性や支配性を認識しながらも，状況に依存する限定的レベルで受け手が独自に解読し，基本的規則を作り上げる際に用いるコードである。したがって，このコードは，支配的コードに適応する側面と同時に，対抗する側面ももつ。

③　対抗的コード——これは，支配的コードに代わる準拠枠組みのなかで，

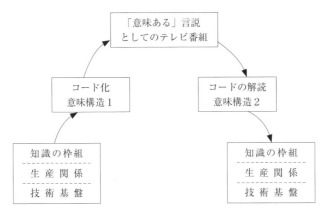

図5－2　テレビ番組のコード化とコードの解読

出典：Hall, 1980 : 130, より作成。

　受け手がメッセージを考え直す際に用いるコードである。

　この考え方によるならば，先に見た「支配モデル」のように，エリートによって一方的に操作される大衆という図式は説得力をもたないことになる。すなわち，支配的コードにしたがってメッセージを解読する大衆，すなわちオーディエンスは，たんにメッセージを受動的に受容し，操作・支配される存在という見方は後景に退くわけである。それに代わって，支配的コードを通して自らテクストを解読し，既存の支配的価値や社会構造の再生産や安定に寄与する行為者としてオーディエンスを位置づけることが可能になるのである。

　この段階では，コミュニケーションという社会過程は，「人々の知覚，認識，さらには選好までも形づくり，それがいかなる程度であれ，彼らに不満を持たせない」（ルークス，1974 ＝ 1995：39）という「三次元的権力」（表5―3）の行使と深く結びつくことになる。というのも，三次元的権力が行使されることにより，一般の大衆は，本来，社会に大きな影響を及ぼすはずの諸問題を「発見」することが困難になり，結果的にそうした問題が社会的に認識されることなく排除され潜在化してしまうからである。さらには，た

とえ社会的に不利益を被っていても，日常的なコミュニケーション過程のなかで支配的コードにしたがってメッセージを解読している人々は，そうした状況そのものに対する認識をもてなくなるからである。

　その一方で，批判的コミュニケーション論のこうした視座転換によって，政治コミュニケーション論は次のような観点を獲得したと言えよう。というのも，交渉的コード，さらには対抗的コードを通じた読み手による多様な解読・解釈の可能性を認識することによって，経済的な階級関係を重視する批判的コミュニケーション論を越えて，メッセージの解読・解釈を契機とする社会過程や社会関係，さらには社会構造の変化，すなわち社会変動が生じる視点を獲得できたからである。

　その際，重視すべきは，これら一連の研究が，前述したようにポピュラー・カルチャーを積極的に扱い，対抗文化としての下位文化に注目してきたことであろう。下位文化は，人種，民族，宗教，言語，世代，ジェンダー，地域などを構成要素としている。それと対峙するのが，国民国家と密接にかかわる国民文化である。というのも，国民文化に関しては，たとえばマス・コミュニケーションを通じて下位文化を顕在的ないしは潜在的に包摂し，国民国家の安定に寄与するという構図が描かれてきたからである。その一方，能動的オーディエンス論やカルチュラル・スタディーズにおいては，下位文化はオーディエンスに独自の志向やテクストの解読・解釈の様式（交渉的コードや対抗的コード）を提供する機能を有することから，国民文化との対比から多くの関心を集めてきたのである。

(4)　言説分析

　前述した政治コミュニケーションの効果・影響モデルでは，メッセージの意味についての検討はほとんど行われてこなかった。それに対し，批判的コミュニケーション論，そしてその延長線上に位置するカルチュラル・スタディーズの系譜に含まれるコミュニケーション論は，メッセージをテクストととらえ直し，テクストの意味やその構成のされ方，そしてオーディエンス

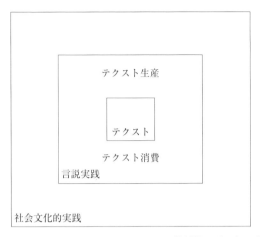

図5－3　伝達されるイベントに関する批判的言説分析の枠組

出典：Fairclough, 1995：59, より作成。

の側におけるテクストの意味の解読や解釈の問題を重視してきた。こうした研究動向と関連しながら多くの研究成果をあげてきたのが言説分析である。言説分析は，マス・メディアのテクストの生産過程と消費過程，いずれも視野に収めながら，テクストをより具体的に分析するための枠組みを提示してきた点に特徴がある。言説は一般に次のように説明されている。

「言説とは，一群の信念や態度と定義できる。ただし，そうした信念や態度は，ある特定の社会・文化的文脈の中に埋め込まれ，文化的実践によって具体化される。ここで言う文化的実践は，アイデンティティの形成や社会参加を生み出す方向に作用するものである。」（Casey, et. al., 2002：65）

こうした理解をもとにして，言説分析はたとえばマス・メディアのテクストを取り上げ，それがある特定の歴史的かつ社会的文脈のなかで定義づけられ，意味づけられる過程の分析を試みる。N. フェアクラフは，言説分析の枠組みの構成要素を以下のように要約している（Fairclough, 1995：57－62：図5－3）。

①　テクスト——これは，新聞記事，テレビ・ニュース，テレビやラジオ

のドラマなど，文字，音声，画像によって表現されたものである。

② 言説実践——これは，コミュニケーション過程の当事者による，テクスト生産とテクスト消費という実践的な過程を意味する。

③ 社会文化的実践——これには，状況に応じて言説実践に直接影響を及ぼす文脈が含まれる。それだけでなく，メディアで伝達される出来事それ自体が埋め込まれている，より広範な制度的実践としての文脈，さらには社会や文化の枠組みも含まれる。

このように，言説はテクスト生産とテクスト消費という言説実践を通じて，より広範な社会や文化に影響を及ぼしうる。しかし同時に，言説は既存の社会文化構造によって規定される。言説分析の枠組みはこのように把握されうるが，そこでの基本的観点は以下のように要約されうる。

① ある社会的出来事や行為，そしてその出来事や行為の当事者（行為者）がテクストによって表象され，同時に定義づけられ，意味づけられる過程に注目し，それを分析対象とする。

② それに関連して出来事が，ある特定の歴史的かつ社会的文脈の中で生じることを強く認識し，分析を行う。

③ 出来事の表象，定義づけ，意味づけという一連の過程で作用する諸規則や慣行も分析対象とし，その作業を通じてテクストや言説が生産，流通，消費される社会の価値（観）の分布を探り当てようとする。

④ その作業を通じて明らかになった支配的価値観という構造と，テクストや言説の実践との関連について考察を行う。

⑤ こうした定義づけや意味づけという一連の過程の中で，社会的行為者が行う，意味のシステムへの同一化，それを通じてのアイデンティティや社会関係の形成，確立，再生産の過程を分析する。

このような観点に立って言説分析は，実際の新聞記事，そしてテレビのニュース，さらにはドラマなどの分析を行ってきた。また，権力，アイデンティティ，さらにはイデオロギーといった概念と連動しながら，メディア批判，社会批判の研究として注目されるようになってきた。そこで最後に，政治コ

ミュニケーションの排除モデルの観点から言説分析について考えてみたい。

　言説分析は，テクストの配置や構造，そして言説実践の動態を分析する。たとえば，マス・メディアのニュース・テクストに関する言説分析を行う際には，報道される量が測定されると同時に，言説実践の一方に位置するニュースの生産過程において，すなわち出来事がニュースに変換される過程において働く諸力についての検討が行われる。すなわち，どの出来事がニュース・バリューに従って選択され，またその重要度が評価され，加えてニュースに関していかなる意味づけが採用され，他の意味づけが排除されたかが探られるのである。そして他方に位置するオーディエンスの側のニュースの消費過程において，前述したような解釈（読み）の多様性の存在と，それが縮減される過程，すなわちある解釈が排除される過程に関して考察が加えられるのである。この作業を通じて，ニュース・テクストの中でいかなる価値（観）が優先され，あるいは逆に排除されているかを探り，その結果明らかになった支配的価値観という構造と，テクストや言説の実践との関連について考察が行われることになる。

5－6．ソーシャル・メディアとポピュリズム政治

　21世紀になってから，すでに論じてきた民主主義と政治コミュニケーションという課題を考えるうえで，重要な出来事がいくつか生じてきた。第一は，これまで再三述べてきたように，ソーシャル・メディアの急速な普及と影響力の高まりである。第二は，それに伴いポピュリズム政治という傾向が一層顕著になってきたことである。

　ポピュリズム政治に関する一般的な理解としては，反エリート（知識人も含む），反多元主義を掲げ，大衆の欲望や要望に積極的に応えるパフォーマンスを通じて，政治的影響力を増大させようとするポピュリストによって担われる政治様式を指すと言われている（ミュラー，2016 = 2017：123 - 126，

参照）。マス・メディアやジャーナリズムは，特に世論過程ではポピュリズム政治と深くかかわってきた。

　その一方で，「ポピュリストはつねに，いわば仲介者を排除したがり，市民と政治家との間の媒介手段としての複雑な政党組織に可能な限り頼らないようにする。同様のことは，ジャーナリストとの関係を断ちたい欲求にも見られる」（同：45）という指摘は注目すべきであろう。ドナルド・トランプ第45代アメリカ大統領（2017—2021年在職）が行っていた情報発信は，この指摘にかなうものであった。トランプは，マス・メディアの大部分のジャーナリストを既得権益の内部に位置する勢力と見なし，Twitter などのソーシャル・メディアを通じて，メディアによって「編集」されない情報を社会に向けて直接発信したのである。もちろん，現代社会は「間メディア社会」（第４章）であるので，ポピュリズム政治をソーシャル・メディアだけに結びつけて論じることは適切さを欠く。とはいえ，ソーシャル・メディアの影響力を抜きに，政治コミュニケーションについて論じることはできないのも事実である。

　ソーシャル・メディアは，政治エリートと一般市民が直接に交流できる機会を増大させてきたが，現段階でそれが十分に活用されているとは言いがたい。むしろ，たとえば世論の分極化という状況にソーシャル・メディアは深くかかわってきた。この状況を説明する際によく参照されるのが，「エコーチェンバー」という現象である。この現象は，「ソーシャル・メディアを利用する際，自分と似た興味関心をもつユーザーをフォローする結果，意見をSNSで発信すると自分と似た意見が返ってくるという状況を，閉じた小部屋で音が反響する物理現象にたとえたもの」（総務省編，2019：10；サンスティーン，2001 = 2003）と説明されている。これにより，ソーシャル・メディアの利用者は，多様な意見に接する機会を減らす一方で，自分の意見を補強する情報に接する機会を増大させ，結果的に感情的世論の増幅が生じやすくなる。また，この現象に巻き込まれた人々は，自らの主張や意見とは異なる報道をフェイクニュースと見なす傾向も強めることになる。

この現象を加速させるのが，インターネットの機能の特徴から，また商用的目的から生じる「フィルターバブル」という現象である。これは，「アルゴリズムがネット利用者個人の検索履歴やクリック履歴を分析し学習することで，個々のユーザーにとっては望むと望まざるとにかかわらず見たい情報が優先的に表示され，利用者の観点に合わない情報からは隔離され，自身の考え方や価値観の「バブル（泡）」の中に孤立するという情報環境」を指している（総務省編，2019：102：パリサー，2011 = 2016）。

　こうした現象は，かつてマス・メディアが担ってきた国家社会における情報の共有という機能が減退してきたことを示している。確かに，マス・メディアは同じ問題を集中的に報道し（メディアスクラム現象），支配的世論を生み出すという傾向が強かったことから，インターネット空間にはそれとは異なる世論形成の可能性を期待する見解もいまだに根強く存在し，実際，そうした観点からの調査研究も数多く行われてきたのは確かである。しかし，その一方で，社会の分断化が進み，世論の分極化が進展し，感情的な意見の発露の場としてインターネット空間が活用される機会が増大するにつれ，政治コミュニケーション論，そしてジャーナリズム論は，これまでとは異なる重大な問題に直面するようになってきたのである。

第6章　ジャーナリズムの自由と責任

6－1．マス・メディアの自由

　ジャーナリズムとは，一般に「同時代に生じた出来事を取材・記録し，その意味について批評，ないしは批判すること」と理解されている（鶴見，1965；原，1997；参照）。そうした一連の作業や仕事に携わる人々がジャーナリストであり，ジャーナリストの集合体である組織，すなわち新聞社や放送局といったマス・メディアがジャーナリズムと呼ばれることもある。

　現代社会では，ジャーナリズムの役割の大きさについては改めて述べるまでもない。民主主義との関連からすると，第4章で述べた公共圏の形成と維持，あるいは活性化のためには，ジャーナリズムの存在が不可欠である。ジャーナリズムの存在意義については，規範的な観点から以下のように要約されている（McQuail, 2013：42）。

① 公的な議論が行われる空間の維持と管理。
② 様々な意見やアイデアの社会的な流通。
③ 一般市民の自由と多様性の拡大。
④ 一般市民と統治機構との関係の構築。
⑤ 市民社会の組織に対して発言を行えるような機会の提供。

　ジャーナリズムは，このような役割を十分に担ってきたと言えるであろうか。この点にジャーナリズムが果たすべき責任という非常に重要な問題が存在する。

　もちろん，出来事の取材や記録，批評や批判といった仕事を個々のジャーナリストが行うためには，取材や記録，そして批評や批判する自由が保障さ

れていなければならない。ところが，ジャーナリズムの活動が，国家機構あるいは政治エリートとの間で対立や紛争を起こすケースが多々見られるのも事実である。マス・メディアが発達・普及し，マス・メディアを中心とするジャーナリズムの活動が活発化し，その社会的比重が増大するにつれ，ジャーナリズムの自由，それにともなうジャーナリズムの責任といった問題の重要性は増大してきた。言論・表現の自由の重要性が広く認識され，ジャーナリズムの社会的影響力が増大してきた。だからこそ，ジャーナリズム，そしてマス・メディアの自由は，国家機構あるいは政治エリートからは，たえず制限や抑圧，さらには弾圧の対象とされてきたのである。そこで以下では，ジャーナリズムの自由の問題についてまず検討してみる。

(1) 「自由」のとらえ方

　現在，民主主義社会を標榜する先進産業諸国では，一般に，マス・メディアのみならず，一般市民の言論の自由を含む表現の自由は法的に保障され，実際その理念が生かされるように運用されている。それでは，こうした言論・表現の自由に関する理念は，近代社会においてどのように論じられ，実現されてきたのであろうか。

　民主主義がいち早く制度化された欧米社会では，本格的なマス・メディア時代が到来する以前，すなわち18世紀になると，自然権としての自由が主張されるようになった。ここで言う自然権とは，「人間の本性に基づき，変えることも，奪うこともできない権利」（フリードリヒ，1967 = 1977：12）を指す。I. バーリンはこの種の自由を「消極的自由」の概念と呼んだ。すなわち，「この意味において自由であるとは，他人によって干渉されないということだ。干渉を受けない範囲が広くなるにつれて，わたくしの自由も拡大される」（バーリン，1969 = 1971：306）と考えたのである。ここでは，人々の思想や行動に干渉し，自由を抑圧するもっとも大規模な装置は国家ないしは政府と考えられていた。そこから，「消極的自由」としての「政府に反対する権利，つまり独立の自由」（フリードリヒ，1967 = 1977：13）が主張さ

れるようになった。

　この見解を拠点として，プレス（当時は新聞や雑誌などの印刷物を指す）
の自由という理念が普及するようになった。そして，この理念にもとづいて，
プレスによって提供される情報・意見・娯楽は，自由競争や自働調整作用に
よって適切に淘汰されるという主張が行われるようになった。ただし，プレ
スの受け手である公衆ないしは市民については，「公共の利益に反するもの
を捨て，個人およびその属している社会の必要をみたすものを受け容れるも
のだ，というふうに信頼できる存在」（シーバートほか，1956 = 1959：96）
であることが期待をこめて語られていた点は重要である。こうした思想的か
つ理論的な傾向は，プレスに対する国家の制度的規制を後退させ，さらには
廃止させるのに大きく寄与することになった。

　その一方，19世紀後半から20世紀にかけて，市民がさまざまな権利を獲得
するにしたがい，「消極的自由」とは逆の傾向が生じるようになった。市民
のそうした権利を保障するために国家が市民生活に制度的に介入するという
傾向が見られるようになったのである。いわゆる「大きな政府」が姿を見せ
始め，社会福祉の充実，福祉国家の建設という目標が国民からの支持を獲得
し，社会に行き渡るようになった。それと同時に，自由に対する認識も変化
していった。すなわち，「政府からの独立にかかわるのではなく，政府への
参加とかかわる」（フリードリヒ，1967 = 1977：13）自由，すなわち市民参
加の自由を求める運動が国民の間で活発化し，それを支える理念や概念が普
及してきたのである。それは，前述した「消極的自由」から，市民参加の自
由を軸とする「積極的自由」への移行ととらえられる。こうした理念は，
「自由とは自己支配であり，自分の意志に対する障害の除去である」（バーリ
ン，1969 = 1971：345）と説明される。一般市民は積極的に政治に参加し，
自らの目標を達成する自由，すなわち「積極的自由」を要求し，その実現を
はかることの重要性が認められるようになった。ただし，この種の自由は，
個人レベルでの自由というよりも，個人の集合体であるところの全体社会
（たとえば国家）レベルでの目標の達成をめざす自由へと展開されることに

なる。

　こうした趨勢のなかで，プレスも新たな自由の概念を必要とするように
なってきた。すなわち，「ある望ましい目的を達成するために必要な道具の
存在を要求する〈ための自由〉という積極的な自由の概念に基礎をおいてい
る」（シーバートほか，1956 ＝ 1959：172）プレスの自由論が展開されるよ
うになったのである。

(2)　法制度的な保障

　それではマス・メディアの自由は，法的にどのように保障され，それにか
かわる法制度はどのように運用されてきたのであろうか。知られるように，
日本国憲法第19条では「思想及び良心の自由は，これを侵してはならない」
ことが定められている。また，同第21条では，「集会，結社及び言論，出版
その他一切の表現の自由は，これを保障する」，「検閲は，これをしてはなら
ない」という項目があり，ジャーナリストのみならず国民の言論・表現の自
由を保障する根拠となっている。また，アメリカの修正憲法第 1 条では，
「連邦議会は……言論若しくは出版の自由を制限し，又は人民の平穏に集会
する権利……を縮減する法律を制定してはならない」ことが定められている。

　これらの法的な保障は，先に述べた国家からの自由を中心とする「消極的
自由」の立場に組み入れられるものである。その一方でマス・メディアの自
由は，国家権力を積極的に行使することで保障される場合もある。これは，
「国家による自由」と呼ばれる。この種の自由の目的は，「第一義的には，マ
ス・メディア企業間の寡占化を防止し，自由競争を維持・促進することに
よって，多様かつ公正な情報を求める国民のニーズに応えることにある」
（榎原編，1996：16）。

　こうした法的な保障のもとでマス・メディアは日々活動している。マス・
メディアは，民主主義社会では，国家とは区別される市民社会の内部の新し
い対抗的な権力，すなわち立法・行政・司法といった「国家権力」とは区別
される「社会権力（＝第四の権力)」として機能することが期待されている

（浜田，1993：16）。そこから，マス・メディアの活動に関しては，一般の市民が有する権利を越えた「特権」を認めるべきという主張が行われるわけである。ただし，こうした特権に関しては以下のような批判があるのもまた事実である（同：21−25）。

① 表現の自由にかかわる素朴な平等主義からくる批判。これは，報道機関の言論・表現の自由を一般市民と同等に扱うべきという観点からの批判である。

② プレスに特別の法的地位を認めることは，プレスを一般市民から遊離した存在にしてしまうのではないかという批判。これは，こうした特権がプレスを傲慢にし，かえって一般市民の信頼と支持を失わせるのではないかという危惧から生じた批判である。

③ 特権が与えられるのと引き換えに，プレスに義務あるいは特別の責任が課せられるのではないかという危惧から生じた批判。

④ 特権が与えられることになるプレスの定義の困難さから生じる批判。

こうした批判や危惧は存在しながらも，マス・メディアは事実上，社会において特権的地位を維持してきた。その背景には，第1章で検討したように，人々を取り巻く情報環境が拡大し，公的な情報を入手する際のマス・メディアへの依存度の大きさが存在する。民主主義の運用に不可欠な世論形成や政治エリートに対する批判は，現代社会ではマス・メディアを抜きに生じ得ないのが現実である。

6−2．マス・メディアの自由に関する四理論

マス・メディアの自由と責任という問題に関しては，様々な観点からこれまで数多くの研究成果が蓄積されてきた。たとえば，アメリカでは，プレスの自由委員会が1944年から3年にわたって調査研究を行い，1946年に「プレスの自由と責任」という報告書を公刊している（米国プレスの自由調査委員

会，1947 = 2008)。この報告書は，「プレスの自由は危機に瀕しているか」という問いをたて，マス・メディアの社会的責任の問題について論じている。先に若干言及したシーバートらは，こうした論議を踏まえつつ，「マス・メディア（プレス）の自由に関する四理論」を提示し，それらを比較検討するなかで，マス・メディアの自由と責任という問題についての体系的整理を行った（シーバートほか，1956 = 1959)。この研究は，現在に至るまで大きな影響力をもってきた。そこで，ジャーナリズムの自由と責任という問題を考察するにあたり，主にこの文献を参照しながら，以下検討してみる。

この文献では，マス・メディアの自由に関する理論は，「権威主義理論」，「自由主義理論」，「社会的責任理論」，「ソビエト＝全体（共産）主義理論」の四つに分類されている（表6―1）。ただし，「権威主義理論」と「自由主義理論」が基本的理論と位置づけられ，他の二つをそれらから派生した理論ととらえている。

⑴　権威主義理論

権威主義理論は，社会に対する国家の優越性という理念のもとに，コミュニケーションを統治機関や権力者によって提示される政策の支持・推進機関として位置づける。したがって，この理論の枠内にあると判断される政治体制においては，マス・メディアに対する効果的な制限や統制がはかられ，またメッセージ内容に対する検閲や統制が行われる。

この理論は，規範的観点からは現代社会では批判されるのが一般的である。しかし現実には，第三世界の多くの国々，あるいは経済的に発展をとげた中国やロシアのような国家でも，開発独裁，軍事独裁，官僚的権威主義，一党支配といった体制によって占められ，マス・メディアをはじめとする各種メディアに対する検閲や統制が行われている。それに加え，放送メディアに対する国家規制の状況について，それを権威主義理論の適用という批判的な見方も存在する。これらの点を考慮すると，権威主義理論は今なお有効な理論だと言える。

	権威主義理論	自由主義理論
発達の時期と地域	16〜17世紀のイギリスで発達し，広汎に受け容れられ，現在も多くの地域で行われている。	1688年以後のイギリスおよびアメリカで採用され，その他のところにも影響を及ぼしている。
起源	君主あるいはその政府の絶対権力の哲学ないしはその両者から生まれた。	ミルトン，ロック，ミルの諸著作，および合理主義，自然権の一般哲学から生まれた。
主目的	権力の座にある政府の政策を支持し発展させること，および国家に奉仕すること。	知らせ，楽しませ，売ること。しかし主としては真理の発見を助け，政府をチェックすること。
メディアを行使できる者	王の特許ないしそれと同等の許可を得ている者。	メディアを行使する経済的手段をもっている者なら誰でも。
メディア統制の方式	政府の特許，ギルド，発行許可，および時に検閲。	「思想の自由市場」における「真理の自働調整作用」および裁判所。
禁止事項	政治機構および当局者批判。	名誉毀損，ワイセツ，淫蕩，および戦時治安妨害。
所有形態	私有ないし公有。	主として私有。
他理論との基本的な相違点	政府の政策を実施する手段であるという点。ただし政府所有である必要はない。	政府をチェックし，社会の他の諸必要をみたす手段であるという点。

出典：シーバートほか，1956 ＝ 1959：20‐21；訳一部変更。

(2)　ソビエト＝全体（共産）主義理論

　ソビエト＝全体（共産）主義の目的は，本来は階級や国家が存在しない，労働者が社会を支配する社会を実現することにあった。ただし，資本主義社会から社会主義社会，さらには共産主義社会への移行期においては，マス・メディアは国家を支持する義務を負い，国家の目的達成を助けることがマス・メディア自身の目的達成とされていた。この点では，この理論と権威主義理論との間に共通性を見出すこともできる。しかし，ソビエト＝全体（共産）主義理論では，煽動手段としてマス・メディアの積極的活用が重視されていたこと，また多くの場合マス・メディアが国有化されていることが，権

自由に関する四理論

社会的責任理論	ソビエト＝全体（共産）主義理論
20世紀にアメリカで発達した。	ソ連で発達した。しかし同様のいくつかのことがナチスやファシストによっても行われた。
W.E.ホッキングの著書，プレス自由委員会，実務家およびメディア倫理綱領から生まれた。	ヘーゲルと19世紀のロシア的思考の合成であるマルクス的＝レーニン的＝スターリン的思想から生まれた。
知らせ，楽しませ，売ること，しかし主としては抗争を討論のレベルに引き上げること。	ソヴィエトの社会主義制度の成功と持続，および，特に党の独裁制に寄与すること。
言いたいことのある者はすべて権利をもつ。	忠誠でかつ正式の党員。
社会の世論，消費者の行動，および職業的倫理。	監視および政府の経済的または政治的行動。
公認されている人権，および重要な社会的利益の重大な侵害。	党の目的批判，ただし戦術は別。
政府が公共サービスを保障するために乗り出す必要のある時以外は私有。	公有。
メディアは社会的責任の義務を負わねばならぬ。もし負わぬ場合は，誰かがメディアの行動を監視せねばならぬという点。	国家に所有され，完全に統制されたメディアが，国家の武器としてのみ存在しているという点。

威主義理論とは異なる点としてあげられている。したがって，旧ソビエトをはじめとする共産主義国家では，マス・コミュニケーションは次に見るような手法で使われることになる。

① 国家権力ならびに党勢力のほかの道具とかたく結びつけられる。

② 国家ならびに党内部を統一する道具として使われる。

③ 国家ならびに党の〈暴露〉（マルクス主義の観点から現象の背後にある実体を明らかにし，現象の真の意味を大衆に解きあかす）の道具として使われる。

④ ほとんどもっぱら宣伝および煽動の道具として使われる。

この理論は，先に見た「積極的自由」の変種として位置づけることも可能
ではある。なぜなら，共産主義社会の実現という社会目標を設定し，その目
標を達成するために独自の視点から言論・表現の自由を主張しているという
理解も成り立つからである。しかしこの理論は，ソビエトを中心とする共産
主義体制が個人や組織の自由を著しく抑圧したこと，そして周知のように
1980年代後半から生じたソ連・東欧革命によってソビエト＝全体（共産）主
義体制，それ自体が崩壊したことにより，その有用性を大幅に減じさせてき
たと言える。

⑶　自由主義理論

　以上述べてきた権威主義理論やソビエト＝全体（共産）主義理論の対極に
位置するのが「自由主義理論」である。自由主義理論では，前述した消極的
自由（＝国家からの自由）の実現が最重要課題となる。この理論は，たしか
に国家の重要性を認めるが，その一方で個人が潜在能力を実現できるような
環境を提供する一つの手段として国家をとらえる。この理論では，個人の重
要性，理性的判断力への信頼，そして宗教・言論・プレスの自由が強調され
ることになる。こうした点が，権威主義理論やソビエト＝全体（共産）主義
理論と大きく異なっている。

　したがってこの理論では，マス・メディアの活動に対する政府の関与につ
いても，当然のことながら批判的かつ否定的な見解が示され，資本主義的な
私企業制度の必要性と重要性が主張される。また，コミュニケーションの機
能にしても，真理の発見を助け，政府をチェックするといった政治制度への
奉仕活動以外に，公衆への情報や娯楽の提供，さらには広告の提供も加えら
れている。このうち広告の提供の目的は，マス・メディア組織が財政的基盤
を確保し，それによって自らの活動の自由を確保することにある。

　自由主義理論では，マス・メディアに対する国家による監督制度のかわり
に，市場における情報・意見・娯楽の「自由競争」や「自働調整作用」と
いった非公式な統制方式が採用され，政府の役割は，そうした相互作用が順

調に行われる枠組みを維持することに限定されている。ただし，自由主義理論は，名誉毀損，猥褻などの反社会的な情報も含め，悪質な情報を伝達する自由に対し，制約を課すことが可能か否か，もし可能だとしたらどのような手法で行われるのが望ましいのかという重大な問題を抱えている。

(4) 社会的責任理論

　「社会的責任理論」は，政治制度への奉仕や公衆の啓発，そして個人の自由の擁護といった役割をマス・メディアに認める点では自由主義理論と共通する。ただし，近代社会ではマス・メディアはこうした役割を十分に果たしてこなかったと考える。社会的責任理論の見解を体系的に提示したのが，先に掲げた米国プレスの自由調査委員会の報告書，「自由で責任のあるプレス」である。そこでは，「われわれは，マス・メディア機関が情報と議論のコモンキャリア（公的な情報伝達機関）としての責任を引受けるように勧告する」（米国プレスの自由調査委員会，1947 ＝ 2008：103）と明確に述べられている。こうした勧告を行った背景には，以下の要約にあるような自由主義理論では対処することができない様々な問題の存在，とりわけマス・メディア企業の巨大化・集中化，さらにはそうしたマス・メディアの影響力の肥大化と商業化に対する危機感が存在している。

　①　プレス（＝マス・メディア：引用者，以下同様）は，その巨大な力を，自分自身の目的のために行使してきている。所有者達は，とくに政治および経済問題に関して，反対意見を出さずに自分達自身の意見を宣伝してきている。

　②　プレスは，大企業に媚びており，かつ，しばしば，広告主に，編集方針や論説内容を支配させてきている。

　③　プレスは，社会の変容にさからってきている。

　④　プレスは，今日の出来事を報道する場合に，しばしば，重要なものよりも表面的でセンセーショナルなものにより大きな注意を払ってきており，かつ，プレスの与える娯楽も，往々にして実質を欠いた不完全なも

のであった。

⑤　プレスは，公共道徳を危険におとし入れてきている。

⑥　プレスは，正当な理由なしに，個人のプライバシーを侵害してきている。

⑦　プレスは，〈企業家階級〉とでもいえるようなひとつの社会経済的な階級に支配されており，新参者がプレス産業に接近することは難しく，したがって，思想の自由にしても公開の市場は危殆に瀕している。

　こうした認識，あるいは危機感のもとに，社会的責任理論では前述した「積極的自由」論が展開された。すなわち，自由主義理論が国家政府などの外部制約からの自由という「消極的自由」論を基盤としていたのに対し，社会的責任理論ではある望ましい目的を達成するのに必要な道具を要求する「積極的自由」論が採用されたのである。また，自由主義理論がマス・メディア活動に対する政府の関与について否定的評価を下していたのに対し，社会的責任理論はマス・メディアや公衆とともに政府がマス・メディア活動に関与することの必要性を認めている。以上の点を踏まえながら，社会的責任理論はマス・メディアに対し，次のような行動をとることを要請している。

①　その日の出来事についての，真実で，総合的で，理知的な記事を，それらの出来事の意味がわかるような文脈のなかで報道すること。これには，事実と意見を分離すること，そして事実についての真実を報道することという要請が含まれる。

②　説明と批判の交流の場として奉仕すること。すなわち，自らの意見と反対の意見も伝達すべきということ。

③　社会を構成している各集団の代表像を映し出すこと。これには，たとえばステレオタイプにもとづくエスニック集団の描写を避けるという意味も含まれる。

④　社会の目標や価値を提出し，かつ明らかにする責任を負うべき。

⑤　現在の情報に接近する十分な機会を提供すること。

　このように社会的責任理論は，マス・メディア活動の現状を批判的にとら

え，ジャーナリズムの活動，あるいはマス・メディアの活動の責任を明示したのである。この背景には，放送メディアの開発と普及，すなわちラジオ放送の影響力の増大，テレビ放送の開始といった急激なメディア変容が存在したのは言うまでもない。

6－3．マス・メディアの自由に関する他の理論構成

　以上述べてきたシーバートらによる「マス・メディアの自由に関する四理論」は，現代においても大きな影響力をもっている。ところが，この理論的な整理に関しては，いくつかの批判が加えられ，新たな理論的展開も試みられるようになったのも事実である。そうした批判の主たる根拠は，シーバートらの理論的整理が，新たな技術発展や，それにともなうマス・メディアの種類とサービスの多様性の増大を十分に考慮していないこと，加えてそこでの視座がアメリカ中心であり，概して批判的観点が重視されていないことなどに置かれている。以下，それらの理論を概観してみる（McQuail, 2010, 参照）。

(1)　発展のためのメディア理論
　上記の四理論に加え，発展途上国を対象に構築された理論（発展のためのメディア理論）が提示された。この理論では，マス・メディアの自由よりも，国家の発展，文化・情報分野での自律性の追求という目標の達成が優先される。したがって，その実現過程における政府によるメディア規制が正当化され，その結果ジャーナリズムの自由も制限されることになる。
　この点に関しては，前述した権威主義理論においてすでに説明した。ただし，発展のためのメディア理論は，近年のメディア・コミュニケーション状況を踏まえ，国内におけるメディアの自由の問題に限定しない点に特徴がある。すなわち，グローバリゼーションが進展し，グローバル・コミュニケー

ションが発達した現代社会では，マス・メディアの自由の問題は，発展途上
国にとっては他国からの，特にアメリカを中心とする先進産業諸国からの情
報流入の問題が重視されてきた。いわゆる情報の「南北問題」である。さら
には，こうした問題を通じての発展途上国間の連帯の問題とも関連し，これ
まで多くの論議を呼んできた（この点については，第8章の「情報化とグ
ローバル・コミュニケーション」で再論する）。

(2) 民主的参加のためのメディア理論①──アクセス論への展開──

　この理論は，1960年代に主に欧米社会で生じた，従来型のマス・メディア
に対抗する「オールタナティブ・メディア」の運動から生じたものである。
そこでの中心概念は，「参加」と「双方向」であり，そこではケーブルテレ
ビなどによる多チャンネル化の傾向，およびそれと関連する少数民族向けの
メディアなどが重視されてきた。

　この理論の背景には，大衆がマス・コミュニケーションの受け手にとど
まってしまう大衆社会に対する批判，既存の政党やメディア・システムに対
する不満や批判が存在する。市民のメディアへの参加やメディアや情報の利
用可能性の増大に強い関心を寄せるこの理論は，市民が自らの意見や主張を
表明する場としてマス・メディアの利用を請求する権利としての「アクセス
権」をめぐる論議や，ジャーナリストや一般市民が政府情報にアクセスする
ことを保障すべきという「知る権利」といった論議とも密接に関連している
（松井，1988；浜田，1993，参照）。ちなみに，アクセス権を広義にとらえた
場合，それはかつて次に示すように類型化されたことがある（堀部，1978；
「第Ⅳ章，アクセス権の類型」）。

　　①　マス・メディア情報に対する，公権力を含めたマス・メディア組織の
　　　　外からの，あるいはマス・メディア組織内部からの「批判・抗議・要
　　　　求・苦情」。
　　②　マス・メディアが広告主（＝スポンサー）に開放している広告欄ない
　　　　しは広告時間を買い取って，それを利用して自らの意見を公的に表明す

るという「意見広告」。

③ マス・メディア情報によって不利益を被った人が，マス・メディアに対し反論の機会の提供を要求する「反論権」。これには，情報内容の訂正要求も含まれる。

④ 読者や視聴者による「紙面・番組参加」。これには，投書やいわゆる視聴者参加番組も含まれる。また，ケーブルテレビなどの一部の放送局では，視聴者が自ら制作した番組を放送するという「パブリック・アクセス番組」や「パブリック・アクセス・チャンネル」も存在する。

⑤ マス・メディアへの「運営参加」。これは，とくに放送メディアに対するアクセスの方式であり，番組編成への参加などであるが，それにとどまらず放送行政や手続きに対する参加，放送機関の組織および運営への参加なども含まれる。

⑥ マス・メディアへの「編集参加」。これには，マス・メディア資本・経営が有すると考えられている編集権・編成権へのジャーナリストやマス・メディア労働者の参加，すなわち内部アクセスの問題が中心となる。

　このように，「民主的参加のためのメディア理論」では，マス・メディアの自由は，マス・メディアと国家・政府の関係という問題から，マス・メディアに対する市民からのアクセス，またマス・メディア内部におけるマス・メディアへの運営・編集に対する個々のジャーナリストの参加のあり方の問題へと拡張されてきた。

(3) 民主的参加のためのメディア理論②――批判的コミュニケーション論からの展開――

　この理論は，前章で検討した批判的コミュニケーション論や批判的政治コミュニケーション論と同様の観点に立って，マス・メディアの自由について論じるものである。この場合，マス・メディアは社会構造の中に戦略的に位置づけられ，表現の自由は以下の観点から論じられることになる。それは，一方では抑圧的ないしはヘゲモニーをともなう，（国家やビジネスなどの）

諸力の作用という観点である。他方では，抑圧された大衆という観点である。マス・メディアは，支配的な制度的統制に対抗することによってのみ，自由を獲得することが可能になるというわけである。

　こうした観点は，ソビエト＝全体（共産）主義理論の一変種という把握の仕方も可能であるが，前述したように共産主義体制の崩壊という現実はそうした解釈の妥当性を低下させた。それゆえ，この種の民主的参加のためのメディア理論は，新たな理論枠組みの構築に取り組んできたし，それと同時に先進産業社会における実践的な領域への適用可能性という問題関心を抱いてきた。そうした新たな理論枠組みの代表例が，第4章でも言及した「公共圏」の概念である。ここで言う公共圏とは，一定度の自律性を有し，公的な討論の場を提供する，開かれた空間を指す。公共圏へのアクセスは自由であり，そこでは集会，結社，表現の自由は保障されている。この空間はまた，個々の市民の私的な生活空間と公的な政治領域との間に位置すると見なされる。歴史的に見ると，マス・メディアは多くのオーディエンスを獲得し，産業的な発展を遂げる一方で，こうした公共圏としての機能を衰退させてきたのであり，その再構築が現代社会では求められているというのが，ここでの主張である。

　他方，ジャーナリズムの実践との結びつきに関しては，パブリック（シビック）・ジャーナリズムという考え方が広く主張されるようになってきた点が指摘できる（寺島，2005，参照）。この場合，ジャーナリズムは主要な職業規範である「客観報道主義」（この問題については後述する）の立場を離れ，一定の目標実現のために政治社会に積極的に関与し，参加することが高く評価されることになる。その目標とは，市民生活の質の向上であり，また市民に政治参加や政治討論への積極的な参加を促すことである。この考え方はまた，ジャーナリストは市民が知るべき情報を提供すべきという信念がその基盤にある。

(4) 民主的参加のためのメディア理論③──ソーシャル・メディア論の展
  開──

　インターネットの普及に伴うコンピュータを介した各種サービスの量的か
つ質的な増大は，前述のオールタナティブ・メディアによる政治参加の可能
性を一層増大させてきた（大石編，2013，参照）。実際，公共圏との関連か
らこの種の政治参加の効用について論じる研究も数多く見られるようになっ
てきた。既存のジャーナリズムの機能を補完する，あるいは代替する役割を
期待する見解が提示されるようになったのである。

　しかし，その可能性は同時に多くの問題点をはらむものである。匿名によ
る情緒的，あるいは不確実な情報，さらにはフェイクニュースと呼ばれる情
報がネット上にあふれるようになってきた。関連して，客観的な事実が重視
されず，感情的な訴えが政治の場面で強い影響を及ぼす状況を指す「ポス
ト・トゥルース」という言葉も用いられるようになった。こうした傾向は，
政治社会問題に対して無関心を装い，冷笑する態度をとる「政治的シニシズ
ム」という傾向を増大させるようになった（カペラ＝ジェイミソン，1997 ＝
2005）。あるいは，他国や異文化に対する批判的，さらには攻撃的な見解が
表明される機会が増大するようになった。

　民主的参加を促進するはずのソーシャル・メディア（論），そしてオール
タナティブ・メディアを通じた政治参加（論）は，こうした深刻な問題に著
面している。

6－4．マス・メディアの規制と倫理

(1)　放送に対する規制
　マス・メディアの自由について考える場合，放送メディアはそのなかで特
別な地位を占めている。というのも，放送メディアは，新聞などの他のマ
ス・メディアとは異なり，言論・表現の自由などコミュニケーションの自由

が制度的に保障されている社会においても，法的規制の対象になるからである。

　日本においても，放送を規制する法律（放送法など）が存在するが，ここでは放送内容の規制の問題を中心に概説してみる。この点に関して，日本の放送法はその目的の一つとして，「放送の不偏不党，真実及び自律を保障することによって，放送による表現の自由を確保すること」（放送法第1条の2）をあげており，また「放送番組は，法律に定める権限に基く場合でなければ，何人からも干渉され，または規律されることがない」（放送法第3条）というように，原則的にはその自由を認めている。なお，放送内容に関しては，以下のような条文が存在する。

　放送法第4条：放送事業者は，国内放送および内外放送の放送番組の編集に当たっては，次の各号の定めるところによらなければならない。

① 　公安及び善良な風俗を害しないこと。
② 　政治的に公平であること。
③ 　報道は事実をまげないですること。
④ 　意見が対立している問題については，できるだけ多くの角度から論点を明らかにすること。

　ここで特に注目すべきは，放送局がある特定の政治的主張を支持することが禁じられ（第②号），多様な意見を放送することが定められている点である（第④号）。これらの法規を十全な形で遵守することは困難なことは社会で広く認められている。しかし，これらが放送局の偏向報道批判の根拠として用いられるケースはよくある。

　また放送法第5条には，「放送事業者は，放送番組の種別（教養番組，教育番組，報道番組，娯楽番組等の区分をいう）及び放送の対象とする者に応じて放送番組の編集の基準を定め，これに従って放送番組の編集をしなければならない」という内容の条文があり，放送番組が娯楽志向を強めないことが定められている。さらに放送法第9条では，放送事業者に対して以下に示すような「訂正放送」を行うことが義務づけられている。

「放送事業者が真実でない事項の放送をしたという理由によって，その放送により権利の侵害を受けた本人又はその直接関係人から，放送のあった日から3箇月以内に請求があったときは，放送事業者は，遅滞なくその放送をした事項が真実でないかどうかを調査して，その真実でないことが判明したときは，判明した日から2日以内に，その放送をした放送設備と同等の放送設備により，相当の方法で，訂正又は取消しの放送をしなければならない。」

　この法律は，近年多くの論議を呼んでいる，放送番組と人権の問題に対処する際の根拠となるものである。

(2) 放送に対する規制根拠

　このように放送メディアに対しては，他のマス・メディアと比べ，さまざまな法的規制が加えられている。その根拠としては，一般に次の二つの点が指摘されている（長谷部，1992；浜田，1993，参照）。第一は，「電波の稀少性」という技術的な理由である。すなわち，放送による表現活動を行うために必要な電波が，有限ないしは稀少だということである。ここでは，限られた周波数を使って放送という有力な言論表現手段を利用できる者は，国民からいわば「受託者」として，放送番組における公平性の確保をはじめとするさまざまな規制に服するべきという見解が規制の根拠とされている。

　第二は，放送の有する「社会的影響力」である。すなわち，放送の社会的影響力が，印刷メディアなどの他のメディアと比べ大きいがゆえに，規制の必要性が主張されているのである。ここで言う社会的影響力の大きさとは，放送メディアの情報が直接に家庭内に侵入し，その際，動画や音声といった人々の感覚に訴える情報伝達手段が用いられ，視聴者や聴取者が受動的に情報入手を行うことによって生じると考えられている。

　これらの根拠によって放送メディアは規制され，実際，日本の放送事業者は電波法第13条によって，通常は5年ごとに総務大臣から放送免許を受けることが義務づけられている。ただし近年のメディア関連技術の著しい発展に

よって多チャンネル化と多メディア化が進展し，特に「電波の稀少性」という規制根拠は見直しを迫られるようになった。その象徴が，「放送と通信の融合」，および「ハードとソフトの分離」という傾向である（第7章，参照）。

　この傾向は，放送の自由と規制に関して再考する必要性を生じさせてきた。マス・メディアの自由に関しては，前述した「自由主義理論」に代表されるように，「国家からの自由」を主眼においていた。しかし，放送技術を含む情報通信技術の急進展により，「国家による自由」という側面も重視されるようになってきた。すなわち，憲法によって保障された表現の自由は，国家による過剰な制約を許さないだけでなく，無策のためにメディアの集中化が進み，情報の多様性が不十分になることも許さないことから，国家には情報の多様性を確保するためにある程度の立法裁量が確保される必要が存在するというわけである（鈴木ほか編，2009：100 - 101）。

⑶　メディアの自主規制

　マス・メディアは，自らの影響力の大きさを自覚し，欧米諸国を中心にさまざまな自主規制を行うようになってきた。例えば，放送メディアに対しては法的規制が存在するが，その一方で放送事業者は，その社会的影響力の大きさを自覚し，報道倫理のガイドラインを設けるなど，さまざまな形で「自主規制」を行うことで，自らが保持する権力の濫用を自主的に戒めてきた。こうした倫理規定の存在や自主規制は，マス・メディアが自由の確保をはかりつつ，社会的責任を果たすための手法であり，それ自体は法律ではないにせよ，実際のマス・メディアの活動にとって重要な役割を果たしてきたと言える（浜田，1993：25 - 26）。

　これは以下に見るように，放送メディアに限らず新聞においても見られる（浜田，1993；駒村，2001など参照）。たとえばプレス・カウンシル（報道評議会）がマス・メディアの自主規制機関として設置され，一定の機能を担っている。また，プレス・オンブズマンという制度もある。この制度は，スウェーデンにおいていち早く発足し（1969年），一般市民に代わって報道に

関する紛争の調停や制裁などを行っている。形態としては，市民団体による報道監視組織による場合と，各報道機関がプライバシーや名誉毀損などの問題に関するための苦情処理機関を設ける場合がある。

　日本でも同様な動きが見られるようになってきた。放送メディアの場合，そうした活動の一環として，日本ではNHKと民間放送局によって，「放送と人権等権利に関する委員会」（BRC）が1997年に設立された。この組織は，前述した放送番組による人権侵害の救済を主たる目的とし，いずれの組織や機構にも属さない第三者機関として活動してきた。BRCは基本的には人権侵害を受けた視聴者の立場に立って，視聴者からの申し立てにもとづいて事案を審理してきた。BRCは，2003年に「放送倫理・番組向上機構」（BPO）の一組織となった。BPOは，放送番組向上のための審議と虚偽放送についての検証を行う「放送倫理検証委員会」，放送による人権侵害を救済するための「放送と人権等権利に関する委員会」（放送人権委員会），青少年が視聴する番組の向上に向けた意見交換や調査研究を行う「放送と青少年に関する委員会」（青少年委員会）の三つの委員会によって構成されている。

　その一方，日本では法制度的な規制の直接の対象から外されている印刷メディアにおいてもこの種の問題は存在し，各新聞社は独自に倫理綱領などを制定している。ここでは，そうした綱領の指導的役割を果たしてきた日本新聞協会の「新聞倫理綱領（2000年改正）」を以下掲げておく。

① 　自由と責任——表現の自由は人間の基本的権利であり，新聞は報道・論評の完全な自由を有する。それだけに行使にあたっては重い責任を自覚し，公共の利益を害することのないよう，十分に配慮しなければならない。

② 　正確と公正——新聞は歴史の記録者であり，記者の任務は真実の追究である。報道は正確かつ公正でなければならず，記者個人の立場や信条に左右されてはならない。論評は世におもねらず，所信を貫くべきである。

③ 　独立と寛容——新聞は公正な言論のために独立を確保する。あらゆる

勢力からの干渉を排するとともに，利用されないよう自戒しなければならない。他方，新聞は，自らと異なる意見であっても，正確・公正で責任ある言論には，すすんで紙面を提供する。

④　人権の尊重——新聞は人間の尊厳に最高の敬意を払い，個人の名誉を重んじプライバシーに配慮する。報道を誤ったときはすみやかに訂正し，正当な理由もなく相手の名誉を傷つけたと判断したときは，反論の機会を提供するなど，適切な措置を講じる。

⑤　品格と節度——公共的，文化的使命を果たすべき新聞は，いつでも，どこでも，だれもが，等しく読めるものでなければならない。記事，広告とも表現には品格を保つことが必要である。また，販売にあたっては節度と良識をもって人びとと接すべきである。

　もちろん，マス・メディア活動を制約するのは，ここで概観した法律や倫理規定といった直接的な規制だけではない。それ以外の様々な間接的な規制要因，あるいは制約要因も存在する。マス・メディア内部の組織的要因，そして第5章の「批判的コミュニケーション論」や，前節の「社会的責任理論」において検討したように，多種多様な政治的・経済的な規制・制約要因がマス・メディア活動に影響を及ぼしていることも留意されるべきであろう。

6－5．ジャーナリズム活動の問題点

　以上述べてきたように，マス・メディアにはさまざまな規制や制約が課せられているが，ここではニュースの制作過程に焦点を当てて，ジャーナリズム活動の問題点について検討してみる。

⑴　ニュースのとらえ方

　まず，ニュースという情報の特質について述べてみる。第一に，ニュースとはそれが伝達される社会の構成員によって新しいと認識される情報である。

図6-1　ニュースの制作過程

　第二に，ニュースとは公的な情報である。すなわち，個人や家族といった私的な領域にとどまらない，社会に向けて発信された公的な情報，それがニュースである。それに関連して第三に，ニュースとは社会の一定規模の構成員の関心を集める情報，あるいはそうした人々が自らの利害にかかわると考える情報である。これらの資格を備えた情報の中から，後述するようなさまざまな過程を経て，ニュースは作られていく。

　ジャーナリズム活動の所産であるニュースについて考える場合，ジャーナリズムを社会の「鏡」としてとらえるという見方がある（マコームズほか1992 = 1994 : 71）。その見解は，ニュース・メディアの機能とは，社会に対し鏡を掲げ，そこにあるものを映し出すことだと主張する。すなわち，ジャーナリストが報じるニュースとは，たんに社会を反映したものにすぎないというわけである。しかし，この説明は次のような批判を即座に招くことになる。その批判とは，鏡説がジャーナリズムに備わる特性，つまり新聞や放送がニュースを報道する際，日々生じる無数の出来事の中からごく一部を選択せざるをえない点を無視している，というものである。また，ジャーナリズムの重要な作業である解説や論評を軽視しているという批判も当然生じることになる。

(2)　ゲートキーパーとニュース・バリュー

　こうした問題について，まずはニュースの生産過程を中心に検討してみよう（図6―1）。この図は，社会的出来事がニュースへと変化する過程を，社会的出来事の「選択・取材」，「ニュースの素材」，「編集・整理」，「ニュース」というように，一方向的に，そして単純化かつ簡略化して示したものである。その過程にはいくつかの「関門（gate）」が存在し，その関門を通過し

た出来事だけがニュースとして報じられる。

　マス・コミュニケーション論では一般に，この図で「編集・整理」を担当する編集者と見なされる人々がゲートキーパーと呼ばれることが多かった。しかし本書では，この用語をより広義に用い，出来事やニュースの選択，さらには選択されたニュースの重要度を判断する作業を行う人々をゲートキーパーと総称する。こう考えると，ニュースの制作過程は次のようにまとめることができる。ジャーナリストは記者あるいは編集者としてゲートキーパーの役割を担い，無数に存在する社会的出来事の中から，自らが抱くニュース価値の判断基準，すなわち「ニュース・バリュー」に照らして選択を行い，その出来事について取材し，ニュースの素材を取捨選択する。選択されたニュースの素材は，編集・整理といった工程を経てニュースとなり，オーディエンスに届けられる，というわけである。こうした一連の作業の判断基準になるのは，やはりゲートキーパーとしてそれらの職についている人々のニュース・バリューであることは言うまでもない。そして，こうしたゲートキーパーによる一連の工程は，「我々の生活や我々を取り巻く世界を定義づけ，最終的にはすべての人々の社会的現実に影響を及ぼす」(Shoemaker and Vos, 2009：3) ことになる。

　ジャーナリスト，とりわけマス・メディア組織に属するジャーナリストが抱くニュース・バリューについては，これまで数多くの研究が行われてきたが，それは次のように要約されている (Gultung and Ruge, 1970：259 - 298；一部補足)。

① 周期性——出来事の発生がニュース・メディアの報道周期に合致しているほど，ニュースになる可能性が高い。長期的サイクルで展開する出来事は，一般にその頂点の時期を除けば，ニュースになりにくい。

② 強度——社会に与える刺激が強烈な出来事ほど，ニュースになりやすい。

③ 明瞭性——曖昧ではない，単純な出来事ほどニュースになりやすい。

④ 関連性——文化的な近接性や関連性が高い出来事ほど，ニュースにな

りやすい。

⑤　協和性——人々の期待（予測や願望）に合致する出来事ほどニュースになりやすい。

⑥　意外性——予期されなかった出来事や，まれにしか起こらない出来事ほど，ニュースになる可能性が高い。

⑦　持続性——一度ニュースになった出来事は，たとえ強度が極度に減少しても，引き続きニュースになりやすい。

⑧　均衡性——ニュース報道の全体的均衡を構成するのに役立つ出来事は，ニュースになりやすい。例えば，外国のニュースが氾濫している場合には，重要性があまり高くない国内の事件でも，ニュースになる可能性が高くなる。

⑨　エリートに対する志向性 (a)——エリート国家（例えば，アメリカなどの先進産業諸国）に関する出来事ほどニュースになりやすい。

⑩　エリートに対する志向性 (b)——エリート層（有力な政治家，官僚，財界人，文化人など）に関する出来事ほどニュースになりやすい。

⑪　擬人性ないしは人物志向性——特定の人物，ないしは固有名詞で扱いうる人物の行動を主題とする出来事ほどニュースになりやすい。

⑫　否定性——社会にとってマイナスになるような出来事のほうがニュースになりやすい。

(3)　ニュースの共通性

　マス・メディア組織に属するジャーナリストのニュース・バリューは，以上のように要約されている。ニュース・バリューを共有するからこそ，マス・メディアが報じるニュースには一定度の「共通性」が見られることになる。その結果，受け手の間で入手する情報の差異があまり生じることはなくなる。そうした情報の共有化は，公的な問題に関する討論の活発化，そして世論形成に大きく寄与することになる。

　しかしその一方で，ニュースの共通性の傾向が進展すると，ニュースの多

様性が減退し，人々が認知する問題や争点が限定されてしまうことになる。また問題や争点に関する解説や論評が類似してくると，多様な意見，さらには価値観の表明や流通が妨げられることになる。こうした問題関心から，ニュースが共通性を帯びることは数多くの論者から批判されてきた。そこで以下では，この問題について検討してみる。なお，ニュースの共通化を生み出す要因としては，以下の三点が指摘されている（マコームズほか，1991 = 1994：39-50，参照）。

① ニュース組織——ニュース組織は，各々特有のスタイルを有するが，その一方で各組織に共通する組織上の影響力も存在し，それがニュースの共通性を生み出す。例えば，限られた予算内で毎日のニュースを制作し報道するという組織的な要因があげられる。

② ジャーナリスト——各ジャーナリストの間には見解の差異があるが，ジャーナリストは業界や組織に適応する（＝社会化される）過程で画一化されていく。その際，影響を及ぼすのは，主として大学での教育と仕事のなかでの教育である。

③ ニュースの伝統——ニュース報道の基準は，ジャーナリズムの道徳的規範の中心に位置する客観性にある。そして，ジャーナリストは伝統的な「物語（narrative）」の枠のなかでニュースを制作する。

これらの諸点を参照しながら，以下ではニュースの共通性を生み出し，促進する要因について，日本のジャーナリズムを中心に検討してみる。

(4) ニュースの共通性の要因①——ニュース組織とジャーナリスト——

まず，「ニュース組織」と「ジャーナリスト」がニュースの共通化の促進要因になる点について検討してみる（図6—2）。マス・メディア組織に属するジャーナリストは，たしかに個々人の異なる特徴・個人的背景，経験をとおして獲得し，形成した態度，価値観，信念，あるいはニュース組織内での力関係に応じて，マス・メディアの内容に影響を及ぼすと見なすことができる。

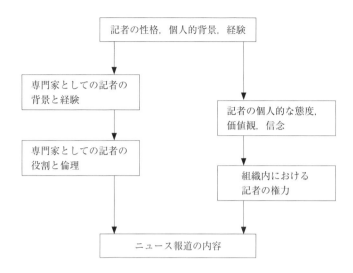

図6－2　ニュース報道への影響要因：各記者に備わる内的要因

出典：Shoemaker ＝ Reese, 1996：65, より作成。

　その一方で，ジャーナリストは専門家として「成長」し，専門職業人とな
る過程で社会化され，画一化していくという側面をもつ。ジャーナリストは，
意識的あるいは無意識的にニュース・バリュー，あるいは報道の様式（例え
ば客観報道）を学習し獲得するなど，専門家としての経験を積み，作業を行
う際の基盤を形成する。同時にジャーナリストは，専門家としての役割や規
範を身につけ，ジャーナリズムの社会に「適応」していく。これらの点は，
マス・メディアが取り上げる情報の内容を共通化するのに大いに寄与してい
る。この点に関連して，次に見る指摘は，「ニュース組織」と「ジャーナリ
スト」の要因に着目しつつ，ニュース・バリューの共有にもとづく，マス・
メディア報道の画一化の傾向を巧みに要約している。
　「共通の土壌で共通の行動原理にのっとって競争する記者集団は相互にみ
　ずからよく似た仲間を見出しつつ，意識的にも無意識的にも所属組織を越
　えた同調性を育てるから，時に応じて，情報の共有や交換，さらには談合

による情報の選択・意味づけといった協力関係を取り結ぶこともまれでは
なくなる。ニュース記事化にあたっては、自社内の同一分野のデスク、先
輩、同僚、後輩記者が『第一の読者』であり、他社の同一分野の競争相手
が『第二の読者』とされるというのはそれぞれのジャーナリストがそうし
た行動性向を強く意識しているからにほかならない。相互観察と監視、競
争と協調の日常化である。」（林、2006：92）

(5) ニュースの共通性の要因②──記者クラブと発表ジャーナリズム──
　　ニュース・バリューの共有化という傾向は、ここで言うところのジャーナ
リストの間で日常化された「相互観察と監視」や「競争と協調」と密接に関
連する。わけても日本のジャーナリズムの場合、「記者クラブ」が存在する
ことがこの問題に深くかかわっている。記者クラブの存在とその機能に対し
ては、概して厳しい批判が加えられてきた。しかしながら、日本新聞協会の
記者クラブの位置づけに関しては、次のように変化してきたことは押さえて
おく必要がある（記者クラブに関する日本新聞協会ホームページ、傍点引用
者）。

① 「記者クラブに関する新聞協会の方針」（1949年）──「記者クラブは
　　各公共機関に配属された記者の有志が相集まり、親睦社交を目的として
　　組織するものとし、取材上の問題には一切関与せぬこととする」と定め
　　られた。占領軍の意向が強く反映したものだった。
② 「記者クラブに関する日本新聞協会編集委員会の見解」（1978年）──
　　「その目的はこれを構成する記者が、日常の取材活動を通じて相互の啓
　　発と親睦をはかることにある」へと性格付けが一部変わった。
③ 「記者クラブに関する日本新聞協会編集委員会の見解」（1997年）──
　　記者クラブを「取材拠点」と位置付けた。「親睦・社交」「相互啓発・親
　　睦」から「取材拠点」への変化だった。
④ 「記者クラブに関する日本新聞協会編集委員会の見解」（2002年）──
　　「取材・報道のための自主的な組織」とした。この見解は、記者クラブ

第Ⅱ部　マス・コミュニケーションとジャーナリズム

と記者室との区別を明確にした上で，改めて「組織としての記者クラブ」を規定した。記者クラブの機能・役割は，〈1〉公的情報の迅速・的確な報道，〈2〉公権力の監視と情報公開の促進，〈3〉誘拐報道協定など人命・人権にかかわる取材・報道上の調整，〈4〉市民からの情報提供の共同の窓口――である。

このように記者クラブの位置づけは変化してきたが，「記者クラブに関する日本新聞協会編集委員会の見解（2002年）」においても，記者クラブの必要性は次のように説かれている。

「重ねて強調しておきたいのは，記者クラブは公権力に情報公開を迫る組織として誕生した歴史があるということである。インターネットの普及が著しい現在，公的機関のホームページ上での広報が増え，これに対して電子メールなどを通じた質疑・取材が多用されるようになり，公的機関内に常駐する機会が少なくなることも今後は予想される。だがその結果，記者やメディアが分断され，共同して当局に情報公開を迫るなどの力がそがれる危険性もある。そうした意味でも記者クラブの今日的な意義は依然大きいものがある。記者クラブは，記者の個人としての活動を前提としながら『記者たちの共同した力』を発揮するべき組織である。個々の活動をクラブが縛ることはあってはならない。」

日本新聞協会が，こうした主張を展開していることから，記者クラブは今後も存在し続けていくと思われる。また最近はかなり多くの改善が施されてきたものの，記者クラブの閉鎖性，そして情報源（特に政治エリート）との密接な関係といった問題点は残されたままである。

記者クラブと密接に関連して批判されるのが，いわゆる「発表ジャーナリズム」（原寿雄）と呼ばれる取材手法である。発表ジャーナリズムとは，ジャーナリストが自ら取材することなく，政治家や官僚機構などの公的機関の発表に依存して記事を書いたり，あるいはそうした発表をそのまま記事にしたりすることを指す。この場合，当然のことながら，ニュースが画一化する可能性，さらには情報操作が生じる可能性は高くなる。

さらに，ジャーナリズムの有するこうした傾向は，マス・メディアによっ
て繰り返される「誤報」を生み出す原因になっているとも言える。ちなみに，
日本のマス・メディアで誤報が繰り返し生まれる原因としては，次の三点が
指摘されている（後藤，1996：5 - 7）。

① 犯罪報道では捜査当局を最大で最重要の情報源にしていること。

② 時間に追われ，確認が不十分なまま見切り発車式に報道してしまうた
　め。

③ ほかの新聞，テレビなどとの過剰な競争心理。

(6) ニュースの共通性の要因③──客観報道──

　近代社会ではジャーナリストは，客観報道というスタイルを取り入れるこ
とにより，社会からの信頼度を高めてきたという側面をもつ。すなわち
ジャーナリストは，主観性を極力排除し，収集した事実に基づいて出来事を
客観的に再現すること，それこそが報道の正しいあり方というわけである。
その一方で，そうした客観報道という手法が，ニュースの共通性をうながし
てきたのは明らかである。

　日本においても，先に示したように，新聞倫理綱領では「正確と公正──
新聞は歴史の記録者であり，記者の任務は真実の追究である。報道は正確か
つ公正でなければならず，記者個人の立場や信条に左右されてはならない。
論評は世におもねらず，所信を貫くべきである」ことが明示されている。ま
た放送法でも，「政治的に公平であること」「報道は事実をまげないでするこ
と」「意見が対立している問題については，できるだけ多くの角度から論点
を明らかにすること」が定められている。

　また，報道が客観性を有するための要件については以下のように分類され，
考察が加えられている（Westerstahl，1983；McQuail，2010）。これらの見解
によれば，「客観性（objectivity）」は，「事実性（factuality）」と「不偏性
（impartiality）」，という二つの要件によって構成されると考えられている。こ
のうち「事実性」は，「真実性（truth）」と「関連性（relevance）」という基

準から成り立つと捉えられている。また,「不偏性」は,「均衡性（balance)・非党派性（no-partisan)」と「中立的な表現（neutral presentation)」という基準から成り立っていると把握されている。そして,各々の基準について次のような説明が行われている。

① 「真実性（事実性)」——この基準は,客観性の構成要件のなかで中心にあると考えられることが多く,客観性と等置されることもある。この基準が重要となるのは,多様な意見を提示する場合よりも,出来事の経過を報じる場合である。

② 「関連性（事実性)」——この基準は,現在社会で問題になっている複数のニュース項目の関連づけにかかわる。また,ある特定の事件が推移する中で,複数の出来事のうちどの出来事を関連づけるかという基準にかかわる。それは,ジャーナリズムが行う選択である。この基準は,ニュースをどのようなストーリーとして提示するのか,という作業と密接にかかわる。

③ 「均衡性・非党派性（不偏性)」——この基準が問題となるのは,一般に対立する集団を報じる時である。均衡性は,それぞれの集団に関する報道量,それぞれの集団の主張を報じたか否か,また報じた場合には肯定的に報じたか否かといった基準によって測定される。

④ 「中立的な表現（不偏性)」——この基準に反するのは,取材対象に同調しているか,あるいは拒絶しているかという記者の姿勢が報道の中で示される場合である。この基準は,論評ではなく事実報道のみに適用される。

こうした客観報道というスタイルは,ジャーナリズムのみならず,社会全般で幅広く受容されてきた。そして,この種の報道姿勢は,先に見たような発表ジャーナリズムといった取材方式と関連しながら,報道されるニュースの共通化,さらには画一化を促進してきたのである。

(7)　ニュースの共通性の要因④——ニュースの物語——

　先に掲げた「ニュースの伝統」というのは，社会的出来事がジャーナリズ
ムの中で伝統的に培われてきた「物語」にそってニュースへと変換されると
いう状況と関連する。ただし，忘れてはならないのは，こうした物語が
ニュースで使用される言葉（言語）の問題とも密接に関連するという点であ
る。というのも，どのような言葉（言語）を用いて社会的出来事を説明する
かということは，その出来事の定義づけや意味づけそのものだからであり，
そのことは同時にニュースの物語にとって決定的に重要になるからである。
実際，「言語論の多くが焦点をあわせてきたのは，人々が言葉（言語）をど
のように活用して——すなわち，物語，レトリック（比喩），そしてフレー
ムを通じて——社会をより明確に理解しているかという問題であった」
(Zelizer, 2004：128) という指摘もある。比較的類似の言葉（言語）を使用
したニュースの物語の構築，それがニュースの共通性を生み出す重要な要因
だと言える。

　以上の点を踏まえて，ここで言う物語とは，まず以下に示すように出来事
の推移に関するものがある。

① 　一定期間内における社会的出来事の発生，展開，終結という物語。
② 　対立や紛争が存在し，それが合意，調停，妥協によって解決がはから
　　れるという物語。
③ 　成功から挫折という物語（その逆も当然ある）。

　ジャーナリストによって，こうした物語性を備えていると判断された出来
事は，ニュース・バリューが高まり，報道される傾向が高くなる。というよ
りも，ジャーナリストは，出来事をこうした物語にそって記述し，その枠に
はめながら報じる傾向が強いと言える。その結果，各メディアが報じる
ニュースの共通性は高くなるのである。

　さらに，ここで注目したいのは上掲の「対立や紛争」を出発点として構成
される物語である。「対立や紛争」といった出来事をめぐっては，それに当
事者として関わる人物，組織，さらには国家について，メディアは「善」と

「悪」といった物語を用いて報道する傾向が強くなる。特に，犯罪や政争に関する報道，さらには地域紛争や国際紛争を扱う戦争報道などでは，この手の物語が頻繁に採用されている。

　ここで強調されるべきは，「善」と「悪」という物語が，ジャーナリズムのみならず，それが属する社会の規範的かつ支配的な価値観と連動することが多いという点である。この問題を国民国家という単位で考える際，「善」と「悪」という物語が，「我々」と「彼ら」という物語と密接に結びつくケースが多々あるという点はきわめて重要である。なぜなら，「我々」と「彼ら」という物語は，人々の社会に対する帰属意識とそれを通じての自己認識や自己確認，すなわち「アイデンティティ」の形成や再生産という問題と深く関連するからである。人々は，ニュース，解説，論評を通じて自らと価値観を共有する（できる）人々を「我々」という範疇に組み入れる。その一方で，自らと価値観を共有しない（できない）人々を「彼ら」という範疇に組み入れ，そうした人々やそれらの人々が抱く価値観を排除しようとする。

　こうした過程が，国民国家のナショナリズムの生成や再生産と連関するのは明らかである。「我々」と「彼ら」という物語を採用するマス・メディア報道は，国民国家のナショナリズムの形成，ないしは再生産と密接に連関している。この種の物語はまた，「国益」という具体的な物語へと転化され，国内の政策決定過程，さらには戦争報道や国際紛争・地域紛争などをめぐって生じるマス・メディア報道や世論動向に大きく作用することもある。

　欧米諸国のイスラム報道を事例に，国際報道の領域でこの問題について検討してみる（サイード，1981 = 1986：参照）。欧米社会を拠点とする有力なマス・メディアは，欧米社会とイスラム社会を対比させ，「近代社会」対「伝統的社会」，「民主主義体制」対「権威主義体制」，「キリスト教社会」対「イスラム教社会」といった二項対立図式に拠りながら国際問題や地域問題を報道する傾向が強い。そして，「近代社会」，「民主主義体制」，「キリスト教社会」が優位に立つという価値観を国際社会に普及させてきたのである。こうした価値観は，欧米諸国のみならず，それ以外の先進産業諸国，例えば

日本でもおおむね受け容れられている。そして，それらの国々は，欧米諸国を中心に国境を越えて「我々」意識を形成してきた。その一方で，イスラム社会とそれに属する人々は，「彼ら」という範疇に入れられ，否定的な評価を受ける傾向が見られる。

　以上見てきたように，対立と紛争という物語，「善」と「悪」の物語，そして「我々」と「彼ら」の物語によって，出来事は単純化され，定型化されて報じられることになる。それゆえ，この種の物語については，マス・メディアのニュース，解説，論評の共通化を導く重要な要因と考えることができる。そして，そうした報道姿勢が同時にそれらの物語を再生産し，たとえば国民国家における，あるいは欧米主導型社会における規範的かつ支配的な価値観の再生産に大きく寄与することになるのである。

　このような観点から検討してみると，ニュースの物語が決して一つのニュースの中だけに存在するわけではなく，複数のニュースが結びついて構成されることが明らかになる。この点を踏まえるならば，ニュースの物語は以下のように分類されることになる。

① ある出来事に関して報じられる，一回のニュースの中で展開される物語。
② ある出来事に関して継続して報じられる，複数のニュースの中で展開される物語。
③ 複数の関連する出来事に関して報じられる，複数のニュースによって構成される物語。
④ 一見関連性があるとは思われない複数の出来事に関して報じられる，複数のニュースによって構成される物語。

　このように，国民国家における支配的価値観，国益，ナショナリズムといった問題にまで関心を拡大するならば，ニュースの物語に関しては重層的に把握する必要があることが了解される。すなわち，さまざまなニュースの中に埋め込まれた物語が互いに連動しながら，支配的価値観という「大きな物語」を再生産していると考えられるのである。

(8) ニュースの共通性の要因⑤——テレビ・メディアの特質——

　ニュースの共通性という問題は，マス・メディアの受け手の獲得をめぐる過当競争（＝商業主義）と，そうした競争で優位に立つための過剰な表現による報道（＝センセーショナリズム）とも深くかかわっている。ここでは，この種の問題を中心にテレビ・ニュースについて考えてみる。テレビ・ジャーナリズムの場合，そうした商業主義やセンセーショナリズムが，より直接的に情報内容に影響を及ぼすことがしばしば指摘されてきた。とくに「視聴率至上主義」といった批判がテレビにはつねに向けられてきた。この問題は，相互に密接に関連する以下に示す三つの特質，ないしは「主義」としてまとめられている（原，1997：30 – 48）。

　①　現在主義——テレビは，リアルタイムで画像・音声情報の伝達が可能なので，生中継に偏重しがちで，情報内容の吟味が不十分な内容となる可能性が高くなる。

　②　映像主義——テレビ画像は臨場感があり，受け手の感性に訴えるのに有効であるが，そのために「絵」になる情報が重視されがちになる。重要でも絵にならないと，その出来事はニュースになりにくいという傾向がテレビ・ジャーナリズムの特徴となっている。

　③　感性主義——これは，行き過ぎた面白主義の番組に見られる，知的ないしは理性的面白さから目をそらす，低俗な感性への依存主義のことである。

　このように，テレビ・ジャーナリズムの特質は，第3章の「マス・コミュニケーションの機能」の節で触れたテレビのメディア特性，それから生じるテレビの社会的機能と密接にかかわっている。テレビ・ニュースの上記の「主義」は，ソフトなニュースの増加，あるいはインフォテイメント（infotainment）現象と呼ばれるテレビ・ニュースの娯楽化といった傾向とも深くかかわっている。加えて，やはり第3章でも述べたように，日本のテレビ局と全国紙との関連の強さは，テレビのメディア特性とは別の意味で，メディア間でのニュースの共通化の増大の傾向を強めてきたと考えられる。

6－6．ジャーナリズムと「現実」の社会的構築・構成

(1) 濾過と省略の作用

　これまで見てきたように，ジャーナリストは，自ら習得したニュース・バリューにしたがって社会的出来事を選択・編集し，そしてニュースへと仕立てあげる。したがって，ジャーナリストの仕事については，現実を映し出すというよりも，出来事をフィルターにかけて濾過し，社会についてのイメージを構築し，構成する役割を果たすととらえるほうが適切である。

　ただし，この濾過という作業は，たとえば事実の「歪曲」というように決して否定的のみにとらえられるべきではない。というのも，一つにはこの作業こそが，その出来事の社会的重要性をジャーナリストが「発見」し，そのことを一般の大衆に訴えることだからである。それに加えて，ある出来事をメッセージとして他者に伝えるという，コミュニケーション過程に含まれる技法的な必然性も考慮されねばならない。この点については，人間の「表現行為」に関する次の指摘が多くの示唆を与えてくれる。

　　「表現は対象のすべてを描けない。いや描こうとはしないのである。むしろ，なるべく省略の度合を高めることが，表現の経済原則に合致するのである。……表現はすべてを描かないが，すべてが表わされているような感じをいだかせることを目指している。それを可能にしているのが，受容者側の補償の作用である。」（傍点引用者：外山，1969：137）

　この指摘にあるように，人間は他者に出来事を伝達する際，つねに「省略」という手法を用いる。ジャーナリストも，むろんその例外ではない。受け手の側も，表現されたメッセージを自ら解読し（受容者側の補償作用），それによりマス・コミュニケーションという社会過程は成立している。この「省略」という手法は，新聞などの印刷メディアにおいてのみ用いられるわけではない。この手法は，テレビの生中継も含め，放送メディアにおいても使用されている。というのも，テレビは視聴者に社会的出来事を即時的かつ

直接的に提示しうるというメディア特性を有するものの，そこではやはり現実を「切り取る」作業が必ず行われており，その作業もここで言う「省略」の一部と考えられるからである。

　こうした表現行為にまつわる技法上の問題に加え，ジャーナリストも自らが属する社会の一員であるという点をあらためて認識する必要がある。すなわち，ジャーナリストにしても他の人間と同様，社会的な存在なのであり，そうしたジャーナリストの行為の集合体であるジャーナリズムの活動も，言うまでもなく既存の社会に組み込まれた社会的活動と見なしうるのである。

(2)　現実の社会的構築・構成①——擬似イベント——

　この問題について，第1章で考察を加えた「『現実』の社会的構築・構成モデル」を参照しながら考察してみたい。マス・コミュニケーション過程やニュース制作過程に関する従来の研究は，「現実」の社会的構成を，「社会的出来事（客観的現実）→マス・メディア報道（象徴的現実）→受け手（主観的現実）」という一方向の流れのなかでとらえてきたと言える。これまで何度も言及してきた（マス・）コミュニケーションの効果・影響モデルはその代表である。ところが，すでに述べたように「現実」の社会的構築・構成の過程は，それよりはるかに複雑であり，一方向的な見方だけによってとらえることは困難である。この問題について，ここではマス・メディアによって報道されることを前提に企画され，実施される「擬似イベント」とそれについての考察を取り上げ，「現実」の社会的構築・構成について考えてみる。かつてブーアスティンは，擬似イベントの特徴を次のように整理している（ブーアスティン，1962 = 1964：19 - 20）。

　①　自然発生的（たとえば，列車の転覆とか地震）でなく，誰かがそれを計画し，たくらみ，あるいは扇動したために起こる。

　②　本来，報道され，再現されるという目的のために仕組まれたものである。

　③　現実に対する関係はあいまいである。何が起こったのかという問いで

はなく，それはどういう意味かという質問が重要性をもつ。

④　自己実現の予言としてくわだてられるのがつねである。

このように擬似イベントというのは，マス・メディアによって報道されるという「象徴的現実」の構築が最初に想定され，それに応じて社会的出来事という「客観的現実」が構築されるという流れを示したものである。すなわち，従来の影響の流れとは逆の，「象徴的現実」から「客観的現実」へという影響の流れが提示されたのである。

こうした「現実」の構築・構成のされ方は，テレビが普及してきてからは一層日常化している。擬似イベントに対しては必ずしも批判的あるいは否定的な評価を行うことは適切ではないが，しかし擬似イベントがさまざまな問題を提起してきたのも事実である。たとえば歴史的に見るならば，ドイツ・ナチズムによるさまざまな擬似イベントの遂行が，ファシズム体制の強化に大いに貢献したことは，その代表的な事例である。さらに，個人によって仕掛けられたこの種の擬似イベントが，情報操作や世論操作と結びつき，時として社会に深刻なダメージを与えることもある。

たとえば，1953年から54年にかけて全米を震撼させたマッカーシズムはその典型的な例である。周知のように，当時上院議員であったJ. マッカーシーは，反共主義の立場から不正確な，あるいは虚偽の資料を用いて，全米にいわゆる「赤狩り旋風」を巻き起こした。その際，マッカーシーは次のような戦術を用いたのである。「かれ（＝マッカーシー）はしばしばこの退場戦術（＝公聴会の席上で議長の議事進行を批判するなどして，退席してしまう）を新聞の締切時間に合わせて実行した。かれは締切時間がいつかを知っており，共産主義者を探し出すという大切な仕事の面で新聞記者の報道に値するようなことができていない場合には，なにかもめごとをつくり出して，公聴会をおしまいにするとか，そうでなければ自分は廊下に出られるようにし，忽ち何か突飛なことをでっちあげるのであった。」（カッコ内引用者；ロービア，1959 = 1984：78）

(3) 現実の社会的構築・構成②──メディア・イベント──

　擬似イベントは，マス・メディア，特にテレビの急速な普及とともに社会
に氾濫してきた。その一方で，マス・メディアそれ自体が，自らの手でイベ
ントを計画し，実行するケースも数多く見られるようになった。また，ダ
ヤーンとカッツは，擬似イベント論を発展させ，独自の視点から「メディ
ア・イベント」論を提示した。メディア・イベントとは，主としてテレビ中
継による「日常の中断であり，放送と私たちの生活がもつ通常の流れに対す
る介入」を行うものであり，それは一種の「セレモニー政治」として位置づ
けられている（ダヤーン＝カッツ，1992 = 1996：18）。彼らは，①元首や皇
族などの戴冠式や結婚式といった「戴冠型」のメディア・イベント，②人類
が一大飛躍を遂げたことを示す「制覇型」のメディア・イベント（たとえば，
アポロによる月面着陸，エジプトのサダト大統領によるイスラエル訪問と中
東和平の進展），そして③サッカーのワールドカップやオリンピックなど一
定のルールにしたがって勝利を競う「競技型」のメディア・イベントに分類
した。そして，メディア・イベントの特徴を以下のように要約している。

　　「いくつかの（テレビ）ネットワークが，一致して同じイベントを放送す
　　ることによって，視聴することの価値が強調され，視聴を義務とする感覚
　　が強められる。メディア・イベントは，視聴者を一人だけでなく集団的に
　　テレビの前に集めることを通じて，視聴者がそのイベントを『祝う』よう
　　うながす。……こうした放送は，集団の鼓動の中で社会を統合し，社会と
　　その正統的権威に対する忠誠を更新するよううながすのである。」（カッコ
　　内引用者；同：23）。

　メディア・イベントは，視聴者さらには国民のイベントへの参加をうなが
し，あるいはそれを予測・期待して企画される。こうして見ると，メディ
ア・イベントは，政治・社会の統合に大いに寄与する可能性を確かにもつ。
というのも，この種のイベントを通じた「儀式への参加をとおして近代国家
の市民は，シンボリックなかたちでしか見えない，より大きな政治勢力に自
己同一化する」（カーツァー，1988 = 1989：10）ことが可能になるからであ

る。すなわち，メディア・イベントを通じて人々は国民的アイデンティティ
を形成，ないしは再生産するのである。

　このようにメディア・イベントは，テレビ視聴を通した一般の国民の間接
的参加を前提として計画され，実行されている。この種のイベントでは，マ
ス・メディア報道による一般の国民の関心の高まりといった「主観的現実」
の変化，およびそれによって生じる意味や評価を考慮しつつ「客観的現実」
それ自体が生み出されていると言える。これについては，「主観的現実」が
「客観的現実」や「象徴的現実」の構築や構成に影響を及ぼす流れと理解で
きよう。

(4) マス・メディア組織内での「現実」の社会的構築・構成

　これまでの考察を踏まえて，次に，ジャーナリズムの活動を中心に据え，
「現実」の社会的構成についてより詳細に検討してみたい。ここで強調して
おきたいのは，マス・メディアの社会的影響力，すなわち「象徴的現実」の
影響力が強く，それへの依存度が高い社会においては，「現実」の社会的構
築・構成について考える際には，とくにマス・メディア組織に属するジャー
ナリストやマス・メディア組織内部における「現実」の構築・構成過程に関
する検討が重要になるという点である。そこで，こうした過程を，第1章で
示した「『現実』の社会的構築・構成モデル」に依拠しつつ，個々のジャー
ナリストの行為やマス・メディア組織の活動，さらにはその総体としての
ジャーナリズムの活動について考察を行うことにする。

　第一に指摘できるのは，個々のジャーナリストというのは，社会の構成員
として自ら「主観的現実」を構築・構成しながら「象徴的現実」の構築・構
成に関与し，参加しているという点である。ジャーナリストたちは，他の一
般の人々と同様，「対象の重要な部分に注目し，それを印象に留め，同じよ
うにして印象に刻まれたほかの対象の重要な部分をとり合わせる。こういう
操作を無限にくりかえして現実感を構成する」（外山，1975：55）という
「編集」作業を個人のレベルで行っているのであり，その一環としてニュー

スの生産に携わっていると見ることができるのである。

　それに関連して第二に，マス・メディア組織と個々のジャーナリストの関係について述べてみたい。「象徴的現実」の構成に大きな影響力をもつジャーナリストたち，とくにマス・メディア組織の構成員にとっては，前節で見たように，先輩・同僚・後輩記者という「第一の読者」や，他社の同一分野の競争相手という「第二の読者」の存在，およびそれらが個々のジャーナリストの「主観的現実」の構築・構成に及ぼす影響力の大きさが重要だということである。すなわち，ジャーナリストの価値観のなかに，定型化された職業専門組織としてのマス・メディア組織の「論理」が入り込み，それがたとえばニュース・バリューとして機能していると考えられるのである。こうした「論理」が読者や視聴者の多数派と連動することも多々あるが，その場合には，個々のジャーナリストは，社会的出来事の重要性を発見し，自らの問題意識だけに照らして報じることは困難になる。そこでは，「社会的出来事の選択・取材，記事作成，編集・整理」といった本来ならばすぐれて主体的かつ創造的なジャーナリストの行為は，定型化された日常業務に過ぎなくなってしまうのである。

　第三に，ジャーナリストたちが活字や映像などを用いて行う社会的出来事の「再現」という行為について検討してみたい。そうした行為が，多くの場合，社会的出来事の当事者，あるいは観察者によって切り取られた「現実」を，再度切り取るという作業だということに留意する必要がある。ジャーナリストは，社会的出来事を再現する際に，他のジャーナリストの報道も含めさまざまな情報を活用するが，その情報自体が情報提供者によってすでに切り取られ，編集されたものなのである。前述したマッカーシーによる共産主義者の「告発」はその極端な例であり，また「誤報」が生まれる原因の一つもこの点に求められる。ニュースの生産過程では，ジャーナリスト自身が情報源との関係においてはつねに情報操作の対象とされているというわけである。記者会見などによる公的機関からの一方的な説明や配布資料にもとづいたニュース報道，さらには日本の場合にはそうした情報収集の手段を支える

記者クラブの存在が，つねに批判の対象とされる理由もここにあると言えよう。

　ジャーナリストが「象徴的現実」を構築・構成する過程を観察し分析する際には，以上述べてきたような点を認識することが重要だと思われる。こうした観点に立つことにより，ジャーナリズム活動の問題点が，あらためて浮き彫りになったであろう。これらの問題点を克服し，個々のジャーナリストが自らの社会的責任を果たすためには，ジャーナリズム組織の「論理」をつねに相対化するとともに，「客観的現実」に対して可能な限り直接に接近し，接触することが必要とされる。ジャーナリズムの世界において，「調査報道」が多くの注目を集め，高い評価を得ている理由もこの点に求められる。というのも，この種の取材・報道は，ジャーナリストが自ら鋭い問題意識をもち，長期にわたり綿密な取材を行い，それをより広範な社会的・歴史的な文脈のなかに位置づけ，説得力のある表現形態を用いて，受け手に訴えかける可能性を有しているからである。

6－7．新たなジャーナリズムの模索と課題

(1)　ニュー・ジャーナリズム

　マス・メディア報道では，すでに述べたようにさまざまな「物語」が重層的に存在し，それがニュースの共通化を促進してきた。社会的出来事を「物語化」して伝えるというジャーナリズムの姿勢，およびジャーナリズムが再生産する「物語」が，多くの問題をはらんでいることについて，これまで論じてきた。他方，こうしたジャーナリズムのあり方を批判し，もう一つのジャーナリズムを模索する動きが主に欧米社会で生じ，それが日本にも導入され，多くの成果を生み出してきた。ニュー・ジャーナリズム，ノンフィクション，そしてルポルタージュと呼ばれる一群の手法がそれにあたる。鎌田慧の次の発言は，いまだにジャーナリズムの方向性の一つを示すものと評価

できよう。

「新聞は，事件を中心に報道する。異常なことを中心に報道するというのが一方であるとすると，やはりぼくらの仕事は，異常なことというよりもうすこし日常の中でどういうことが進んでいるのか，それが，どちらの方向にむかっているのか，それを，生活の場に即して書いていくことだと思っています。……つまり，日常性の中で日常的な問題をドラマ化していく，浮き上がらせていく。」(鎌田，1992：17)

こうしたニュー・ジャーナリズムの問題意識は，その文体にも変化をもたらしてきた。すなわち，書き手の視点や価値観，そしてそれらを通して初めて探り当てられた諸事実が前面に出され，それに応じて文体も作品の構成も変化するようになったのである。それは，無署名記事や客観報道主義に依存するジャーナリズムからの脱却という側面も持ち合わせていた。その点を問題にした場合，ニュー・ジャーナリズムを「物語の語り手」をもったジャーナリズムと特徴づける以下の指摘は重要である。

「ニュー・ジャーナリズムが旧来のジャーナリズムと区別されうるとすれば，この新しく付け加えられた言語の装置，ジャーナリズムの言語が物語の語り手をもったという一点にかかわっているといっていい。……少なくとも，ジャーナリズムの言語が語り手をもったということで，小説の言語と地続きになったことは確かである。それは言語の指示表出性のみにかかわろうとする無署名性の言語，表出主体というものをかぎりなく無化していくことを理想としているジャーナリズムの言語が，そのベクトルを逆向きにとったことを意味している。」(玉木，1992：69－70)

ただし，ここでニュー・ジャーナリズムと対比されているジャーナリズム，特に新聞の側も，調査報道をはじめとする新たな報道スタイルの重要性を認識し，従来の「物語」や「文体」の枠を越える試みを行うようになってきたが，その点は注目に値しよう。また，いわゆるバブル経済の崩壊以降，時代の要請もあり，とりわけ社会面では家族観，宗教観などについての企画記事が増大し，それとは逆に特異性のない殺人事件の扱いが減少してきたという

指摘が行われたこともある（新聞報道研究会編，1995：84）。さらには，テレビ・ニュースに関しても，ニュースの時間枠の増大にともない，いわゆる「特集」の時間も設けられるようになった。この種の調査報道や企画記事，そしてテレビ・ニュースの「特集」は，以下に示すルポルタージュの問題意識と少なからず共通するはずである。

　「ルポルタージュは，現在から描いてもいいし，過去から描いてもいいのだけれど，やはり現在と過去とがつながっていて，それからその先はどこまでみえるかはべつにしても，先につながっていくはずのものです。あるいは……先がそこから変わっていく，現在の動きの中から未来が変わっていくというその先をみたい。変えることに参加したい。そういう方向にむけたものを読みたいし，書いていきたい。」（鎌田，1992：171）

　こうした試みは，テレビのなかでは例えばドキュメンタリーという手法で一時期活発化したこともあった。しかし，その試みや機運は，テレビ番組の商業化が進むなかでしだいに減退していくことになり，現在にいたっている。

(2) インターネット時代のジャーナリズム

　インターネット社会の中で，ニュースの制作，流通，受容，いずれも大きく変化し，ジャーナリズムもその影響を大きく受けるようになってきた。こうした変化は，以下の三点に要約されている（伊藤，2019：68 − 71：図6 − 3）。

　① ニュースの「送り手」の爆発的増大。既存のマス・メディア以外に，政府，自治体，企業，様々なネット・メディアが参入，ソーシャル・メディアを通じた一般市民や専門家からの発信の増加。様々なニュースや情報を集めて発信する「プラットフォーム」の重要性の増大。

　② ニュースの「受け手」の変容。スマートフォンの普及などによる情報入手回数の増加，多様な情報入手の機会の増大，断片的あるいは不確実な情報に接触する可能性の高まり。

　③ 従来のマス・メディア型に加え，流通するニュースの形態，内容，質

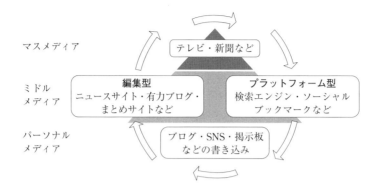

図6-3　3層構造化したメディアが生む「ニュースの循環」

出典：藤代，2019：29

の多様化の一層の進展。

　インターネットは，一般市民が発言でき，自分が入手した情報を掲載することができ，時には世論形成に直接にかかわることができるという特性，すなわち開かれた参加型メディアという特性を有している。また，スマートフォンなどを活用して，政治集会や政治運動に参加を促す呼びかけも行われようになり，政治や社会の場に新たな要因を付け加えるようになった。

　しかし，前述したように，ネット世論は，匿名性が高く，感情的である場合が多く，事実に基づかない無責任な発言によって占められることが多いという批判も絶えない。メディアが急速に変化し，それを取り巻く社会も大きく変化するなかで，専門職業人としてのジャーナリスト，そしてジャーナリズムは，いかなるメディアを用いようとも，これまでの歴史を背負いながら，その社会的責任を果たすための模索を続けていかなければならない。

第Ⅲ部

情報化の進展と
コミュニケーションの変容

第7章　情報化の進展と情報社会論

　近年，インターネットに象徴されるニューメディアやデジタルメディアの
開発・普及が一段と進み，情報化が急進展してきた。後述する情報社会論で
は，情報化により，コミュニケーション過程のみならず，コミュニケーショ
ンの当事者間の社会関係，さらには社会構造・文化構造までもが大きく変化
してきたことが論じられ，その傾向が今後も継続していくことが展望されて
いる。本章では，いくつかの観点からこの問題について検討してみる。

7-1. 情報化のとらえ方

　ここでは，情報社会論を中心に主張されてきた上記の見解および展望につ
いて考察を加えることにしたい。そこでまず情報化について，第2章で提示
した「『情報／コミュニケーション／社会』の関連図式」に依拠しつつ，こ
こでは次のように定義してみる。

　「物理的情報装置の発達を基盤として，情報の生産過程（収集，処理・加
　工，蓄積・発信）と流通（＝伝達）過程，さらには消費過程（受容，処
　理・加工，蓄積）といった各局面における大量化・多様化・高度化が進み，
　社会の諸領域において情報の比重が高まること。なお消費過程において
　『受容，処理・加工，蓄積』された情報が再び伝達されることもある。」

　この定義のなかの「物理的情報装置」とは，第2章で見たように，①コ
ミュニケーション・メディア，②交通機関，③情報の生産・流通・消費が活
動の中心をしめる制度化された組織の諸施設，すなわち学校，軍隊，教会，

企業などの「教育」施設を指す。また、「社会の諸領域において情報の比重が高まる」という部分は、「社会の情報化とは、この社会に存在するすべての物財、サービス、システムについて、それらが持っている機能のなかで、実用的機能に比して情報的機能（例えば、他のものとの差異化をはかるための色やデザイン、さらには価格）がしだいに高まっていく傾向」（カッコ内引用者、林、1969：61）という指摘にもとづくものである。この点については、さらに次のように説明が加えられている。

> 「商品の中に占める情報性コスト（＝商品が情報的機能を具備するために要したコスト）の比重がだんだん高くなる傾向は、とりも直さず、すべての産業がそのぶんだけ情報を売る要素が強くなることであり、いいかえれば情報産業化することになるわけである。」（同：70）

社会における情報の比重の高まりという傾向については、上記の観点に加え、人々を取り巻く情報環境の拡大という点から論じることも重要である。すなわち、本書でもこれまで再三指摘してきたように、産業社会が成熟し、高度化するにしたがい、政治・経済・社会・文化といった諸領域において、人々を取り巻く、あるいは人々に影響を及ぼす環境の範囲が著しく拡大してきたことから、人々が環境を認識し、その変化に対応するために、物理的情報装置を積極的に導入・活用し、情報環境を拡大させる必要が高まってきたのである。なお、第2章とは異なり、本章では情報の「生産・流通・消費」という用語を使用していくが、それは情報化の進展により、情報の商品化が進んできたことを反映している。

7－2．情報化の進展とメディアの変容

(1) 情報流通センサス

（高度）情報社会論において、情報化という現象がどのように把握され、測定されてきたかという問題について、やはり日本社会での論議を中心に概

観してみる。結論を先取りするならば，情報社会論は，先に掲げた物理的情報装置のうちのコミュニケーション・メディア，なかでもニューメディアあるいはデジタルメディアと総称されるメディアを中心に据え，それらの発達や普及が社会に及ぼす影響について考察を行ってきた。換言すると，情報化の推進力をニューメディアないしはデジタルメディア，さらにはインターネットといった新たな情報通信技術の発達・普及に求め，それを前提として自らの論を展開してきたのが情報社会論だと言えよう。

　情報社会論は，これまでニューメディアやデジタルメディアを中心に概して情報化という現象を「狭義」にとらえ，未来社会について予測や展望を試みてきた。本章は，こうした特徴を有する情報社会論を整理することを目的としているので，情報化という現象をとりあえずは狭義にとらえ，その枠内で検討を進めていくことにする。「狭義の情報化」は，一般に次の傾向を指し示している。

　①　コンピュータやスマートフォンなどの端末の開発・普及。
　②　通信伝送路の整備・高度化。
　③　上記の①，②と連動して生じたメディア間の融合。

　逆から見ればこれらの傾向を構成要因として狭義の情報化という現象は成立していると考えられる。そこで以下，これらの各領域に関して，主に日本社会における情報化をめぐる動向を中心に概観してみる。

⑵　コンピュータ・スマートフォンなどの端末機器の開発・普及

　コンピュータは，当初は「電子計算機」と呼ばれていたことに象徴されるように，その機能はかつては情報処理，ないしは情報蓄積が中心であった。それが，次に見る情報通信ネットワークの高度化と関連して，インターネットとの接続などにより，情報の受信・伝達機能が急速に高度化し，まさに複合的な機能を有するようになった。こうしたコンピュータ化の進展が，情報化の基盤にあるといっても過言ではない。また，パーソナル・コンピュータの開発・普及に象徴されるように，小型化と利用の簡便化が進み，利用領域

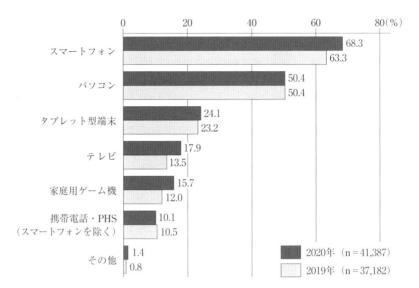

※当該端末を用いて過去1年間にインターネットを利用したことのある人の比率

図7－1　インターネット利用端末

出典：総務省編，2021：308

や利用者層も飛躍的に増大してきた。

　一般世帯における各種情報通信機器の普及率（2020年）は，パーソナル・コンピュータ70.1％，モバイル端末96.8％となる一方で，固定電話66.1％は減少傾向にある（総務省編，2021：306）。「インターネットの利用率」（2020年）は，83.4％に達している（同：307）。「インターネット利用端末」（2020年）に関しては，スマートフォン68.3％，パソコン50.4％，タブレット端末24.1％が上位を占めている（同：308；図7－1）。端末機器の性能の高度化によりスマートフォン等のモバイル端末の利用者数が増加してきた。

⑶　通信伝送路の整備・高度化

　通信伝送路の整備・高度化という傾向は，上述したコンピュータ化，すな

わち情報処理のデジタル化の進展による情報伝達機能の拡充という流れと密接に結びついている。そのうち地上伝送路について見るならば，1985年に「日本縦貫光ファイバー網」が完成し，情報のデジタル化に対応して伝送路の高度化も急速に進んだ。また，音声，ファクシミリ，データ，映像など多様な形態の情報を，大量に高品質で，かつ経済的に伝送可能なISDN（サービス統合デジタル網）の構築も進んできた。NTTは1988年からこのISDNサービスを開始した。このサービスは新規事業者の参入などもあり，回線数，提供地域数とも増大してきた。

　衛星伝送路に関しては，その利点として，きわめて広い地域を対象とした通信サービスが可能という「広域性」，地球局や受信施設さえ設置すれば簡単に通信回線の設定ができるという「回線設定の柔軟性」などが指摘されている。こうした利点が評価され，日本でも1977年に最初の静止通信衛星が打ち上げられて以来，衛星の寿命，サービス提供可能地域，伝送容量，いずれも拡大・増大してきた。通信衛星は，さまざまな通信サービス（衛星移動通信サービスも含む）のほか，ケーブルテレビへの配信，サテライト・ニュース・ギャザリング（SNG：通信衛星を利用したニュース伝送）などにも利用されている。

　近年，通信伝送路はブロードバンドの時代に入ってきた。ブロードバンドとは一般に，この図の中のケーブルテレビの広帯域の回線を利用するケーブルインターネット，そしてDSL（Digital Subscriber Line），FTTH（Fiber to the Home），FWA（Fixed Wireless Access）などの「（超）高速インターネットアクセス網」を指している。従来のナローバンド（電話回線やISDNなど）と比べて，大容量のデータを高速でやりとりできるのに加え，端末が安価に常時接続できるようになる点に特徴がある。最近はスマートフォンなどの普及により，特に無線LANの利用が増大してきた。

⑷　メディア間の融合
　メディア間の融合という現象は，上述した「コンピュータやスマートフォ

ンなどの端末の開発・普及」と，主にコンピュータ間をつなぐ「通信伝送路の整備・高度化」と連動しながら進展してきた。その中で，かつてもっとも注目を集めてきたのが，「放送と通信の融合」という現象であった。すでに検討したように（第2章，第6章），電話に代表される通信ネットワークは，基本的にはパーソナル・コミュニケーションに対応しており（送り手と受け手は，基本的には1対1），テレビ・ラジオの放送ネットワークなどはマス・コミュニケーション（送り手と受け手は，基本的には1対不特定多数）に対応していた。したがって，放送で提供される情報は，公然性を有し，社会的影響力が大きいと見なされていたことから規制の対象とされ，通信によって伝送される情報内容は原則的には規制の対象から外されていた。このように基本的には，伝送路の違いによって放送と通信の規制のあり方が異なっていた。

　ところが，放送ネットワークと通信ネットワークの共用化が進むにつれ，1990年代半ばになると，通信ネットワークを利用しながらも情報が公開されている「公然性を有する通信」，あるいは放送ネットワークを利用しながらも情報へのアクセス可能性が限定されている「限定性を有する放送」といった，放送と通信の「中間領域的サービス」が登場してきた。こうした融合現象の典型が，通信衛星（CS）を経由した放送サービス，すなわち「CS放送」である。従来は通信伝送路として位置づけられていた通信衛星だが，それを利用した「CS放送」が，1989年の放送法の改正によって認められ，1992年に実際にサービスが提供されるようになった。それまで放送事業者は，ハード（技術的設備）とソフト（番組），いずれも管理・運営していた。ところがCS放送の場合，通信衛星のトランスポンダ（＝ハード）を所有し，放送免許を受ける「受託放送事業者」と，放送番組の編集（＝ソフト）を担当する「委託放送事業者」とは別の事業者なのである。これは，「ハードとソフトの分離」と呼ばれている。

　こうした放送と通信の融合により，これまでの放送政策や電気通信政策は見直しを迫られており，現実にその作業は進められている。たとえば，2002

年には「電気通信役務利用放送法」が施行されたが，これにより通信用の衛星トランスポンダや光ファイバー，そしてADSLを用いて放送事業を行うことが可能になった。すなわち，電気通信事業者の施設を利用した放送サービスの提供が可能になったのである（藤竹編，2005：88-89，参照）。

　ただし，放送と通信の融合という現象は，メディア間の融合の一例にすぎない。デジタル技術によってメディア間の融合が一段と進展し，マルチメディア化という傾向が一般化してきた。端末と伝送路，いずれにおいても，文字・音声・画像・動画・データなどの統一的処理や伝送が可能になってきたのである。この段階に至ると，従来，通信メディア・放送メディア・パッケージ系というように別々に伝送・処理されていた各種メディアが，いずれもマルチメディア・ネットワークによって提供されるようになる。このように，メディア間の融合という現象は，利用者へのサービスという側面，およびサービスが提供されるネットワークの側面，いずれにおいても急速に進展してきた。加えて，この現象は放送・通信事業者相互の乗り入れ，さらには他業種からの情報通信領域への参入といった事業者レベルにおける融合という側面も持ち合わせている。

　こうしたメディア間の融合の象徴的な存在がインターネットである。インターネットは，技術的側面の融合を基盤として，サービス利用面でも従来のさまざまなコミュニケーション形態に対応可能なメディアである。利用者の規模を横軸に（少数—多数），そして情報の方向性を縦軸に（一方向— 双方向）とって，インターネットの多様な機能を図示したのが図7—2である（同：272）。この図に見られるようにインターネットは，以下のいずれのメディアとしても利用可能である点に大きな特徴がある（第1章「1－3　コミュニケーションの分類」参照）。

①　電子メールなどの「パーソナル・メディア」。

②　ブログや掲示板，そしてTwitter，Facebook，LINEなどのSNS（ソーシャル・ネットワーキング・サービス）などの「電子コミュニティ・メディア」。

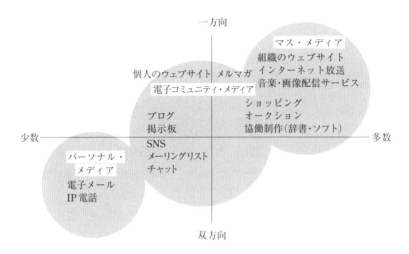

図7-2　インターネット利用形態の分類

出典：藤竹編，2005：273（一部変更）

③　マス・メディア組織などが運営するウェブサイトやインターネット放送などの「マス・メディア」。

7-3. 情報社会論と情報化政策

(1)　脱産業社会論としての情報社会論

　情報社会論における情報化の把握の仕方と情報化の現状については，以上のように要約できよう。次に，情報社会論それ自体が理論的にどのような展開を遂げ，それが情報化の推進を目指す情報化政策とどのように関連してきたかという問題に関して，いくつかの観点から整理し，検討してみる。情報社会論は，情報化の進展が大規模な社会変動を引き起こし，産業社会とは異なる情報社会を生み出しつつあることを主張する。例えばA. トフラーは，こうした社会変動を，農業文明の発生（＝第一の波），産業革命（＝第二の波）

に続く「第三の波」と名づけ，次のように述べる。

「この歴史的な変化である第三の波は過去の産業社会の延長線上にあるの
ではなく，従来の発展とはまったく方向の異なるものであり，時には激し
くそれを否定する。つまり，300年前の産業革命にも匹敵する，まさに現
代の革命とも言うべき完全な変革にほかならない。」（トフラー，1980 =
1980：500）

この指摘にもあるように，情報社会論では，産業化という傾向を主軸とし
て民主化・大衆化・都市化といった現象を通して変化・発展を遂げてきた産
業社会（＝近代社会）が，脱産業社会（＝脱近代社会）へと移行・脱皮する
ことが展望されてきたのである。やはり，情報社会論の代表的論者である
D.ベルは，情報社会が次に示す五つの要因によって構成されていると考えた
（ベル，1973 = 1975：25）。

① 経済部門──財貨生産経済からサービス経済への変遷。

② 職業分布──専門職・技術職階層の優位。

③ 基軸原理──技術革新と政策決定の根幹としての理論的知識の社会に
とっての中心性。

④ 将来の方向づけ──技術管理と技術評価（新しい予測技術の開発な
ど）。

⑤ 意思決定──新しい「知的技術」の創造（たとえばコンピュータの利
用）。

ベルはまた，脱産業社会を前産業社会や産業社会と比較しつつ，その特徴
を明らかにしている（表7─1：なお，この表は1970年代前半に作成されて
おり，1990年代には西ヨーロッパ諸国の多く，また日本も含むアジア諸国・
地域の一部は，ここで言う脱産業社会，あるいは産業社会に組み入れられる
ことになる）。

⑵ 各国の情報化政策

情報社会論におけるこうした主張は，先進産業諸国において相次いで公表

表7―1　社会変化の一般的図式

	前産業社会	産業社会	脱産業社会
地　　域	アジア アフリカ ラテン・アメリカ	西ヨーロッパ ソ　連 日　本	アメリカ
経済部門	第1次 採取業―― 　農　業 　鉱　業 　漁　業 　林　業	第2次 製造業―― 　工　業 　加工業	第3次　　　第4次 　輸　送　　貿　易 　レクリエー　金　融 　ション　　保　険 　　　　　　不動産 　　第5次 　　　保　健 　　　教　育 　　　研　究 　　　統　治
職業スロープ	農　夫 工　夫 漁　師 未熟練労働者	半熟練労働者 技術者	専門職・技術職 科学者
技　　術	資　　源	エネルギー	情　　報
構　　図	自然に対するゲーム	つくられた自然に対するゲーム	人間相互間のゲーム
方　　法	常　識 体　験	経験主義 実　験	抽象的理論―― 　モデル 　シュミレーション 　決定理論 　システム分析
時間的展望	過去志向 アド・ホック的対応	アド・ホック的順応 企　画	未来志向 予　測
基軸原理	伝統主義―― 　土地・資源の限界	経済成長―― 　投資決定の国家的・ 　私的統制	理論的知識の中心性およびその集成化（コーディフィケーション）

出典：ベル，1973 ＝ 1975：162
※「工業」はいずれも「産業」に直した。

第Ⅲ部　情報化の進展とコミュニケーションの変容

されてきた．情報化の推進をめざす構想・政策でも採用され，具体化されている。日本においても，情報化政策の主要な政策立案・遂行官庁であった郵政省（現総務省）の電気通信審議会は，『21世紀の知的社会への改革にむけて──情報通信基盤整備プログラム──』という答申のなかで，次のような見解を示している。

　「知的社会においては，モノ・エネルギーの大量消費に代わり，人間の知的営みの産物である情報・知識の自由な創造，流通，共有化が実現されなければならない。我が国が目指すべき知的社会への移行，それを支えるものが高度化された新たな情報通信基盤なのである。」（電気通信審議会，1994：はじめに）

　加えてこの答申は，情報社会への移行が，高齢化への対応，東京一極集中の是正，経済構造の改革，ゆとりある豊かな生活の実現といった国内の諸課題，そして開かれた社会への改革，文化交流の促進，環境問題への対応といった国際的な諸課題の解決にとって不可欠と主張する。

　産業社会が抱える諸問題の解決に情報化の進展が寄与するというこの種の主張は，アメリカやEUで公表されている情報化推進のための構想や政策においても見られる。たとえば，クリントン政権時代のアメリカでは，全米情報基盤（National Information Infrastructure：NII）の構築が，アメリカ社会において次のような利点をもたらすことが期待を込めつつ述べられたことがある（ゴアほか，1994：263）。

① 雇用を作り，経済成長をうながし，技術分野におけるアメリカの指導性を育てる。

② 医療費を引き下げるとともに地方の町や村にも行き届いた医療を提供する。

③ 低コストで質の高い行政サービスを提供する。

④ 急速な進歩を遂げる21世紀の職場環境に備えて子供たちの教育を充実させる。

⑤ 連邦政府，州政府，地方自治体など，あらゆるレベルで市民の政治参

加をうながし，より開かれた民主主義を実現する。

　このように情報社会論は，情報化の推進を目論む情報化政策と密接に関連しつつ，社会に対する影響力を増大させてきた。情報化に対するこうした期待，それと連動する情報化政策，さらには情報化によって生じる諸問題に関わる諸政策（サイバー・セキュリティなど）の立案や遂行も進められてきた。

　以下，参考までに世界の主要国の近況を記しておく（総務省ホームページ「世界の通信事情」2022年1月現在）。

　アメリカのユニバーサル・サービスに関しては，その推進を目的に，FCC規則に基づきユニバーサル・サービス基金（Universal Service Fund：USF）が設立され，同基金により①高コスト地域支援，②低所得層支援，③学校・図書館支援，④農村地域の医療機関支援の四つを柱とする支援プログラムが実施されている。

　EUは加盟国間で分断されているデジタル市場を統合し，「デジタル単一市場」の構築を目指している。その一方で，イギリス政府は，コロナからの回復とEU離脱後の新しい英国経済の発展を目指し，データの利用，成長及びイノベーション促進をすることで新規雇用を生み出し，公共サービスを改善することを目的とした「国家データ戦略」を発表した（2020年）。優先すべき課題として，①経済全体のデータの価値を引き出すこと，②成長促進と信頼できるデータ体制の確保，③政府のデータ利用を変革して効率を高め，公共サービスを改善すること，④データが依存するインフラのセキュリティと回復力を確保すること，⑤国際的なデータフローの推進をあげている。

　それ以外では，中国は「5G＋工業インターネット」（第5世代移動通信システム（5G）のうち産業分野のIoT（モノのインターネット）と，インダストリアルインターネットが応用重点領域），韓国は「AI国家戦略」（「IT強国を超えてAI強国へ」というビジョン），ドイツは「ギガビット社会計画」（2025年までに1Gbpsの超高速光ファイバ網の全国整備を完了），フランスは，「デジタル共和国・戦略計画」（主な目標は，イノベーションの自由，デジタル社会での権利の平等，デジタル・ディバイドの解消，デジタル・サービス

提供モデルとしての国家），をそれぞれ策定し，推進している。

7－4．日本における情報社会論と情報化政策の展開

　これまで情報化，情報社会論，そしてアメリカなどの情報化政策について概観してきた。以下では，日本社会における情報社会論の展開にしぼって検討してみたい。日本の情報社会論について先に述べた情報化政策との関わりからすると，他国と比べかなり早い段階から両者の関連は強く，それは現在もなお継続していると言える。というのも，経済発展という目標の達成に高い優先順位を置いてきた戦後日本社会では，産業構造の変革という政策課題と情報化の進展という傾向がつねに連動してきたからである。この点を念頭に置きながら，日本社会の情報社会論の展開を，以下の四つの時期に区分し，検討してみる。

　①　未来社会論（1960年代後半～70年代前半）。

　②　ニューメディア論（1980年代）。

　③　マルチメディア論（1990年代）。

　④　国家戦略としての情報化（2000年以降）。

(1)　未来社会論

　近代社会における情報を扱う産業の増大，およびその重要性の高まりについていち早く考察を加え（1960年代），その後の情報社会論に大きな影響を及ぼしたのが梅棹忠夫の「情報産業論」であった。梅棹は，「農業の時代→工業の時代→精神の時代」といった文明の発展図式を描きながら，「精神の時代」の担い手となる情報産業の意義を高く評価し，従来の発想とは異なる新たな経済学の必要性を説いた（梅棹，1988）。この発想は，前述したベルらによる情報社会論，あるいはアメリカを中心に展開されていた情報産業論や情報経済論と合流して，日本において未来社会論としての情報社会論を生

み出す契機となった。

　未来社会論は，高度経済成長を続ける日本社会の当時の現状を踏まえ，情報産業を主体とする新たな経済発展の可能性について論じていた。当時の未来社会論の有力な論者であった林雄二郎は，そうした未来社会論の一翼を担いながらも，情報化という現象について，より的確に把握することにも努めた。そして，情報化を測定するにあたり，次の三つの指標を提案した（林，1969：特に「第9章，多情報社会への道」のなかの「(2) 急速な日本の情報化」参照）。

　① 家計消費に占める情報購入のための支出の比率を表わす「情報係数」。
　② すべての商品において，情報性コストが総コストのなかに占める比率を表わす「情報度指数」。
　③ 国民総生産のなかに占める情報産業の比重を表わす「情報化度指数」。

　情報化の進展とは，これらの指数や係数が増大によって説明されうるというわけである。この当時，コンピュータをはじめ情報通信技術の成熟度が低かったこともあり，未来社会論における情報社会の描き方はそれほど具体的ではなかった。しかしながら，梅棹や林の発想は，日本社会においては，情報化や情報社会を論ずる際の準拠点として機能してきたと言える。ここで注目すべきは，通産省（現経済産業省；以下同様）の産業構造審議会が『70年代の通商産業政策——産業構造審議会中間答申』を1971年に公表し，そのなかで「知識集約型産業」の育成が強く主張されたことである。この答申は，その後の日本の産業政策の指針を示したものと評価できるが，そこでは情報関連産業が産業構造の変革を推進する中心的役割を負わせられている。このように未来社会論は，産業政策と連動しつつ，情報産業の発展とそれにともなう産業構造の変化に適応する理論や分析枠組の構築を進め，日本社会の未来を概して楽観的に描いていたのである。

(2) ニューメディア論

　その後，日本社会は1970年代に2度の「石油ショック」を経験し，それに

ともなって生じた経済の活力低下という問題に対処する必要に迫られた。その結果，楽観的に日本の将来を描く，未来社会論に代表される情報社会論に対する関心は，70年代後半には低下していった。しかし，その時期にあっても情報通信技術は着実に進展しており，情報社会論は1980年代になると，ニューメディア論として再び脚光を浴びるようになった。この背景には，やはり情報化政策を推進する政府の政策が存在していた。たとえば，通産省産業構造審議会は，『80年代通産政策ビジョン』のなかで，情報通信技術の一層の開発・普及が日本経済の将来を左右すると考え，その種の技術を経済・産業の基本に据える「技術立国」という政策目標を掲げていた。

この時期，たしかに産業レベルでのコンピュータ化の進展は著しく，また光ファイバーの敷設や通信衛星の打上げなど通信伝送路の整備・高度化も進み，さらにファクシミリやワードプロセッサなど新たな情報機器も普及し始めた。加えて，前述したメディア間の融合が初期段階とはいえ生じるようになり，従来のメディアの境界にニューメディアと呼ばれる一群のメディアが登場し始めた。

この当時の情報社会論は，ニューメディアの一層の開発・普及が，さまざまな社会問題の解決，生活の質的向上，地域社会の再形成などに寄与する可能性が高いことを主張していた。いわゆる「地域情報化」と呼ばれる一群の構想や政策はその代表である。こうした構想も，やはり政府の情報化政策にも取り入れられており，実際，通産省の産業構造審議会情報部会が公表した報告書では，次に示すような「情報社会システム」が想定されていた（通商産業省産業構造審議会編，1981：119）。

① 社会問題解決のための情報技術利用型システム──これには，医療情報システム，教育情報システム，防災情報システムといった，システムの中核技術としての情報関連技術を活用することによって，個々の社会問題を解決していこうとする分野が含まれる。

② 生活の質的向上をめざす情報提供型システム──これには，双方向CATVシステム，画像情報システムといった，個人の生活に必要な情報

を提供することにより，生活の質的向上をはかろうという分野が含まれる。

ニューメディア論や情報化政策が多くの注目を集めた背景には，これまで述べてきた日本国内の経済社会状況のほかに，情報通信分野における国際競争の激化という要因も指摘できる。さらには，それと連動して推進された一連の電気通信制度の改革といった要因もあげられる。その象徴的な出来事が，1985年4月に実施された電電公社の民営化と一連の規制緩和政策である。実際，これらの要因によって，情報通信事業への新規参入，価格競争，新サービスの提供，通信ネットワークの構築・高度化といった傾向が，ニューメディアの開発・普及と相まって進んだのである。

ただし，ここで強調しておきたいのは，ニューメディアのなかには衛星放送，パソコン通信，移動体電話網（携帯電話や自動車電話）など順調に普及してきたメディアがある一方で，文字放送，ビデオテックス（＝キャプテン），双方向CATVなど，ほとんど普及しなかったメディアも数多く存在したという点である。また，ニューメディア論が主張していたように，ニューメディアの普及が，社会問題の解決や生活の質的向上に貢献してきたかという問題についてもさまざまな角度から検討を行う必要がある（この点については後述する）。

(3) マルチメディア論

前節において見たように，1990年代になるとパーソナル・コンピュータが一段と高度化・普及してきたことにより，この時期，情報社会論はマルチメディア論へと変化していくことになった。というのも，パーソナル・コンピュータは端末レベルでのマルチメディア化を可能にし，その結果，ニューメディア論からさらに一歩進んだマルチメディアア中心の情報社会を描くことを可能にしたからである。

マルチメディア論で展開されたメディアの変容とそれを利用した多様かつ高度なサービスの開発・普及といった状況は，次のように要約できよう。そ

れは，メディア間の融合の一層の進展により，すなわち端末と通信伝送路の統合化によって（＝マルチメディア・ネットワーク），さまざまなサービスの提供が可能になる，というものである。それに該当するのは，たとえば，通信サービス，インタラクティブ（双方向）サービス，モニタリングサービス，放送型ソフト提供，検索型情報提供といったメディアソフト・サービスである（図7─3）。

　それに加えて，ここで注目しておきたいのは，マルチメディア論においては，「ネットワーク」，あるいは「（情報）ネットワーク社会」という概念が重視されるようになった点である。これらの概念は，ニューメディア論のなかでもさかんに論じられていたが，パーソナル・コンピューの本格的な普及を契機として，マルチメディア論においてより具体性を帯びて論じられるようになった。ネットワークを個人間の社会関係と関連づけてとらえた場合，その最大公約数的な定義としては，「任意加入によって構成員が決まり，加入者相互に影響を及ぼしあうグループ」（林，1994：15）ということになる。こうしたネットワークが，通信ネットワークを介してさまざまに形成され，支配的になる社会，それが「ネットワーク社会」なのである。

　ネットワーク社会論には，開かれた社会集団の存在，そして水平的な社会関係というイメージが存在する。しかも，そうした関係は電子ネットワーク上に存在する「デジタル（電子ネットワーク）・コミュニティ」と呼ばれる集団であることが期待をこめて語られたのである。それは，地域社会に根ざした伝統的な社会関係や，企業組織を中心とする近代的な社会集団とは異なる社会関係や社会集団のあり方を描くものである。マルチメディア論において，インターネットが高く評価され，多くの期待を寄せられた理由がここにある。というのも，「インターネットにより，ネットワークにつながっている者はだれでも，都市・地方・国内・国外といった地理的な制約なしに，世界中の人々と情報交換ができる。また，インターネットを利用することで，中小企業や個人でも大企業と同じレベルで，全世界相手の活動を行うことが可能となる」（郵政省編，1996：208）と考えられてきたからである。この期待は，

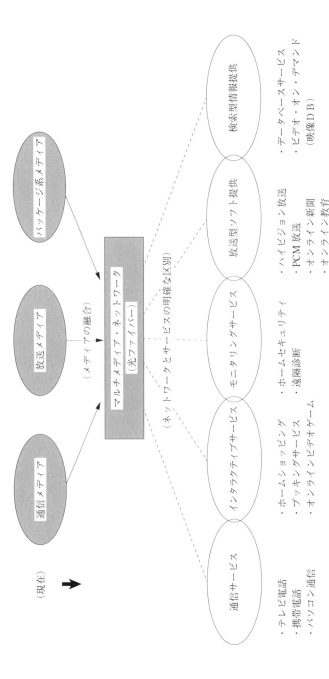

図7-3　メディア環境の変化（ラディカル・ケース）

出典：郵政省メディア・ソフト研究会，1993：51

少なくとも技術的には満たされる可能性を高め，情報の伝達・交換という面からすると実現されつつあると言える。

(4) 国家戦略としての情報化

　日本の郵政省（現総務省；以下同様）が公表した『平成8年版通信白書』を見ると，その副題は「情報通信が牽引する社会の変革——『世界情報通信革命』の幕開け」というものであり，そこには次のような記述が見られる。

　「情報通信の高度化は，世界の大きな潮流となっている。インターネットの爆発的な普及をはじめとする情報通信のグローバル化が，経済，国民生活等，各分野の構造変革を生じさせつつある。一方で，このような社会の変革に対応するだけでなく，さらにそれを推進するために，各国は，競争促進などの国内情報通信改革の政策を推進している。これらの動きがあいまって，『世界情報通信革命』とでも呼ぶべき変革が始まっている。」（郵政省編，1996：208）

　郵政省のここでの基本認識は，情報化の進展によって大規模な社会変動がグローバルなレベルで進展しており，世界各国の情報通信政策がその傾向に大きな影響を及ぼしているというものである。

　知られるように，日本政府は情報化の進展を重要な国家戦略の一つと位置づけ，これまでもさまざまな施策を講じてきた。この方針や傾向は，2000年以降より明確になったと言える。実際，新たな経済発展ビジョンを提示するために2000年10月に日本政府がとりまとめた「日本新生のための新発展政策」を見ると，その中に「IT（Information Technology）革命の飛躍的推進」という項目が掲げられている。それを受けて，2001年1月に，総務省は「高度情報通信ネットワーク社会推進戦略本部」を設置すると同時に，「e-Japan戦略」を発表した。そして，小泉首相（当時）を本部長とするIT戦略本部は，2001年6月に重点施策を発表した（IT戦略本部ホームページ）。その内容は，①高速・超高速インターネットの普及の推進，②教育の情報化・人材育成の強化，③ネットワークコンテンツの充実，④電子政府・電子自治体の着実な

推進，⑤国際的な取り組みの強化，に分類されている

　これらの政策目標は5年程度をめどに達成されることがうたわれていた。その後新たな情報通信ネットワークとして，日本独自の「ユビキタス・ネットワーク」という構想が提示されるにいたった。このネットワークは，従来の情報通信ネットワークにおいて見られた空間的・地理的制約，通信対象の制約，ネットワーク，端末，サービス・コンテンツの選択の制約，通信能力の制約，ネットワーク・リスクといった各種の制約が克服されるという特長をもつ（総務省編，2003：25）。具体的には以下の諸点が掲げられている（総務省編，2004：86）。

① 「いつでも，どこでも，何でも，誰でも」ネットワークにつながることにより，さまざまなサービスが提供され，人々の生活をより豊かにする社会。

② 「いつでも」とは，パソコンで作業を行う時だけでなく，日常の生活活動の待ち時間や移動時間等あらゆる瞬間においてネットワークに接続できるということ。

③ 「どこでも」とは，パソコンのある机の前だけでなく，屋外や電車・自動車等での移動中等あらゆる場所においてネットワークに接続できるということ。

④ 「何でも，誰でも」とは，パソコン同士だけでなく，人と身近な端末や家電等の事物（モノ）やモノとモノ，あらゆる人とあらゆるモノが自在に接続できるということ。

　このネットワーク構想は，総務省によって2004年に「u-Japan 政策」として取りまとめられ，それは高度 IT 社会の実現のための基本戦略となっている。この政策の基本思想は，以下の三つの基本軸によっている（総務省編，2005：207）。

① ユビキタス・ネットワークの整備——これまでのインフラ整備は，ナローバンドから DSL，CATV，光ファイバー等のブロードバンドへの発展という有線を中心としたものであったが，u-Japan 政策では有線・無線

を意識することなく扱うことができるシームレスなユビキタス・ネットワークをめざしている。

② ICT 利活用の高度化——これまでの ICT 利活用は情報化に先鞭をつけ，また情報化の遅れている分野を後押しすることを目的とする傾向が強かったが，u-Japan 政策では，ICT を利活用することにより，社会の課題を解決することに主眼を置いている。

③ ICT 利用環境の整備——ICT が生活の隅々にまで普及浸透することによって，サイバー社会で起こりつつある不安や障害が高まるとともに，現時点では想定していない課題が新たに生じる可能性もあり，こうした問題を未然に解消するため，利用環境面での抜本的な対策を盛り込んでいる。

　『平成22年度情報通信白書』では，「情報通信産業が成長の原動力」，「情報通信産業の市場規模は全産業の約 1 割に当たる96.5兆円で，世界同時不況の影響を受けるものの，コンテンツ・アプリケーションをはじめとする情報サービス産業は成長を維持」（総務省編，2010：112）といった記述が見られ，経済発展に寄与する情報通信という側面が一段と強調されている。その後もこうした方針は維持され，総務省が設置した「ICT 成長戦略会議」においても，さまざまな政策や構想が打ち出されてきた。そこでの重点プロジェクトは，「Ⅰ　新たな付加価値の創出」と「Ⅱ　社会的問題の解決」に分類され，具体的には以下のように説明されている（ICT 戦略会議ホームページ：2013年 6 月）。

1．新たな付加価値の創出。
　① データ活用——付加価値創出プロジェクトの推進。
　② 放送——4K・8K，スマートテレビの普及，放送コンテンツの海外展開。
　③ 農業——バリューチェーンの構築による高付加価値化の実現。
　④ 地域活性化——ICT スマートタウンプロジェクトの全国展開・加速化。
2．社会的課題の解決。
　① 防災——センサー等を活用した社会的インフラの効率的な維持管理の

実現。

② 医療・介護・健康——医療情報連携基盤の全国展開，スマートプラチ
　ナ（超高齢化社会に対応した）産業の創出。

③ 資源——衛星通信を活用した海のブロードバンド（例えば，超高速イ
　ンターネットを衛星を用いた陸上からの無人探査機遠隔操作）の実現。

このように，ICT の開発・普及を通じた情報化のさらなる進展は，各種産
業の高度化と国際化，そしてさまざまな社会問題の解決に寄与することが期
待され，それは実際に情報通信政策の中で具体化されてきた。

そこで次に，いくつかのキーワードを用いて近年の情報化政策，あるいは
情報通信政策について概観する。まずあげられるのが「Society 5.0」という
考え方である。内閣府はこの用語を次のように説明している。

「サイバー空間（仮想空間）とフィジカル空間（現実空間）を高度に融合
させたシステムにより，経済発展と社会的課題の解決を両立する，人間中
心の社会（Society）。狩猟社会（Society 1.0），農耕社会（Society 2.0），工
業社会（Society 3.0），情報社会（Society 4.0）に続く，新たな社会を指
す。」（内閣府ホームページ）

この考え方が，前述の梅棹やトフラーの情報社会論の延長線上にあるのは
明らかである。内閣府は「Society 5.0」構想にもとづいて，数度にわたって
科学技術基本計画を策定している。内閣府が策定した「第 5 次科学技術基本
計画」（2016〜2020年度）では，この構想は「超スマート社会」の実現とい
う目標として提示された。超スマート社会は「必要なもの・サービスを，必
要な人に，必要な時に，必要なだけ提供し，社会の様々なニーズにきめ細か
に対応でき，あらゆる人が質の高いサービスを受けられ，年齢，性別，地域，
言語といった様々な違いを乗り越え，活き活きと快適に暮らすことのできる
社会」と説明されている。

内閣府のこの種の構想は，社会の一層のデジタル化を前提としているし，
その推進を目標とするものである。実際，2021年 9 月にはデジタル庁が発足
し，行政府内での組織化も進んだ。また，企業などの組織レベルでは，「DX

（Digital Transformation）」として展開されてきた。DX は経済産業省を中心に検討され，デジタル化のさらなる積極的な導入による，組織変革や新たな製品やサービスの創出を目指すことがうたわれている。

加えて，「第5世代移動通信システム（5G）」と呼ばれる新たなシステムの開発や普及も示されている。このシステムは，「超高速」，「多数接続」，「超低遅延」といった特徴を持ち，IoT（Internet of Things）時代の ICT 基盤として様々な分野での活用が期待されている。

以上，日本における情報社会論と関連する情報化政策の変遷を概観してきた。そこに共通して見られるのは，これまで再三指摘してきたように，情報通信技術の発達を核とする情報化の進展を独立変数としてとらえ，情報化によって引き起こされる社会変動が従来の産業社会とは異なる社会を生み出しつつあるという認識である。すなわち，情報化の進展が，情報通信技術利用の利便性を高め，情報通信産業が経済成長促進の主要因であり，産業社会がかかえてきたさまざまな問題の解決に寄与しうるという認識である。

こうした期待や構想が存在し，これまで政策として立案・遂行されてきたからこそ，情報化という用語・概念は，日本をはじめとする先進産業諸国においてはさまざまな政策領域へと導入され，情報通信メディアは社会を変革するための重要な装置として高い評価を得るようになってきたのである。

第8章 情報化の進展とコミュニケーション過程

8－1. 情報社会モデルと文化＝コミュニケーション・モデル

(1) 情報社会モデル

　脱産業社会としての情報社会への移行の主要な推進力として考えられてきたのが，これまで述べてきたニューメディアないしはマルチメディアを主軸とする「狭義の情報化」の進展であった。これらのメディアの開発・普及を中心に据えるのが，情報社会論と連関するコミュニケーション論である。ここでは，この種のコミュニケーション論を「情報社会モデル」ととらえ，それに関していくつかの批判的考察を交えながら，理論的側面を中心に検討してみたい。

　すでに考察したように，（マス・）コミュニケーション研究の中心は，これまで送り手が受け手に及ぼす効果・影響に置かれていた。そこで主に対象とされたのは，マス・コミュニケーション過程であった。他方，情報社会モデルは，情報化の進展によりマス・コミュニケーション過程で見られた，従来の送り手／受け手という図式が変化してきたと考え，そうした状況に応じたコミュニケーション・モデルを考案する必要性を主張してきた。たとえば情報社会論において，その役割が高く評価されているインターネットによるコミュニケーションは，従来型のメディアとは異なり，時間・空間・社会関係といった制約から自由に使える可能性の高いメディアとしてとらえられるようになった。こうした新たなメディアに対応して提示されてきたのが，ここで言う情報社会モデルだと言えよう。このモデルの見解を従来のコミュニケーション・モデルと比較するならば，それは次の四点に要約できる。

① インターネットの象徴とされるニューメディアやマルチメディアの普及による情報の大量化・多様化・高度化の進展。これは，前述したコンピュータ化の進展，通信伝送路の整備・高度化，メディア間の融合によって促進される。

② 諸個人の情報行動の能動化。これは，マス・メディア情報を受動的に入手していた大衆が，多種多様なメディアに能動的かつ選択的に接触し，それから入手した大量かつ多様な情報を自ら加工・編集，さらには蓄積する機会の増大といった現象を指す。

③ 双方向型コミュニケーションの比重の増大。これに関連して，諸個人が情報を受信するだけではなく，自ら情報を発信する機会が増大する。

④ 中間コミュニケーションの活性化。マス・コミュニケーションとパーソナル・コミュニケーションの間にはさまれ，これまであまり重視されてこなかった組織コミュニケーション・地域コミュニケーションといった中間コミュニケーションがより開放的となり，その活性化が進む（ネットワーク社会論）。さらには，「電子（ネット，あるいはデジタル）コミュニティ」と呼ばれる，従来のコミュニケーション研究では分類できない，新たな中間コミュニケーションの形態が生じる（第7章，参照）。

以上の諸点から理解されるように，情報社会モデルは，第4章において論じたマス・メディアの影響力を高く評価する弾丸効果モデル，ないしは強力効果モデルとは異なるコミュニケーション・モデルを提示する。それはまた，大衆社会論によって描かれる受動的な受け手としての大衆というイメージを根本から覆すものである。この点について，前述したトフラーは情報社会論の観点から次のように述べている。

「第三の波の文明にあっては，少数のマスメディアが文化を支配するのではない。相互に作用し合う脱画一的なメディアが，実に多様な，しばしば高度に個性的なイメージを人びとの意識の流れのなかに供給する。そうかと思うと逆に，人びとの意識からそうした個性的な発想を引き出したりすることになるであろう。」（トフラー，1980 = 1982：504）

情報社会モデルのこうした考え方は，トフラー自身がそうであるように，コミュニケーション過程の変化が社会構造・文化構造に及ぼす影響という問題にまで当然たどりつく。前節で述べたように，情報社会論と情報化構想・政策との密接な関連からすると，情報社会論や情報社会モデルにおいては，そのような見解が支配的であると言える。日本においていち早く情報社会という未来像を描いた増田米二は，そこにおける社会の仕組みを「多中心的，相互補完的な社会であり，およびそれらが自立性をもって全体的な秩序を保っている機能社会」（増田，1985：40）ととらえる。そして，この見解は，先に述べた「電子コミュニティ」を「情報的自主コミュニティ」と言い換え，新たな社会関係，社会組織のあり方を次のように予測した。

　　「この種のコミュニティ（＝情報的自主コミュニティ）に人々を結集させる
　　共通のきずなになるのは，共通の価値観や生活目標であり，さらにこれを
　　可能にする技術的基礎がコンピュータ・通信ネットワークである。このよ
　　うにして形成されるコミュニティは，情報ネットワークで結ばれた機能的
　　な情報空間である。」（カッコ内引用者，同：207）

　以上の点を踏まえて，第2章で提示した「情報／コミュニケーション／社会」の関連図式にもとづいて，情報社会モデルの特徴と，そこで想定されている各層間の影響の流れについて明らかにしてみたい（図8―1）。言うまでもなく，情報社会モデルの起点は「物理的情報装置」の変化に置かれている。特に，スマートフォン，パソコン，そしてインターネットなどICTの開発・普及の進展が前提とされる。従って，この図では「ICTの開発・普及」を独立した影響要因として取り出して描いている。

　この要因の影響により，「情報の生産・流通・消費過程」の層，すなわちコミュニケーション過程において，そこで扱われる情報の大量化・多様化・高度化といった変化が生じる。この変化は，上述したコミュニケーション過程の変化に関する「情報社会モデル」の見解として示されるものである。こうした変化の結果，例えば「情報的自主コミュニティ（電子コミュニティ）」といった新たなネットワーク型組織が発生する。実際，「（地域の諸活動に）

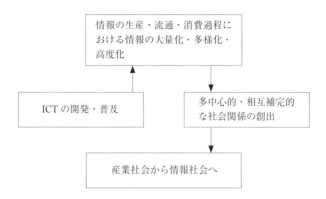

図8－1　情報社会モデルにおける「『情報／コミュニケーション／社会』
の関連図」（図2－2参照）

参加するきっかけや情報がない地域社会の現状において，ICTを活用した絆
の補完が期待されている」（カッコ内引用者；総務省編，2010：37）のであ
る。さらに，そうした組織の発生によって，産業社会ではほとんど見られな
かった，社会の構成単位の関係が「多中心的・相互補完的」という「社会関
係」が生み出されることが展望されている。この種の社会関係が支配的にな
るにつれ，「社会構造・文化構造」が変容し，社会変動が生じ，産業社会は
脱産業社会としての情報社会へと移行するのである。

　こうした影響の流れを要約するならば，それは「（ICTに重点を置いた）物
理的情報装置」→「情報の生産・流通・消費過程」→「社会関係」→「社会
構造・文化構造」というように一方向的な図式として描けるであろう。そし
て，アメリカ，日本，EUなどの先進産業地域における情報化構想・政策は，
情報社会論のこうした影響の流れ図式を採用し，それをもとに立案・遂行さ
れてきたととらえられるのである。

(2)　文化＝コミュニケーション・モデル

　このように，情報社会モデルでは物理的情報装置の変容が重視され，それ
を起点とする社会変動という問題が主に論じられてきた。ところが近年，

（政治）コミュニケーションの領域では，第5章においてすでに言及したように，批判的コミュニケーション論から多大な影響を受けながらも，それを修正しつつ新たな視角を提示する「政治コミュニケーションの排除モデル」と呼ぶべき注目すべき研究が行われるようになってきた。そこでは，コミュニケーション過程を送り手が受け手に及ぼす効果・影響という問題よりも，社会的相互作用としてのコミュニケーション，あるいは権力行使過程としてのコミュニケーションという見方が前提とされつつ，「文化としてのコミュニケーション」という視点が提示されている。すなわち，コミュニケーション過程は文化の生成あるいは変化の過程としてとらえられているのである（Carey，1989，参照）。

　ここで言う「文化」とは，ある社会の多数派の構成員によって共有される価値観，それにもとづく思考様式や生活様式，そしてそれらを反映するさまざまな制度や（物質的）装置の総体を指すものである。したがって，文化の存在によってはじめて，その社会は他の社会と区別されうるのであり，そこからある文化の「ウチ」にいる人々は「我々」と見なされ，逆に「ソト」にいる人は「彼ら」と見なされるようになる。このように文化は，「人間とその外界との間に，高度に選択的スクリーンを設け」，それにより「人間が何に注目し，何を無視するかを指示する」という機能を有するととらえられるのである（ホール，1976 = 1979：102）。

　そこで以下では，これまで考察を加えてきた情報社会モデルと対比させながら，政治コミュニケーションの排除モデルを文化＝コミュニケーション・モデルとして再構成し，それにもとづいて情報社会モデルに関して，いくつかの角度から批判的に検討してみる。文化＝コミュニケーション・モデルとは，「『情報／コミュニケーション／社会』の関連図式」を用いつつ，そして情報社会モデルを批判するためにここで提示する政治コミュニケーションの排除モデルの一種である。また，このモデルは，「『情報／コミュニケーション／社会』の関連図式」のなかの「文化的情報装置」の存在と機能に注目しつつ，情報化と社会変動の問題に関心を寄せるものである。このモデルの特

徴は，次のように要約できる。

　第一に，これまで再三述べてきたように，情報社会モデルがインターネットや高機能のスマートフォンなどに代表される物理的情報装置の発展や普及に重点を置いているのに対し，文化＝コミュニケーション・モデルは文化的情報装置の問題を主に扱う。すなわち，このモデルは，言葉，コード，コンテクストといった文化的情報装置が，情報の生産・流通・消費過程に対しいかなる影響を与え，さらにはその過程をどのように規定しているかという視点，あるいは逆にそうしたコミュニケーション過程により文化的情報装置がどのように再生産，あるいは変化させられるかという視点を採用し，優先させるのである。このモデルはまた，文化的情報装置と社会関係，文化的情報装置と社会構造・文化構造，それぞれの間の相互の影響も当然のことながら視野に収め，文化的情報装置が再生産されることにより既存の社会関係，さらには既存の社会構造・文化構造がどのように維持され，再生産されるのかという問題も重視する。

　第二に，文化＝コミュニケーション・モデルは，文化的情報装置の多様性を認め，その点を強調するという特徴をもつ。このモデルは，コミュニケーション過程の一方の当事者によってコード化（encoding）されたメッセージが，他方の当事者によって一様に解読（decoding）されるわけではなく，諸個人の差異，あるいは個人を取り巻く文化的な差異を反映して，多様に解読されると考える。したがって，このモデルは，大衆社会論において提示された受動的な大衆という固定的なイメージや，エリートによる支配的かつヘゲモニックな大衆支配といった一面的な見方はとらず，多様な下位文化の存在とそれがメッセージの解読に及ぼす影響力を重視する。文化＝コミュニケーション・モデルは，社会関係や社会構造・文化構造の維持・再生産を扱うという点においては，大衆社会論と共通点をもつと言える。その一方で，このモデルは文化的情報装置の多様性と多様な下位文化に属する諸個人の情報解読の多様性を認める点において，大衆社会論と一線を画すことになる。

　それと関連して第三に，多様な下位文化の存在によるメッセージの解読の

多様性を主張することは，情報社会モデルとは異なる「情報格差論」を提示しているという点が指摘できる。情報社会モデルでは，社会経済的地位と情報通信技術をいち早く取り入れる革新者（イノベーター）との間に肯定的関係が見られ，それが「インフォメーション・リッチ」と「インフォメーション・プア」を生み出すこと，すなわち情報格差を発生させることがすでに指摘されていた（ロジャーズ，1986 ＝ 1992：140 - 144）。情報社会モデルは，物理的情報装置に関する格差を検討の中心に据えてきた（この問題は，「デジタル・ディバイド」と呼ばれ多くの論議を呼んできたが，それについては後述する）。それに対し，文化＝コミュニケーション・モデルは，複数の下位文化の間に見られる，言語・コード・コンテクストといった文化的情報装置の差異によって引き起こされる情報をめぐる様々な格差，さらにはそれと連動して生じる政治的・社会的・経済的格差を問題にする。このモデルではまた，下位文化に応じた情報解読が多様であるがゆえに生じる格差，それから導き出される下位文化間の支配関係が批判的に考察されるのである。

　この点が，次に見るような文化＝コミュニケーション・モデルの第四の特徴を導き出す。それは，先に示した文化的情報装置と社会関係，および文化的情報装置と社会構造・文化構造の関連にかかわるものである。文化＝コミュニケーション・モデルは，社会階層，地域，民族，宗教，言語などによって区分され，それらをもとにして形成された下位文化の存在と，それに応じた情報解読の多様性を認める。しかしながら，そのことが，第4章で言及した限定効果論やそれと関連する権力多元論，あるいは多元主義論とは異なり，情報解読の多様性が多元社会の成立と直接連関するとは考えない。このモデルは，先に述べたように，文化的情報装置の差異によって下位文化の間，そして下位文化と支配的文化（それはしばしば国民文化と称せられる）との間に存在する文化的差異が，社会関係としての支配関係へと容易に転化されうると見なすのである。加えて，文化的情報装置をめぐるそうした差異，そしてその差異から派生する支配関係は，既存の社会構造・文化構造を反映していると考える。逆から見れば，文化的情報装置によって支えられる情報

の生産・流通・消費過程を通じて，既存の支配的な文化情報装置や社会関係が再生産されることになる。それと同時に，そうした文化的情報装置や社会関係に付与された正当性も再生産され，その結果，既存の社会構造・文化構造も再生産されることになるのである。

　こうした視点は，コードという文化的情報装置に着目し，「支配的コード」「交渉的コード」「対抗的コード」という概念を用いつつ，コミュニケーション過程の権力的側面を巧みに描いたホールの見解に対応するものである（第5章）。すなわち，社会の多数の構成員が支配的コードにしたがって情報（＝メッセージ）を解読するということは，当該社会において支配的な社会関係や社会構造・文化構造を容認し，それらに正当性を付与することになる。ただし，交渉的コードや対抗的コードが既存の支配的コードにとって代わるならば，その場合には文化変容を軸とした社会変動が生じることになる。文化＝コミュニケーション・モデルは，支配的コードの優位性は認めながらも，情報の解読の多様性を主張することにより，文化的情報装置と社会変動の関連をも視野に収めていると言える。

　情報社会モデルは，物理的情報装置の変容に強い関心を寄せるあまり，文化的情報装置のもつ重要性を軽視してきたと言える。そこでは，物理的情報装置によって伝達される情報の意味を解釈するための装置，すなわち文化的情報装置についての考察が不十分なのである。たとえデジタル化された数値情報の生産・流通・消費といったコミュニケーション過程にしても，その情報の意味の解読あるいは解釈という側面では，既存の文化的情報装置，社会関係，社会構造・文化構造がかかわるのである。こうした観点を重視してこなかった点に，物理的情報装置に偏重する情報社会モデルの限界と，文化＝コミュニケーション・モデルの意義と重要性が存在する。情報化と社会変動の問題を扱う際にも，情報化と文化的情報装置との関連に焦点を当て，それを切り口として社会関係と社会・文化構造との関連を考察する必要がある。文化＝コミュニケーション・モデルは，情報社会モデルに対する批判モデルとしてだけではなく，政治コミュニケーションの排除モデルの一翼を担いつ

つ，コミュニケーション研究を一層深化させる可能性をも提示していると言えよう。

　以上，情報化の進展がコミュニケーション過程に及ぼす影響，さらには情報化と社会変動といった問題について理論的な観点から考察してきた。以下では，そうした考察を参照しつつ，情報化が社会の各々の局面に及ぼす影響についてまずは概観し，その作業を通じて，これまでとは異なる角度から情報社会論，ないしは情報社会モデルに関して検討してみる。

８－２．個人・家庭生活の情報化

　ここでは，個人・家庭生活において情報化がどの程度進展し，それが生活レベルでいかなる影響を及ぼしてきたかという問題について検討してみる。第３章ですでに言及したように，現代日本社会の構成員のメディアの機能評価を見るならば，依然としてテレビが比較的上位にあげられていることがわかった。その一方で，インターネット系メディアの機能評価が特に若年層において高まってきた。この傾向は当然のことながら個人・家庭生活にも影響を及ぼしている。

⑴　個人・家庭生活の情報化の指標

　個人・家庭生活の情報化については，かつて「情報装備指標」と「情報支出指標」という二つの指標が用いられ，測定されたことがある（郵政省，1998）。これら二つの指標によって，家庭における情報入手段の多様化と，消費支出における情報通信関連支出の推移が測定された。まず「情報装備指標」についてだが，それは次に示す保有率・加入率によって測定された。

　　①　カラーテレビ，衛星放送受信装置，パソコン，ファクシミリなどの
　　　　「情報通信機器の世帯当たりの保有率」。

　　②　住宅用加入電話，携帯・自動車電話，パソコン通信，衛星放送，ケー

ブルテレビなどの「情報通信ネットワークへの世帯当たりの加入率」。

また，「情報支出指標」は，以下の購入額と加入・継続料によって測定された。

① 通信機器，パソコン，テレビゲームなどの「情報通信機器の購入額」。

② 郵便料，電話電信料，放送受信料といった「情報通信ネットワークへの加入・継続料」。

③ オーディオ・ビデオディスク，新聞，書籍などの「情報ソフトウェアの購入額」。

この結果，1990年代後半では情報装備と情報支出のいずれも増加し，一般家庭においても情報化が一段と進展してきた。ただし，「情報装備指標」を見ると，携帯電話やパソコン，そしてファクシミリの伸びが2003年をピークに減少してきたことが報告されている（総務省編，2005：185）。これらの情報機器の普及はほぼ限界に近づいてきたと見ることができよう。ただし，その後の情報通信技術の開発により，スマートフォンなど新たな情報機器が普及してきたのは周知の通りである（第7章）。

また，2008年9月に生じた「リーマン・ショック」によって各家庭の「情報関連支出」が減少に転じたことが報告されている。2008年10〜12月期に7四半期ぶりのマイナスとなった後，2009年1〜3月期は前年同期比0.5％減となり，さらなる落ち込みを示したのである（総務省編，2009：26）。このことは，各家庭の情報装備への投資や情報関連支出が必ずしもつねに上昇するのではなく，景気や経済状況に左右されることを示している。

世帯ごとのインターネット利用端末の保有状況に関しては，図7 − 1で示したように，スマートフォン（68.3％）とパソコン（50.4％）の割合が高くなっている。また，やはり第7章で述べたように，一般世帯における各種情報通信機器の普及率（2020年）は，パーソナル・コンピュータ70.1％，モバイル端末96.8％となる一方で，固定電話66.1％は減少傾向にある（総務省編，2021：306）。私的な用途のためにインターネットを利用する際の端末については，スマートフォン（89.4％），テレビ（50.8％），ノートパソコン（48.5％），

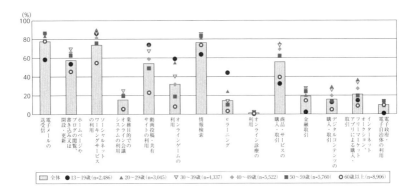

図8−2　年齢階層別インターネット利用の目的・用途（複数回答）

出典：総務省編，2021：309

タブレット端末（26.5％）という結果になり，持ち運びできる端末の利用が多いという結果になった（同：51）。

(2)　インターネットの利用時間と利用目的

　こうした個人・家庭生活の情報化は，人々の情報行動にどのような影響を及ぼしてきたのであろうか。まず，インターネットの利用動向全般については，2020年度のインターネット利用率（個人）は83.4％となっている（同：307）。2015年は83.0％だったので，大きな変化はない。インターネットの利用項目別の利用時間については，総務省情報通信政策研究所は，『情報通信メディアの利用時間と情報行動に関する調査報告書（令和2年度)』の中で次のように述べている（総務省情報通信政策研究所，2021：29）。

　①　インターネットの利用項目別に，平日の全年代の平均利用時間を見ると，「メールを読む・書く」が最も長く40.8分，次いで「動画投稿・共有サービスを見る」が38.7分，「ソーシャルメディアを見る・書く」が37.9分となっている。

　②　休日の全年代の平均利用時間を見ると，「動画投稿・共有サービスを

見る」が最も長く58.0分，次いで「ソーシャルメディアを見る・書く」
が44.2分，「ブログやウェブサイトを見る・書く」が27.9分となっている。
③　年代別に見ると，休日の10代の「動画投稿・共有サービスを見る」が
131.8分となり，100分を大きく上回っている。また，休日の20代の
「ソーシャルメディアを見る・書く」が110.8分，「動画投稿・共有サービ
スを見る」が115.9分となり，いずれも100分を超える結果となっている。
　インターネットの利用目的について見ると（図8－2），「電子メールの送
受信」が各年齢層で高くなっている一方，「動画投稿・共有サイトの利用」
や「オンラインゲームの利用」では各年齢層の差が大きくなり，「ソーシャ
ルネットワーキングサービス（SNS）の利用」については各年齢層で利用率
が上昇している（総務省編，2021：309）。
　こうした傾向は，インターネット系メディアの一層の多様化によって拍車
がかかってきたと言える。

(3)　情報化の進展と価値（観）の多様化

　このように日本のメディア環境は大きく変化してきた。ただし，こうした
変化が情報社会論において主張された，マス・メディアに依存するそれまで
の大衆社会とは異なる社会構造を生み出すかどうかという問題は，別途慎重
に検討する必要がある。この点については，情報社会論や情報化構想・政策
においてつねに主張されてきた情報化の進展と「価値（観）の多様化」との
関連が一つの重要な視点となろう。というのも，社会構造のレベルで変動が
生じるためには，第2章ですでに検討したように，文化構造，すなわち「特
定の社会ないし集団に共通な行動を支配する規範的価値の組織体」のレベル
での変化が不可欠だからである。そこで，「価値（観）の多様化」の問題に
ついて論じてみるが，ここではまず，1980年代の日本社会を「大衆崩壊・分
衆出現期」とみなす「分衆」論を代表的な見解として取り上げてみる（博報
堂生活総合研究所編，1985：30－37）。
　この見解では，それまで日本社会を支配していた大衆が分割され始め，他

第
8
章

情報化の進展とコミュニケーション過程

の人々と同じような行動をとることに疑問を感じ始めた「分衆」が登場して
きたことが主張される。そこでは，情報の領域においては，従来のマス・メ
ディアとは異なる細分化，あるいは断片化された市場を対象とするメディア，
すなわちカタログ情報誌，専門雑誌，ミニコミ，ニューメディア，情報本と
いったメディアの登場が「情報選択化のうねり」として把握された。換言す
ると，「分衆」論では，その当時のメディアの断片化や多様化という傾向が，
分衆の出現を裏づける指標として重要な意味をもっていたのである。

　ところが，「分衆」論に代表される価値の多様化をめぐるこの種の見解は，
次のような疑問を即座に生じさせる。それは第一に，こうした見解の多くが，
消費生活レベルでの多様化の進展を価値の多様化と直接的に関連させている
という点から生じる疑問である。また，先に掲げた情報選択の可能性を増大
させるメディアにしても，そのほとんどが消費生活と関連しているという点
も，こうした疑問を増幅させることになる。第二に，消費生活の多様化が価
値の多様化を反映するか，あるいはそれを導き出す可能性があるとしても，
前述した文化＝コミュニケーション・モデルでも見たように，多様な複数の
価値（文化）の間においても階層・支配関係が存在するという現代社会では
きわめて重要な問題が残される。こうした問題を十分に認識することなく，
「情報選択化のうねり」という現象と，分衆の発生に象徴される価値の多様
化とを直接に結び付けることは，あまり説得力をもつとは思われず，この問
題は現在もなお存続していると考えられるのである。

(4)　個人間のデジタル・ディバイド

　次に指摘したいのが，前述した「インフォメーション・リッチ」と「イン
フォメーション・プア」の問題である。この種の問題は，近年は「デジタ
ル・ディバイド」と呼ばれ，より具体的なデータによって提示されるように
なってきた。一つは前掲の「インターネットの利用動向」で見られた，「世
代間格差」の問題である。その差はやや縮小してきたと言われてはいるが，
依然として若年層の利用が高く，高齢者層の利用が低いことに変わりはない。

もう一つが，経済面での格差が個人・家庭生活の情報化に影響を及ぼしているという問題である。世帯年収別で見ると，年収400万円以上のインターネット利用率は85％をこえているが，400万円未満70％台，200万円未満50％代後半という結果が報告されている（総務省編，2021；214，図8－3）。こうした個人間のデジタル・ディバイドの問題は，情報社会の現状，また社会における情報共有という問題を考える上では，重視し続ける必要がある。

8－3．情報化と地域社会

　情報社会モデルでは，前述したように，情報化の進展による中間コミュニケーションの活性化が展望されてきた。ここでは，情報化の進展が，中間コミュニケーションとしての地域コミュニケーションに及ぼす影響という問題に絞って検討してみたい。

　第二次世界大戦後の日本社会では，地域コミュニケーションの活性化という問題は，地域社会の再形成（あるいは，コミュニティの形成）という問題との関連でつねに論じられてきた。というのも，マス・メディア優位の大衆社会においては，住民間の相互作用の機会の減少による地域社会の機能低下という問題が生じてきたからであり，そうした問題の解決という観点から，地域コミュニケーションの活性化による地域社会の再形成という問題が規範的意味をこめられつつ論じられてきたからである。

⑴　ケーブルテレビへの期待
　こうした問題関心に照らして，以下ではケーブルテレビ（CATV）について検討してみる。情報社会モデルでは，ケーブルテレビは地域メディアとして大きな期待がかけられ，地域コミュニケーションの活性化の中心メディアとして位置づけられてきたからである。

　知られるように，ケーブルテレビ施設は空中波による既存の放送の難視聴

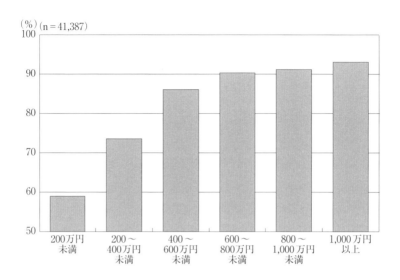

（％）(n = 41,387)

図8－3　インターネット利用率（世帯年収別）

出典：総務省編，2021：214

解消を目的として，すなわち空中波の再送信システムとして，1954年に群馬県伊香保町で最初に設置され，その後，全国に普及していった。ケーブルテレビ・システムで利用可能なチャンネルの容量は，再送信チャンネルの容量を越えていたために，そこに生じた空きチャンネルを利用して「自主放送チャンネル」を備えるケーブルテレビ局が登場するようになった。そうしたケーブルテレビ局のなかには，自ら番組の製作・編集を行い，地域住民を対象とした自主放送番組を提供する局も現われた。この種の番組の提供をきっかけとして，地域に根づいたメディアとして，ケーブルテレビに多くの期待が寄せられるようになった。次の指摘は，それを集約するものである。

　「……一定の地域社会に張りめぐらされたCATVのネットワークを利用して地域的生活情報を提供し，さらには，住民相互のコミュニケーションに役立て，既存のマス・メディアに欠けている地域的生活情報を人々が共有

することにより，住民相互の結び付きを深め，コミュニティ形成に寄与する地域コミュニケーション・メディアとして（ケーブルテレビが）クローズアップされてきたといえるのである。」（カッコ内引用者，川本，1982：341）

情報社会論としてのニューメディア論が活発に論議されていた1980年代には，ケーブルテレビに対するこうした期待を経験的に裏づけるための調査が数多く実施された。それらにほぼ共通する結果は，以下のとおりである。

① コミュニティ意識が高い（例えば，近所づきあいや年中行事への参加度が高い，定住意識が強い）住民ほど，自主放送の視聴程度は高くなる。

② 自主放送の地域的効用を高く評価する住民ほど，自主放送の視聴程度が高くなる。

③ マス・メディアが提供する地域情報（テレビのローカル・ニュースや新聞の地方版）への接触程度の高い住民ほど，自主放送の視聴程度は高くなる。

これらの調査結果は，ケーブルテレビ自主放送チャンネルが地域社会の再形成に一定の役割を果たしうることを示している。ただし，この結果については，そもそもコミュニティ意識が高い住民が自主放送チャンネルの視聴程度が高いのか，あるいは自主放送チャンネルを視聴したことによりコミュニティ意識が高まったのかという点は明確にされていない。もし前者の傾向が強いのならば，地域メディアとしてケーブルテレビの役割は，コミュニティ意識の高い住民への地域情報サービスの提供に限定されることになる。それに加えて，ケーブルテレビに限定して地域メディアとしての効用を評価するという観点に立たずに，角度を変えて住民の情報ニーズ，もしくは住民の情報行動全般からケーブルテレビの機能を評価するという観点に立つならば，それは次のように要約される。

① ケーブルテレビ自主放送の視聴程度は，他のチャンネルと比べると高くない。

② ケーブルテレビへの加入動機としては，地上波や衛星経由の再送信番

組の受信を目的とするものが多い。

③　地域情報源としてのケーブルテレビ自主放送の有用性についての評価
は，番組内容や他の地域メディアの普及程度に左右され，地域によって
大きく異なる。

これらの結果からすると，地域メディアとしてのケーブルテレビの効用に
ついて高い評価を下すことは困難である。放送サービスに限ってみても，情
報化の進展にともなって，ケーブルテレビは放送衛星や通信衛星を経由する
番組提供サービスの受け皿としての性格をますます強めてきている。さらに，
「ケーブルテレビの施設は，放送のみならず，インターネット接続サービス，
IP電話等の通信サービスの提供にも活用されており，ケーブルテレビは通信
および放送サービスを総合した「フルサービス」を提供する地域の総合的情
報通信基盤に成長している」ことが指摘されている（総務省編，2005：174）。
このことは，地域コミュニケーション活性化や地域社会の再形成という課題
と，情報化の進展にともなうケーブルテレビの普及や機能の高度化と直接に
結び付けることの難しさを示すものだと言えよう。

(2)　地域情報化構想

　ケーブルテレビが地域メディアとして，情報社会論（とくに，ニューメ
ディア論やマルチメディア論）において多くの関心を呼んだ背景には，1980
年代になって「地域情報化」構想・政策が提起されたことがあげられる（大
石，1992）。ここで言う「地域情報化」とは，「一定の地域内に情報通信ネッ
トワークを構築し，それを通じて地域内の情報流通を活発化させ，地域の情
報発信能力を増大させることにより地域振興をはかること」と定義できる。
ケーブルテレビは地域情報を提供するメディアとしてのみならず，ケーブル
テレビ向けに敷設されたケーブルが情報通信ネットワークとして多様なサー
ビスの利用に役立ちうることが，このメディアに対する期待を高めた大きな
要因である。

　地域情報化の推進を目標に掲げるのが，地域情報化構想・政策である。す

情報開発政策
{
(1)全国規模での情報通信ネットワーク
　の整備・高度化
(2)情報産業の地方立地の促進，
　情報化による地域産業の活性化
(3)各地域内での情報流通の活発化
　および各地域の情報発信能力の増大
　（狭義の地域情報化政策）
}
（広義の地域情報化政策）

図 8 − 4　情報開発政策の構成

なわち，地域情報化構想・政策とは，情報化の進展によって地域社会の振興
をはかることを目的とする一群の構想・政策である。その先駆けとなったの
は，1980年代の中ごろに相次いで公表され，遂行されてきた郵政省（現総務
省）の「テレトピア構想」と，通産省（現経済産業省）の「ニューメディ
ア・コミュニティ」構想である。ただし，ここで指摘しておきたいのは，こ
れらの構想が全国規模での情報化の進展と密接に連関し，また産業政策とし
ての情報化政策とも連動してきたという点である。これらの点を踏まえるな
らば，地域情報化構想・政策は，地域間格差の是正，さらには国土の均衡あ
る発展を目標に掲げる国土開発計画や，産業構造の転換を目指す産業政策の
一部としてとらえるほうが適切だと言える。

　そこでここでは，情報化政策と国土開発・産業政策を結び付けた政策を
「情報開発政策」ととらえてみる。そうすると，地域情報化政策は，「全国規
模での情報通信ネットワークの整備・高度化」と「情報産業の地方立地の促
進・情報化による地域産業の活性化」とともに，情報開発政策の下位目標と
して位置づけられることになる（図 8 − 4 ）。また1980年代後半から，各地
域内での情報流通の活発化・各地域の情報発信能力の増大という「狭義の地
域情報化政策」が，情報産業の地方立地の促進・情報化による地域産業の活
性化という目標と同一の政策のなかに位置づけられるようになってきたこと
を勘案するならば，両者をあわせて「広義の地域情報化政策」ととらえるこ
ともできよう。

こうして推進されてきた地域情報化政策は，全国にモデル地域を指定し，それらの地域に対し財政・税制面で様々な優遇措置を構ずることを骨子とするものが大部分である。とはいえ，その政策の実施主体は地方自治体であることが前提とされている。すなわち，中央省庁は，構想や政策を提示し，自治体行政の方向づけのみを行う支援機関にとどまり，地方自治体の地域情報化の取り組みが当政策の成否の鍵を握っているという認識が，この種の政策では示されてきたのである。ところが，政策方針が中央省庁によって水路づけられ，しかも財政・税制面での中央からの支援が不可欠であるという現実からすると，他の地域開発政策と同様，地域情報化政策にしても地方の中央への従属という構図は大きく変化してこなかったと言える。

(3) 情報化の地域間格差

次に取りあげたいのは，地域情報化の延長線上に位置する各構想・政策と，地域間の情報格差（デジタル・ディバイド）の問題である。

前者に関して言えば，近年，例えば「スマートタウン」といった新たな用語を用いて，急速な発展・普及をとげてきたICTを活用した地域活性化に関わる政策が打ち出されるようになった（第7章）。地域情報化政策は，さまざまに変形しながら立案され続けてきた。

ただし，地域間の情報格差の問題は依然として存在している。この種の地域間格差については，かつて「都道府県別情報発信量」によって示されたことがある。そこでは概して，東京都の情報発信量が多く，それに大阪府が続くという結果になっていた。近年，この種の調査は実施されていないが，この傾向は変化していないと思われ，また東京から発信されるマス・メディアの情報量が他の地域を圧倒していることを考慮するならば，東京発の情報の社会的影響力の大きさについてはより高く評価されることになる（第3章，参照）。

情報格差の問題は，インターネットの利用（パソコン，携帯電話，スマートフォン，タブレット型端末）に関しても存在する。利用者の割合を都道府

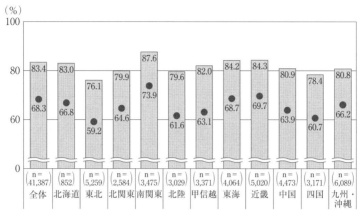

図 8 - 5　地方別インターネットの利用状況及び
スマートフォンの利用状況（令和 2 年）

出典：総務省編，2021：7

県別にみると，上位を神奈川県（89.7％），東京都（88.3％），埼玉県
（86.8％）が占めている。地方別に見ると，南関東（87.8％），近畿（84.3％），
東海（84.2％）が，全国平均よりも高くなっている。ただし，全体の平均が
83.4％なので，この種の情報格差はそれほど大きくなくなってきた。ただし，
スマートフォンの利用だけに限ると，最も高い南関東（73.9％）と東北
（59.2％）の格差はいまだ存在しているのがわかる（全国平均は68.3％）（総
務省通信利用動向調査，図 8 − 5 ）。

　総務省はかつて，ITC が地域経済に及ぼす影響に関して，「中長期的にみた
場合，ICT の普及と浸透は，定型的な職種を代替し（雇用代替効果），非定型
的な職種を創出することで（雇用創出効果），経済全体の「雇用の質」を高
めていくと考えられる」（総務省編，2015：117）と述べ，また「地域系企業
の ICT 利活用水準の底上げは，地域におけ「雇用の質」を改善し，深刻化す
る地方から東京圏への人口流出を食い止めることにつながるだろう」（同：

124），といった展望も期待を込めつつ示していた。

　ところが，東京圏（東京都，神奈川県，埼玉県，千葉県）への人口集中が依然として続いてきた。人口や経済活動の面での地域間格差の一層の拡大が，情報化の地域間格差，特に情報発信量の格差と密接に関連していると考えられるのである。

⑷　地域コミュニティとヴァーチャル・コミュニティ

　近年，特に注目が高まってきたのが，インターネットのコミュニティ，すなわちヴァーチャル・コミュニティである。地域情報化など地域コミュニティの再形成の必要性を主張する構想や政策が提示されている中で，ヴァーチャル・コミュニティはいかなる役割を果たしうるかという問題が重視されるようになった。これら二つのコミュニティの関係については，かつて以下の三つのパターンに要約されたことがある（船津＝浅川，2006：181－183：ここで言う「情報コミュニティ」とは，ヴァーチャル・コミュニティを含む，インターネット上の情報の共有によって形成されるコミュニティを指す）。

　①　「情報コミュニティ」は「地域コミュニティ」に新たな「地域性」と「共同性」を付与する——かつては選択不可能な「地域性」から，自由な選択が可能な「地域性」を生み出す。「固定的」な「共同性」から，変化・変容が可能な柔軟な「共同性」を構築させるようになる。

　②　「情報コミュニティ」は「地域コミュニティ」を補完する——住民の交流，災害情報の提供，相互扶助や支援ネットワークの形成，ボランティアの参加を促進する。

　③　「情報コミュニティ」は「地域コミュニティ」と共存する——人々は両方のコミュニティに対応する必要性が高まり（二重のコミュニティ），両者の間に相互影響が生じ，融合が引き起こされるようになる。

　ある地域コミュニティの中で，これら三つの関係のうちいずれのパターンが優勢になるかは，地域コミュニティや地域メディアの特性によって左右されると言える。

(5) 地方の危機と地域コミュニティ論

　近年，地域コミュニティに関しては新たな動きや問題が生じてきた。第一は，コミュニティ論自体の見直しが再度行われるようになってきたことである。例えば，コミュニティの本質的な意味を，これまで強調されてきた「内部的な関係性」とともに，「外部的な関係性」，すなわち「外部とつながる」ことの重要性を重視する見解が提示されるようになった（広井，2009：24 - 25）。そこでは，地域コミュニティの構造，あるいは基本的な原理として「『共』の原理—互酬性」があげられている。ちなみに国家に関しては「『公』の原理（再分配）—政府が担い手」，そしてグローバルなレベルでは「『私』の原理（交換）—世界市場」があげられ，それらとの対比から地域コミュニティの特質が論じられたのである（同：94 - 98）。この指摘は，地域コミュニティの役割を国家社会やグローバル社会との対比から検討を行い，そしてインターネット社会においても適用可能な地域コミュニティと外部との関係に着目した点は評価すべきと言えよう。

　ここで強調しておきたいのは，大都市圏を除いて「地方の消滅」と言われるほど，地方の過疎化の傾向が一段と進んできたという現実である（増田，2014，参照）。国家レベルでの人口減少が深刻な問題として指摘されるようになったが，特に地方で高齢化が進み，限界集落（近い将来，消滅が予想される集落）が増大してきた。このことは，地域情報化政策などによってかつて示されていた，情報化の進展による地域間格差の解消という見解が適切ではなかったこと，さらには日本社会が人口減少，「地方の消滅」といったより大きな問題に直面していることを示すものである。

8－4．情報化とマス・コミュニケーション

　情報化の進展という現象は，現代社会において支配的なコミュニケーション過程であるマス・コミュニケーションに対しても，多大な影響を及ぼして

きた。ここでは，マス・メディア組織における情報化の問題を中心に据え，マス・コミュニケーション過程の変容について論じてみる。

(1) 新聞への影響

そこでまず，情報化が新聞というメディア，および新聞社というマス・メディア組織に及ぼしてきた影響について検討してみる。その場合，新聞の製作技術に対する情報化の影響，とくにコンピュータ化の影響が最初にあげられよう（藤竹＝山本編，1994，参照）。日本の新聞社は，程度の差はあれ革新的技術を順次導入してきたが，なかでも1980年前後にコンピュータ化が一気に進んだ。この時期に導入された「CTS（Computerized Typesetting System）技術」は，新聞企業，ないし新聞産業の「総合情報産業化」への動きを加速することになった。総合情報産業化の一つの側面は，「電子新聞」事業への進出である。「電子新聞」事業とは一般に，通信伝送路によって，新聞紙面，さらには新聞社が入手した情報を読者に届けるオンライン・サービス事業である。このサービスを可能にしたのが，CTSの開発である。この技術の導入によって，新聞記者は，ワープロ・パソコンによって記事を作成するようになった。すなわち，「現在の新聞製作は，記事のパソコン入力→本社編集局でのホストコンピュータでの集約→整理部のワークステーションによるレイアウト→紙面データの送出→印刷にいたるまですべてコンピュータ化されるようになった」のである（藤竹編，2005：53）。その結果，記事の差し替えや校正，紙面割付けなどが容易になった。新聞社の情報は，こうしてコンピュータ化（＝デジタル化）されるようになり，新聞に掲載されない情報も含め，新聞社が生産する情報は，無線系・有線系の伝送路を経ることで，あるいはパッケージ化されることによって，電子新聞向けの二次使用が可能になったのである。

ただし，紙面をそのまま読者に伝送する電子新聞の普及は進んでこなかった。近年は，新聞紙面にはない情報を付加することで新たな読者層の開拓に努めている。また，「Yahoo!」などのポータルサイトや近年はスマートフォ

ンや携帯電話などにニュースを配信する新聞や通信社も多数存在する（第6章）。

　こうした情報の二次使用は，新聞社や通信社が自ら収集・編集した情報を多種多様なメディアを通じて提供することから，「ワンソース・マルチアウトレット」と呼ばれたこともある。また，上述した電子新聞化の動きは，新聞社の他のメディア産業，あるいはメディア事業への資本参加，事業参画，さらには人材派遣など，総合情報産業化のもう一つの側面を生み出してきた。全国紙などの有力新聞社と系列放送局との関連の強さは周知のことであるが，ニューメディアやマルチメディアの開発・普及に対応して関連するさまざまな事業にも参画するようになってきた。

　これらの試みにもかかわらず，新聞産業は多くの国において経営危機を迎え，なかには廃刊に追い込まれる新聞社もでてきた。インターネットの普及が新聞のビジネス・モデルの根幹を揺るがし，経営面の危機が新聞ジャーナリズムの衰退を招き始めている。日本では，全国紙の場合には発行部数が大きいこと，また宅配制度や再販制度の存在などによって発行部数の減少の割合は，他の先進国と比べ比較的緩やかに進んできたと言える。しかし，若年層を中心とした新聞（活字）離れには歯止めがかからず，また新聞ジャーナリズムに対する不信感がインターネット上で頻繁に表明されるなど，その危機は次第に表面化し，深刻化しつつある。

（2）　放送への影響

　次に，情報化の進展が放送に及ぼす影響について検討してみる。放送サービスにもデジタル化の波は急激に押し寄せてきており，従来の多チャンネル化という枠を越えつつ，放送と通信の融合もしだいに進んできている（第7章）。こうした傾向を，コンテント（情報内容），ディストリビューション（伝送手段），プラットフォーム（受信機等の端末機器）といった放送サービスの各局面において見るならば，それらの変化はかつて次のように要約され，展望されたことがある（マルチメディア時代における放送の在り方に関する

懇談会編, 1995：15 – 16；図8―6）。

① コンテント――デジタル技術等を生かした制作面での新たな映像処理技術の開発，演出手段の発展，映像・文字・静止画・データ等情報形態の統合化が進展している。

② ディストリビューション――伝送路の多様化とともに，高速・大容量化，および双方向化が進展しつつある。また，異なるディストリビューションの間において，自由度の高い情報の流通（コンテンツのマルチユース化）が進展していく。

③ プラットフォーム――受信機のインテリジェント化（高画質化，高機能化，高蓄積化等）および複合端末化が進展していく。

これらの変化は，現在もなお継続している。日本では2011年にデジタル放送への全面的な移行が行われた。デジタル化を核とした情報化の進展によって，放送サービスは既存の枠を大きく拡大させ，多様な展開を見せ始めた。例えば，放送関連の事業者として異業種からの参入が相次ぐ一方，新たな放送サービスへの既存の放送事業者の進出も活発になってきた。それに加え，近年ではインターネット放送も普及してきた。

この状況は世界的には「スポーツ・番組配信に関しては，ネットフリックス等の国内外のOTT（Over The Top：動画コンテンツや音声通話などをインターネット経由で提供するサービス：引用者）事業者が躍進し，世界中で加入者が大幅に増加している」（総務省編，2021：157）と説明されている。同様の傾向は日本でも急進展し，実際，「有料動画配信サービス」の利用者も増加してきたことが報告されている（図8―7）。それとは別に，NHKや民放各局も常時同時配信サービスや見逃し配信サービスを開始している。この領域に関しては，提供されるコンテンツに加え視聴形態も著しく多様化するようになった。「今後，個々人がパーソナライズ（おすすめ）された動画を自由に楽しむ視聴スタイルが定着することが見込まれる」（同）という指摘は妥当だと言える。

しかし，放送に関するこうした動きが社会に及ぼす影響については，現段

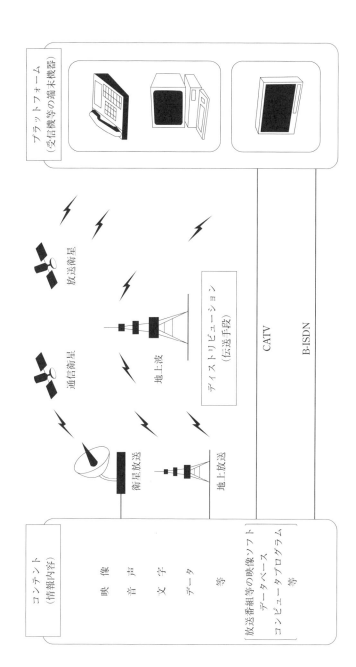

図8−6 コンテンツ・ディストリビューション・プラットフォームにおける放送と通信の融合

出典：マルチメディア時代における放送の在り方に関する懇談会編．1995：20

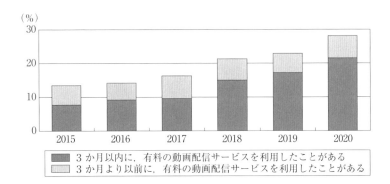

図8－7　有料動画配信サービスの利用率

出典：総務省編，2021：158

階では当然のことながら不確実である。放送メディアを介したマス・コミュニケーションは，これまでさまざまな問題を抱え，多くの批判を受けながらも，ジャーナリズム機能を含め一定の社会的役割を果たしてきた。現状のように，情報内容や情報形態の多様化が情報の商品化を一段と推し進めるだけならば，マス・コミュニケーションとしての放送がこれまで有してきた負の側面を，一層増大させることにもなりかねないのである。

　以上見てきたように，情報化はマス・コミュニケーションという社会過程を大きく変化させてきた。しかし，そうした変化が，情報社会論や情報社会モデルが言うように，現代社会がかかえるさまざまな問題の解決に役立つかどうかという点について，楽観的に論じることはできない。この点に関しては，先に見たように，情報の商品化という傾向を中心とした（マス・）コミュニケーションの変容と価値の多様化という問題を中心に据え，「文化＝コミュニケーション・モデル」の観点から考察を加えることが重要な作業になると思われる。

8－5．情報化とグローバル・コミュニケーション

　広く知られるように，M.マクルーハンはかつて，電子コミュニケーションの発達によってグローバル・ビレッジ（地球村）が形成されると論じた。すなわち，「現在われわれが全生活を情報という精密な形に移しかえるということは，地球全体および全人類家族の上に，単一の意識の状態をつくり上げることになるのではないだろうか」（マクルーハン，1964＝1967：8）と述べたのである。政治・経済分野などさまざまな領域における国際的な相互依存の高まりは，人・物・情報の国際的な移動の活発化と並行して生じ，その結果，国境の意味を低下させる「ボーダレス社会」の到来が叫ばれるようになってきた。

(1)　情報の「南北問題」

　情報化の進展によって，情報の国際的流通は容易になり，国家を越えたヨーロッパやアジアといった「地域」レベルでの，さらには地球規模での情報の共有化という現象も確かに見られるようになった。そして，その現象はすでにさまざまな政治・社会変動をもたらしてきた。たとえば放送領域においては，いわゆる国境を越える電波が，1980年代後半のソ連・東欧の政治変動を引き起こし，民主化の推進に貢献したという，次のような主張もある。

　「地球規模で早く広く届く電波の力で，情報はあまねく世界に行き渡る。『情報の平等化』『共有化』の時代なのだ。それはまた『情報民主主義』の時代という言葉に置き換えてよいかもしれない。このことは……国家と情報という関係で見れば，国家が勝手に情報を管理したり，都合よく操作したりすることは，もはや不可能な時代に入ったことを意味している。」（NHK取材班，1990：304）

　確かに「ボーダレス社会」においては，政治エリートたちは，政策を立案・遂行するにあたって，国内世論のみならず，国際世論にも配慮せざるを

えなくなってきた。しかしその一方で，こうした「情報の自由な流れ」が，情報の「南北問題」を生じさせ，多くの論議を引き起こしてきたこともまた事実である。

　そこでの論点は以下のとおりである。それは，情報化の進展によって情報の自由な流れが加速され，またそれにともなってグローバル・コミュニケーションも活発化し，欧米を中心とする先進産業地域から第三世界へという，情報の一方向的な流れという傾向が加速してきたという問題である。それをニュース情報の局面で見るならば，先進産業諸国の通信社などによって，第三世界諸国は，災害・飢饉・クーデターなど，きわめて事件・危機志向のニュース・バリューにもとづいて描かれ，固定的かつ差別的なイメージが地球規模で流布し，再生産されてきたという問題がある。たとえばE.W. サイードは，先進産業諸国の報道によって，イスラム社会に対する先入観が形成されてしまったと批判する。すなわち，それらの報道によって「イスラム社会」は一つの地域社会と見なされてしまい，しかも「多様なムスリム世界のあらゆる局面をことごとく飲み込んで，すべてを特別に悪意の無分別な実態に矮小化してしまう」（サイード，1981＝1986：33）といった認識が，地球規模で広まってしまったというのである。

　それに加えて，情報の南北問題に関しては，次のような複雑な問題も存在する。それは，たとえば開発独裁政権に対する評価の問題に集約されている。第三世界諸国においては，経済発展や政治統合を推進するために開発独裁政権がしばしば登場し，人権問題やマス・メディア報道に対する検閲など言論・表現活動全般に対する規制や統制といった問題を引き起こしてきた。したがって，その種の政権は，欧米諸国のジャーナリズムから見れば当然のことながら批判の対象となり，第三世界諸国における反政府活動は，ジャーナリズムの活動も含め，概して開発独裁政権に対する有効な批判勢力として報じられてきた。他方，そうした報道や反政府活動を支援する欧米諸国などからの働きかけは，開発独裁政権にとっては，国家主権に対する侵害と見なされ，またそうした一方向的なニュースの国内への流入は情報主権に対する侵

害と考えられてきたのである。

この種の問題はまた，先進産業諸国による第三世界に対する文化支配，すなわち「文化帝国主義」の問題として，より一層厳しい批判が加えられてきた。文化支配の問題は，先進産業諸国間においても重視されてきたが，国民文化の成熟度が低い第三世界諸国においては，より深刻に受け止められてきたと言える。そこでの主張は，次のように要約される。

「発展は西欧の社会構造の単なるコピーではなく，第三世界の古きよき文化にもとづく，自発的かつ自己選択的なものと認識されるべきである……。（したがって）文化的産物というソフトウェアの流通と抱き合わせであった技術移転やメディアのハードウェアの国際流通は，第三世界諸国の発展を助長するのではなくむしろ従属の度合いを強化し，真の発展を妨げてきた……。」（カッコ内引用者；スレバーニ・モハマディ，1991＝1995：194）

以上のことから，情報化を推進するメディアやそこで流れる情報にしても，すぐれて政治的な意味合いを有してきたことが理解されよう。それに加え，情報化が進展し，グローバル・コミュニケーションが活発化し，情報の重要性に対する認識が増大するにつれ，政治エリートによるメディアに対する働きかけや圧力は一段と強まってきた。こうした圧力を検討するうえでの典型的な事例として，1990年8月のイラクのクウェート侵攻に端を発する湾岸戦争，そして2003年のイラク戦争をめぐる情報戦があげられよう。そこで以下では，この戦争を取りあげ，情報化の進展とグローバル・コミュニケーションの問題について検討してみる。

(2) 戦争報道

湾岸戦争では周知のように，イラクとアメリカを中心とする多国籍軍，いずれもが活発な宣伝を繰り広げ，国際世論に対する働きかけも頻繁に行われた。その間，グローバルなコミュニケーション手段は，マス・メディアの取材・報道にも大きく寄与した。たとえば，イラクのクウェート侵攻から，1991年1月に多国籍軍がイラクに対する攻撃を開始するまでの5ヵ月間，バ

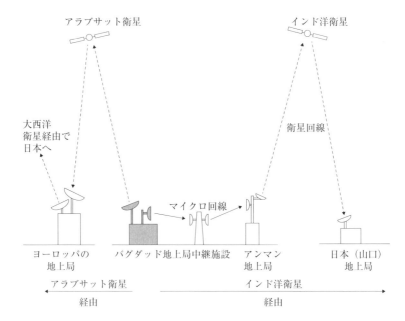

アラブサット衛星　　　　　　　　　　　　インド洋衛星

大西洋
衛星経由で
日本へ

衛星回線

マイクロ回線

ヨーロッパの　　　　バグダッド地上局中継施設　　アンマン　　　　　　日本（山口）
地上局　　　　　　　　　　　　　　　　　　　地上局　　　　　　　　地上局

アラブサット衛星　　　　　　　　　　　インド洋衛星

経由　　　　　　　　　　　　　　　経由

図8-8　バグダッド（イラク）から日本への衛星伝送

出典：渡辺，1992：109

グダッドに駐在していた各国のテレビ局は，イラク政府による情報操作を受けながらも，インド洋衛星やアラブサット衛星を経由してさまざまな情報を提供し続けたのである（図8—8）。

　このように情報ハイテク機器は，情報戦や戦争報道において，重要な位置を占めるようになった。ただし，情報戦との関連で注目すべきは，「情報民主主義」の先進国によって構成されていた多国籍軍側でも，「軍事戦略」，「国益確保」の名のもとに，厳しい情報統制や積極的な世論操作が行われた点であろう。こうした情報統制・世論操作が行われた背景として，アメリカのベトナム戦争での経験，ないしはそれから得た「教訓」の存在が多くの論者によって指摘された。それは，次のようなものである。ベトナム戦争においては，アメリカ政府とアメリカ軍は，ジャーナリズムに対し比較的自由な

第Ⅲ部　情報化の進展とコミュニケーションの変容

取材と報道を許可したため，たとえば，数多くの残虐な映像がテレビで流された。その結果，アメリカ国内における厭戦気分や反戦運動が高まり，それがアメリカに敗北をもたらす原因の一つであった。湾岸戦争では，ベトナム戦争の「教訓」が生かされ，さまざまな報道規制が行われたのである。

　報道規制としては，映像や記事に対する検閲という明確な手法がとられることもあったが，次に見るような取材制限という手法もとられ威力を発揮した。それはたとえば，軍事作戦や軍の動向に関する報道の禁止，定例化された軍からの一方向的な記者会見，軍に同行するプール取材のみが許可される，といった手法である。マス・メディア側は，むろんこうした統制に対して反発し，批判を加えていったが，その一方でCNNの報道カメラマンが述べるように，次のようなニュース画面を流し続けていたのもまた事実である。

　「問題は政府の検閲だけではない。私が撮影したビデオを，アトランタの本社のプロデューサーは使わなかった。茶の間に流すのには汚すぎると思ったのだろう。……虐殺されたクウェートの市民の姿も撮った。頭を斧で割られたイラク兵の姿も撮影した。しかし，CNNは私の映像を流さなかった。……その結果，きれいなテレビゲームのような映像ばかりがテレビ画面に流れた。クリーンな戦争，フットボールやショーのような戦争。そうしたのはテレビ局だ。」（朝日新聞社会部編，1991：19）

　こうして「クリーンな戦争」の映像は，SNGなどの通信手段によって日本国内にも伝送され，世論の動向にも大きな影響を及ぼしたのである。情報化の進展によるグローバル・コミュニケーションの発達は，一方において「情報民主主義」と呼ぶべき時代を生み出す可能性を高めたとも言えるが，他方において，湾岸戦争報道に象徴されるように，グローバルなレベルで世論操作を行う可能性も高めてきた。

　その後，2001年の「同時多発テロ」を契機に生じた米軍を中心としたアフガン戦争，すなわち「テロとの戦争」に関しても，世界の有力国の多くは支持を表明し，直接的・間接的に参戦していった。さらに，イラクに大量破壊兵器があるという報道は（後に，これは誤報と判明），イラク戦争の遂行に

大きな影響を及ぼしたと言える。この戦争報道では，米軍などにジャーナリストを同行させるという「従軍取材（埋め込み取材と言われている）」が行われた。この取材方法に関しては，次のように報じられている。

> 「視聴者が戦闘に参加している錯覚さえ生む今回の戦場報道を，BBC は『テレビゲーム戦争』と呼ぶ。米軍史上，空前の規模とされる約600人の従軍記者と，衛星で瞬時に映像を送れる『ビデオフォン』など通信技術の進展が，例のない『前線の実況』を可能にした。……なぜ情報管理に熱心なブッシュ政権が従軍取材を認めたのか。英紙フィナンシャル・タイムズは，『市民に犠牲者を出さないよう，米英軍がいかに細心の注意を払っているかを，世論に訴えるため』と米英軍へのメディア対策アドバイザーの話を伝えた。国際世論の反対を押し切って始めた戦争だけに，『正義でクリーン』を印象づけたい。兵士と記者が前線で寝起きを共にし，メディアの側に『一緒に敵と戦っている』という意識が育まれるのを期待したとの指摘もある。」（朝日新聞，2003年3月27日，朝刊）

戦争報道に関する批判は，確かにテレビだけに向けられるものではない。とはいえ，影響力の大きさ，映像の衝撃度，そして実況性や即時性という特質を考慮するならば，やはりテレビの戦争報道はより厳しく検証される必要がある。

その一方で，スマートフォンなどの普及により，一般市民が戦争や地域紛争などを録画し，インターネットによって配信することも一般化するようになった。その結果，民族・宗教などによって生じる人権問題に対する国際世論の声も容易に表面化するようになった。ただし，その一方で政治エリートによるインターネットに対する規制の動きも見られるようになった点は押さえておくべきであろう。

(3) ディアスポラ・コミュニティ

グローバリゼーションの進展は，グローバル社会と国民国家との関係を大きく変容させてきた。その一方，グローバリゼーションの進展が国民国家内

部において新たなコミュニティの（再）形成を促してきた点は注目される。その際のキーワード，あるいは重要な概念としてあげられるのが「ディアスポラ」である。ディアスポラとは，「ある民族が他の国々に強制的あるいは自発的に離散させられる」ことで生じ，そうした民族の人々が自らの「祖国（時には想像上の祖国）」に対する共通の関心を表明し続け，どこに移住しても，自分が属す民族と共通の運命を分かち合うようになる現象を指すものである（コーエン＝ケネディ，2000＝2003（Ⅱ）：236）。ディアスポラ・コミュニティ，およびその構成員は，「想像の共同体（コミュニティ）」としての国民国家においては，通常は国民文化に十分に同化，ないしは適応しない（できない），社会の周辺に位置する人々ととらえられてきた。そこで以下，この問題に関して若干の検討を行う。

　ここで注目したいのは，グローバリゼーションの進展により，「国民国家の外側に，あるいはそれを越えて開かれた多種多様な協力関係や共同関係が生まれる世界」（コーエン，1997＝2001：277）という状況が広く見られるようになり，あるいはそれに関する理解が普及し始めてきた点である。ディアスポラ・コミュニティの構成員に対する積極的な評価は，国民的アイデンティティのみならず，アイデンティティそれ自体に関して従来のものとは異なる理解の仕方へと結びつく。確かに国民的アイデンティティに関しては，それが「自明のものとして人々に内面化される傾向」があり，「国家によって統制された教育機関などにより（それには，むろんマス・メディアも含まれる），一定の内容を持った言説や言説実践が多数浸透する……。従って，アイデンティティは，可変的な無数の位置の総体ではなく，一つの固定した位置のように想定されてしまう」（カッコ内引用者；戴，1999：124）と一般には把握されてきた。それとは異なり，ディアスポラ・コミュニティの構成員のアイデンティティに関しては，以下に見るような動態的過程（アイデンティフィケーション）ととらえる見方もある。

　「植民地主義的抑圧の下にいる人々やディアスポラの人々は，互いに矛盾する言説や言説実践に『呼びかけられ』，影響されるのが常であり，自己

認識のプロセスは，精神的な葛藤をともなうことが多い。彼女・彼らのアイデンティティは交差し，対立する様々な言説・言説実践の中から構築されるものであり，固定した単一の位置を意味するのではなく，無数の位置を示す可変的なものである。」（同：124）

　その結果，ディアスポラ・コミュニティの構成員にとって，「もはや『アイデンティティの（移住先の国民文化に対する）同化』など必要ではない。ホームとアウェーが，高速輸送や電子的コミュニケーションや文化の共通性によってむすびつけられ，今日では複数のローカリティやアイデンティティを持てる」（カッコ内引用者；コーエン＝ケネディ，2000＝2003（Ⅱ）：201）という見解までもが示されるようになった。インターネットの普及に代表される情報化の進展と情報流通のグローバリゼーションにより，ディアスポラ・コミュニティが有する特質，すなわちホーム（祖国）の文化とアウエー（移住先）の文化が日常的に出会う場としてのコミュニティという特質は一層強化されるようになったと言える。グローバリゼーションとディアスポラ・コミュニティ，そして情報化の進展の一つの象徴であるグローバル・メディアとの関連を見ると，この種のメディアの普及が必ずしも情報の「南北問題」，そして先進国と第三世界との間の「デジタル・ディバイド」を促進し，「文化帝国主義」の問題を深刻化させてきただけではないことがわかる。

(4)　インターネットと国家間のデジタル・ディバイド

　以上，テレビを中心にグローバル・コミュニケーションの問題を考えてきたが，最後に検討すべきは，情報社会論や情報社会モデルの中心にあるコンピュータ化の潮流を考慮した情報化とグローバル・コミュニケーションの問題であろう。テレビとは異なり，たとえばインターネットによる情報流通は，それまで情報の受け手にとどまっていた大多数の人々を情報の発信者へと変化させる可能性を有しており，実際に一部の個人や組織はそのように活用している。たとえば，ホームページを開設した個人や組織は，国境を越えて世界のインターネット接続者に対して，自らが生産・処理・加工した情報を提

供したり，そうした接続者と直接に情報をやりとりしている。その結果，「アジアとアフリカの一部の地域を除いて，全世界は，インターネットというコミュニティで一つにつながっている」（郵政省編，1995：214）という見解までもが示され，そこではインターネットが前述したマクルーハンの言う「地球村」を生み出す重要な契機になると，期待をこめて語られてきた。

インターネットは，新たなグローバル・コミュニケーションの手段として，世界を「ネットワーク社会」へと作り替え，従来の国家を中心とする世界地図を塗り替える可能性を持っているのは確かである。実際，瞬時のうちに世界中をかけめぐる様々な情報により，「国際世論」が盛り上がるという例も存在してきた。

情報通信端末やインターネットの普及は，発展途上国においても急速に進んできた。しかし，様々な側面でのデジタル・ディバイドは，以下に見るようにいまだに深刻な状況にある（ITU, Measuring digital development: Facts and figures 2020）。

①　インターネットにアクセスしている個人は，世界全体の平均で51％。それに対し，アフリカ地域（29％），アジア太平洋地域（45％）はそれを下回っている。最も高いのは，ヨーロッパ地域（96％）である。

②　これに関しては，特に世代間格差がいずれの地域でも大きくなっている。若年層（15－24歳）では，アフリカ地域（40％），ヨーロッパ地域（90％）となっている。

③　都市と農村のインターネットにアクセスしている格差（世帯）を見ると，世界全体の平均は都市（72％），農村（37％）となっている。アフリカ地域は，都市（28％），農村（8％）であり，農村地域の低さが際立っている。ヨーロッパ地域は，都市（88％），農村（78％）である。

④　性差でインターネットにアクセスしている格差を見ると，世界全体の平均は男性（55％），女性（48％）である。アフリカ地域では，男性（37％），女性（20％）とかなりの差が生じている。他方，ヨーロッパ地域では，男性（85％），女性（80％）とその差は比較的小さい。

このようにインターネットへのアクセスに限ってみても，グローバルなレベルでの情報格差はいまだ深刻である。加えて，情報化の進展が経済をはじめ諸領域における「南北問題」の解決に寄与していない点は大いに強調されるべきであろう。というのも，インターネットなどの物理的情報装置やそれを活用した情報の生産・流通・消費過程にしても，これまで再三指摘してきたように，言語などの文化的情報装置，そしてグローバルなレベルでの既存の社会関係，さらには社会構造や文化構造とは決して無縁ではないからである。

　グローバルなレベルで情報化が進展するということは，政治的・経済的「資源」としての情報の重要性が増大することにほかならない。インターネットに象徴されるグローバル・ネットワーク，およびそれを通じたグローバル・コミュニケーションによって，国家間のさまざまな格差が一段と増大し，それによって国家間の既存の階層・支配関係が，地球規模で拡大再生産されるという指摘も説得力をもちうるのである。

第9章　日本社会の情報化と近代化

9 － 1. 「狭義の情報化」 と 「広義の情報化」

これまで，ニューメディアないしはマルチメディア，さらにはインター
ネットの開発・普及を軸に情報化という現象をとらえ，さまざまな角度から
検討を行ってきた。こうした情報化の把握の仕方は，情報化の進展により従
来の産業社会とは異なる情報社会の出現を主張する情報社会論や情報社会モ
デルにおいては共有されてきた。

しかし他方，この種の情報社会論とは異なり，情報化の進展という現象は
認めながらも，より長期的視野に立って，すなわち近代社会における情報化
と社会変動の関連について考察を試みる立場も存在する。そこでは，「いま
進んでいる情報化の性格は，産業社会の超高度化という方向が圧倒的に強
い」ことが主張され，そして「産業社会のもっているいろいろな問題を克服
していく方向よりは，むしろ，産業社会の論理をとことんまで推し進める方
向に情報技術が当面駆使されている」（増田・正村，1984：97，引用部分は
正村の発言）ことが強調されている。この見解は，情報化の進展が脱産業社
会（＝脱近代社会）としての情報社会の出現を展望する情報社会論とは異な
る視点に立つものであり，「われわれは，ポスト・モダニティの時代に突入
しているのではなく，モダニティのもたらした帰結がこれまで以上に徹底化
し，普遍化していく時代に移行しようとしているのである」（ギデンズ，
1990 ＝ 1993：15）という主張につらなるものである。

こうして見ると，情報化という概念は，前章で検討した脱産業社会論とし
ての情報社会論の文脈で扱われる情報化，すなわち「狭義の情報化」論と，

近代社会論の枠内で扱われ，論じられる情報化，すなわち「広義の情報化」論という二つのとらえ方が存在することが了解される。ただしここで注意しておきたいのは，どちらの見解も，情報化がとりわけ先進産業諸国において急速に進み，それが大規模な社会変動を生じさせ，今後も生じさせるに違いないとの認識を持っている点では共通していることである。

　しかしながら，「狭義の情報化」論は，情報化の進展を独立変数としてとらえ，情報化によって引き起こされる社会変動が従来の近代化とは異なる方向へ進むと主張するのに対し，「広義の情報化」論は，情報化がどれほど進んでも，近代化にともなう従来の社会変動の方向が大きく変化することはなく，変動の規模が一段と大きくなり，かつその速度が情報化によって加速されると考える。「広義の情報化」論では，情報化という現象は，工業化・大衆化・民主化・都市化など近代化を構成する諸傾向の一つとして位置づけられるのである。

　本章では，ここで言う「広義の情報化」の視点から，情報化の進展と日本社会の変容について論じることにする。この視点にもとづく理由は次のとおりである。第一は，ニューメディアやマルチメディアの開発・普及が本格化し始めたにもかかわらず，日本社会においては産業社会が抱えてきた問題点をはじめとして，依然として近代化に属する諸現象（あるいは諸問題）が支配的ととらえられることである。前章で見たように，情報化の進展，あるいは地域情報化の推進によっても地域間格差が一向に是正されないのはその一例である。第二は，一般大衆を取り巻く情報環境について見るならば，インターネットの普及に象徴されるように，新たな形態の情報行動が生じ，それが日本社会に急速に浸透してきたものの，第3章で検討したように，依然としてマス・メディア，なかでもテレビへの依存という傾向は継続している点である。第三は，日本社会においては情報社会論と情報化政策が，とりわけ情報産業の育成という政策目標のなかで密接に連関してきたことから理解されるように，ニューメディアやマルチメディア，さらにはユビキタス・ネットワークの開発・普及という課題が，近代化の中心的価値を占めてきた産業

主義，ないしは近年地球規模で一層進展してきた高度資本主義（＝新自由主義）の論理のなかに組み入れられていることである。情報の商品化の一層の進展という事態は，それを象徴している。

　以上の諸点から，「広義の情報化」という観点に立ち，それにもとづいて分析を進めることの妥当性が了解されるであろう。この観点に立つならば，そこで用いる情報化という概念には，以下に見るような意味を含み込ませ，その対象領域を拡張させる必要が生じる。第一に，近代化が開始された時代にまでさかのぼって近代化と情報化との関連について検討しなければならない点が指摘できよう。それに関連して第二に，検討対象とするメディアが，ニューメディア，マルチメディア，インターネットといった近年普及してきたメディアではなく，従来型メディア（それはマス・メディアからパーソナル・メディアにまでおよぶ）が分析の中心になるということである。さらに第三に，情報を運ぶというメディアの機能に着目するならば，コミュニケーション・メディアのみならず，第2章で述べた交通機関や制度化された組織の諸施設といった，物理的情報装置全体が分析対象となるということである。

　以上の点を踏まえ，ここでは情報化を広義にとらえ，情報化の進展と日本社会の変容とを関連させながら，「近代日本社会の情報化と社会変動」を主題として検討してみる。その際，近代化の構成要素のなかでは産業化と都市化に焦点を合わせ，それらと情報化との関連に重点を置くことにする。また，コミュニケーション・メディアなどの物理的情報装置のみならず，言語などの文化的情報装置についても考察する（以下の交通の発達に関しては，主に広岡，1987を参照）。なお，日本における新聞と放送の発達と普及については，すでに第3章で論じたので，これらのメディアについては略述するにとどめる。

　日本社会の近代化の開始時期については，江戸時代にすでにその準備が整えられていたとの見方もあるが，本章ではとりあえず明治維新による明治政府の成立をその起点と見なし，情報化と近代化の進展度に応じて四つの時期に区分して考察を加える。

9－2．近代化の開始と交通・通信の創業

　近代化開始以前の日本社会では，地域社会の単位としての郷・郡というレベルと，国のレベルとの間に藩に象徴されるミクロコスモスが存在していた。そこでは，言語（方言），物質文化，生活慣習，宗教行事，生業，経済組織などが，ほぼ完結した形で存在しており，それぞれ特有の地方文化を育んでいた。また，このミクロコスモスには村落社会が多数存在し，そこには水利などの共同，防災，自衛，社寺の共同祭祀，教育，娯楽といった機能が累積され，地縁集団としての機能を担っていた（米山，1989：197）。

　明治政府は，こうした「ミクロコスモス」を変容させ，国民国家の構築をめざし，明治維新から2年後の1869年にまずは版籍奉還を実現させ，71年に廃藩置県，73年に地租改正を断行した。ただし，そこでとられた手法は，明治期以前にそれぞれの地域社会に存在していた権力構造を，各レベルにわたり徹底的に解体するというものではなかった。その手法は，近世社会において「ミクロコスモス」を構成していた村落社会という「前近代」の要素と，中央集権的色彩を色濃くもった地方自治制度という「近代」の要素とを巧みに接合させることによって地方支配を進めるというものであった。丸山真男の次の指摘は，この点を巧みに要約している。

　　「絶対主義的集中が……権力のトップレヴェルにおいて『多頭一身の怪物』
　　を現出したことに対応して，社会的平準化も，最底辺において村落共同体
　　の前にたちどまった。むしろその両極の中間地帯におけるスピーディな
　　『近代化』は制度的にもイデオロギー的にもこの頂点と底辺の両極におけ
　　る『前近代性』の温存と利用によって可能になったのである。」（丸山，
　　1961：45）

　本章の関心からすると，こうした地方支配が，明治政府の手による交通・通信事業の開始，あるいはその管理や運営と密接に関連していたことは注目に値する。交通・通信網の発達により，地域間の人・物・情報の往来や交流

が活発になったのは間違いない。ただし，交通・通信網の発達・整備は，同時に一般の人々に国家社会の存在を強く意識させ，そのレベルでの機構・制度を共有させることで，近代国家に不可欠な「国民」を作り出すという側面を有していたのである。ちなみに，M. ウェーバーは，交通・郵便・通信の発達と，近代国家に共通して見られる官僚制の発達とを結び付けて，次のように論じている。

「本質上技術的な要因の中で，官僚制化の先導者として問題になるのは，特殊近代的な……一部は必然的に，一部は技術的合目的性の考慮からして，共同経済的に管理されるべき……交通手段（公の陸路や水路・鉄道・電信等々）である。……西洋の近代国家が，今日実際おこなわれているような仕方で管理しうるのは，国家が電信網の支配者であり，郵便や鉄道を意のままに用いうるからこそである。」（ウェーバー，1956 = 1960：90 − 91）

ウェーバーのこの指摘は，近代国家の支配装置として，交通・通信などのコミュニケーション手段が枢要な位置を占めることを明示したものである。いち早く近代国家を成立させ，欧米列強に追いつこうとしていた明治政府も，こうした認識のもとに交通・通信網の整備にすぐさま着手したと言える。実際，廃藩置県と同年の1871年には郵便制度が創設され，72年には県庁所在地を結ぶ全国郵便網が完成し，翌73年には全国均一料金制度が採用された。そして74年には，郵便取扱機関は3,244局に達した（藤井，2005：28）。電信事業に関しては，1869年に東京―横浜間に電線が架設され，公衆通信が開始されたが，74年には北海道から長崎に至る縦貫線が完成し，さらに85年になると全国均一料金制度が採用されるに至った。

交通に関しても，陸運・海運いずれの事業も政府主導の下にその整備が進められた。鉄道輸送に関しては，1872年に新橋―横浜間，74年に大阪―神戸間で営業が開始された。また，海上運送に関しては，当初は回漕会社を半官半民の経営形態で設立するなど，政府はこの種の業務にも深くかかわっていた。このように，交通・通信網は，官主導で，あるいは政府の手厚い保護の下で整備が進められたのである。

この当時，次々と発刊された新聞も，中央政府による普及促進から弾圧という紆余曲折を経ながらもしだいに普及していった（第3章）。この過程に関しては，「民意の流出する回路の成立が政府の民意操縦を容易にした」（佐藤，1998：88）という興味深い指摘がある。すなわち，新聞の発達は「民意の流出」と「民意の操縦」という，二面性を備えていたととらえられるのである。コミュニケーション・メディアや交通機関の発達・普及と同時に注目すべきなのは，1872年に徴兵制度が施行され，さらには学制も公布され，軍隊や学校での教育がこの時期に制度化された点であろう。これらの制度に基づく軍隊や学校の諸施設は，知られるように人々の間で批判や反発を生み出しながらも，さまざまな情報が伝達される装置として，民衆の価値意識に重大な影響を及ぼしたと評価できる。すなわち，これらの教育施設は，村落社会という「ミクロコスモス」に帰属意識をもつ一般の人々を「国民」に作り替える場として，重要な機能を果たしたのである。

　以上見てきたように，明治時代初期の情報化の特色としては，国家主導型によって交通や通信のインフラストラクチャーが整備され当該事業が開始されたこと，そして新聞に対しても当初は国家が普及策を講じ，さらには軍隊・学校教育の制度化と施設の整備が進められたことがあげられる。この時期，明治政府は，近代国家の成立をめざして情報化の道筋をデザインすることに意を注いだと言えよう。

9－3. 国家統合の進展と交通・通信網の整備

　コミュニケーション活動の活発化が国家社会の統合にいかに寄与するかという観点に立つ研究においては，第5章ですでに検討したように，交通・通信の発達によって人々の心理的動員の可能性が増大し，既存の地域や集団を越える国民レベルでのアイデンティティが形成・強化され，その結果として国民国家が成立・維持されることが展望されてきた。日本社会は，概してこ

のシナリオにそって国家・国民統合が進み，国家の「中心」がしだいに確立
してきたと言える。

(1) 地域間交流の活発化
　こうした問題を考えるうえで，次の発言は示唆に富む。
　「鉄道網が明治20年代から30年代にかけて全国を覆っていきますね。そし
　て明治39年には鉄道国有化が行なわれるわけですが，そういうプロセスと，
　地域主義がだんだん消えていくことが表裏をなしていると思います。」（加
　藤＝前田，1980：134，引用部分は前田の発言）
　この指摘にもあるように，明治20年代になってから新橋―神戸間（1889
年），上野―青森間（1891年）で官設鉄道が全通し，鉄道敷設は順調に進ん
だ。日露戦争後には鉄道国有化が行われ，その傾向は一層拍車がかかった。
こうした鉄道網の整備は物・人の地域間交流のみならず，当然のことながら
情報の地域間交流を増大させる基盤を提供した。その状況を「郵便物引受
数」で見ると，1890年代から1910年代初頭にかけて急増している。すなわち，
1890年で約22万であったのが，1910年には約151万に達したのである（藤井，
2005：48）。ただし，その場合でも，以下に見るように，かなりの地域差が
生じていることが指摘されている。
　「1899年度を見ると，東京，神奈川を擁する南関東が31.7％，次いで大阪，
　兵庫を擁する近畿臨海が13.4％を占めていた。6大都市を抱える東京，神
　奈川，愛知，京都，大阪，兵庫の6府県を合計すると，全体の半数近くの
　48.9％となる。このように郵便利用が都市に集中する傾向はその後も変わ
　らなかった」（同，2005：49）。
　また，電信事業に関しては，「東京や大阪などの主要都市はもとより各地
の中小都市までほぼ漏れなく電信が普及……，その急速な増加によって，電
信普及度に関する地域差は縮小（してきた）」ことが指摘されている（カッ
コ内引用者；同，84 - 85）。さらに，電話事業に関しては，1890年になって
公衆電話事業が開始され，1890年には東京―大阪間の長距離市外通話が開始

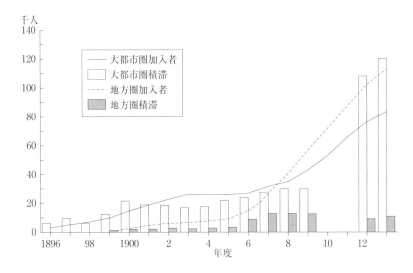

千人

図9－1　電話加入者数と積滞数（1896～1913年度）

注：1）地方圏の加入者数と積滞数は，全国から六大都市を控除して算出。
　　2）1910～11年度は不明。
出典：藤井，2005：142

された。その後，以下の説明にもあるように，その普及は急速に進んだ（図
9－1，参照）。

「加入者数は当初大都市圏が圧倒的であったが，日露戦争後は地方圏を下
回るようになり，以後，その差は次第に拡大している。また積滞数は日清
戦争直後に大都市が急増し，次いで日露戦争後，大都市，地方のいずれも
増加する傾向が見出されるものの，一貫して大都市が地方を上回ってい
た。」（同：142）

(2)　中央の成立と地方の従属化

　こうして，地域間交流を活発化させる交通・通信網が整えられていった。
それは，国家統合の推進に大きく寄与したと見ることができる。しかし，こ
こで留意されるべきは，地域間交流の活発化によって国家統合が進む過程に

第Ⅲ部　情報化の進展とコミュニケーションの変容

おいては，とりわけ日本のように急激に統合が進んだ社会では，中央による地方の垂直的支配，あるいは中央に対する地方の従属化という現象が際立ったという点である。この点に関しては，都市が有する権力に着目する次の指摘が参考になる。

「都市を構成する核となる権力が政治，経済，宗教などいずれの権力であれ，地方は都市の権力に組み込まれれば組み込まれるほどに，都市への生活物資の供給地としての性格を強化することをよぎなくされた。……都市は地方を，余剰を作り出す"農村"として，可能なかぎり自己の『支配』のもとに置こうとした。そのためには，何よりも支配の対象とした地方に関する〈情報〉と〈知識〉を必要とした。都市は情報と知識をもって，はじめて自己の権力を効果的に行使できたのである。」（藤田，1990：10）

これは都市と農村との間の支配関係について一般的に論じたものだが，それと同時に，情報化の進展による都市への権力集中，あるいは農村に対する都市による権力行使が促される状況と要因についても適切に要約している。都市化が急激に進んだ当時の日本社会では，都市による農村支配，あるいは中央による地方支配が，急速に，そして徹底して進んでいったと見ることができる。そして，こうした地方支配は，「『国家の都市』として象徴的役割が与えられ，対外的な具象化が試みられた」（成田，1993：9）首都＝東京の存在，そして「民衆がネーションとして意識をもつ以前に，すでに宗教的な畏敬の心をもって国家と政府を見るようになった」（橋川，1978：154）という民衆レベルでの政治意識あるいは政治文化の存在，さらには国家・国民統合の担い手，ないしはシンボルとして機能していた天皇制の存在と不可分の関係にあったととらえられる。

とくに天皇制に関しては，それが国家統合の制度的担い手として，また国民統合のシンボルとして機能し，国民国家の形成・成立に大きく貢献した点は強調されるべきであろう。ただし，欧米諸国を後追いする近代日本社会においては，天皇制は過去との連続性が強調されたという側面と同時に，伝統が新たに創造されたという点にも留意する必要がある。この後者の点に注目

するならば，「明治の国家神道というのは，ヨーロッパ産のものだと考えても，私はいいと思うんです。ナポレオンの国家主義みたいなものが日本に入ってきて，それを日本に適用した場合，日本の伝統的な宗教で受け止めたのが日本の国家神道ではないか」（梅原＝吉本，1989：47；引用部分，梅原の発言）という主張も相応の説得力をもつと思われる。このように創造された伝統は，技術革新を遂げ発展・普及を遂げるコミュニケーション・メディアや交通機関，さらには軍隊や学校という「教育」機関を通じて，日本社会に浸透していったのである。

それに関連して，ここで注目しておきたいのは，明治政府の「言語政策」である。明治政府はそれまで，文化的情報装置としての言語に関して標準語普及政策を，逆から言えば「方言撲滅運動」を推進していたが，1903年の教科書国定化の発足によってその傾向は一段と強められた。こうした教育・言語政策は，言語の標準化・共通化をはかることにより日本国内における情報流通の円滑化をうながし，それによって情報に対するアクセスを均等化させる方向に作用したと言える。しかしながら，それは同時に地方文化に対する中央の文化の優位性を強化するという側面もあわせ持っていた。こうして文化的情報装置としての標準語は，中央・地方関係という社会関係と連動しつつ，中央優位という価値意識を一般の民衆の間に植えつけていったのである。

9－4．産業化・都市化の進展と情報の大衆化

明治政府は殖産興業政策を積極的に推進し，日本の産業化は急速に進んだ。それには，政府によって1880年代半ばから次々と実施された官業払下げ，さらには日清・日露戦争，第一次世界大戦が密接にかかわっていた。

⑴　産業化と都市化

産業化の進展は，当然のことながら第二次あるいは第三次産業の労働力に

対する需要を高め，都市地域への人口流入を加速した。ちなみに，1900年前後から1935年にかけての都市空間の地理的展開は，次のように要約されている（成田，1993：21-23）。

① 東京や大阪に代表される「大都市化」の進行。
② 川崎・八幡といった「産業都市」の躍進。
③ 産業都市の集約された空間としての「工業地帯」の形成。

このうち「産業都市」では，この時期，第二次産業，特に製造業が急成長を遂げた。他方，東京・大阪をはじめとする大都市は，やはり第二次産業の拠点として機能していたが，第三次産業，とりわけ商業分野への就業者が急増し，それが人口集中の主たる要因となっていた。こうした状況は，次のように説明されている。

「この時期（1920年代），6大都市を中心に，百貨店や商店街など都市住民向けの近代的小売業が発達したほか，地方や工場向けの卸売業，植民地や欧米市場相手の貿易商社が集積し，国内外の流通拠点機能が高まった……。」（カッコ内引用者，岡田，1993：201）。

大都市は，生産機能を有する「産業都市」という側面と同時に，あるいはそれ以上に「流通・消費都市」としての性格を強めていった。それは同時に，産業分野の中枢管理機能の東京と大阪への集中という事態を生じさせた。とりわけ東京への集中は著しく，関東大震災（1923年）という大災害を経ながらも，1920〜40年代の人口，工業生産額，法人所得額などいくつかの指標を見るならば，この時期すでに一極集中が生じ始めていたことがわかる（表9-1）。

(2) マス・メディア時代の到来と言論統制

それでは産業化・都市化が急速に進むなかで，情報化はどの程度進展していたのであろうか。まず電話に関しては，この当時，都市部を中心に加入数が急速に増大したことが指摘できる。その数は（概数），1900年には1.9万であったのが，20年には32.2万，40年には105.4万というように増加した。また，

表 9 − 1　東京・大阪への中枢管理機能の集中（1920 〜 1940年）

		計	全 国	東京都	大阪府	他都市府県	農村県
人　　　　　口	1920	100.0%	6.6%	4.6%	16.4%	72.3%
	1930	100.0	8.4	5.5	16.9	69.2
	1940	100.0	10.1	6.6	18.3	65.1
工 業 生 産 額	1920	100.0	14.1	16.8	29.9	39.2
	1930	100.0	13.7	16.7	29.7	39.8
	1940	100.0	18.3	13.8	32.8	35.0
資本金 1000 万円 以 上 会 社 数	1920	100.0	43.0	23.1	22.0	11.9
	1930	100.0	47.5	19.0	13.8	19.7
	1940	100.0	53.6	17.8	13.6	15.0
同　　　　　上 資 本 金 額	1940	100.0	52.6	19.3	21.2	6.9
	1930	100.0	56.2	19.0	13.8	11.0
	1940	100.0	63.1	16.6	11.1	9.3
全国銀行預金残高	1930	100.0	23.1	17.6	21.7	37.7
	1940	100.0	28.7	19.1	20.2	32.0
全国銀行預金貸付	1930	100.0	26.9	19.2	17.3	36.6
	1940	100.0	35.0	22.4	17.6	25.0
法 人 所 得 額	1920	100.0	40.2	21.2	20.1	18.5
	1930	100.0	44.6	21.6	16.2	17.5
	1940	100.0	46.6	24.9	15.6	12.9

出典：岡田，1993：210

　一般の民衆の識字率が向上してきたこともあり，新聞の発行部数も増大した。
これは，それまで大都市を中心に販売されていたこれらの新聞が，鉄道網の
発達によって地方進出が進んだことにも一因がある。その結果，東京圏にお
いては『東京朝日』，『東京日日』，『読売』の 3 紙がとりわけ発行部数を伸ば
し，それらによる当該市場の寡占化も進行した。

　加えて，この時期の情報化のなかで特筆されるべきは，やはり1925年に本
放送が開始されたラジオの出現と急速な普及であろう。ただし，「（1935年に
はラジオの受信契約者数は200万を超えたが）同年の全国普及率15.5％と東京
の47.8％を比較すれば明らかなように，（ラジオは）なお圧倒的に都会のメ
ディアだった」（カッコ内引用者，佐藤，1998：167）点に留意する必要があ

る。以上述べてきた電話，そして新聞・ラジオといったマス・メディアの普及は，産業化・都市化と相互連関しあった結果と見なしうる。こうして都市地域を中心に，経済的・社会的に限られた層の間とはいえ，情報の大衆化といった現象が見られるようになったのである。

　このようにして，人・物・情報の地域間交流が一段と増大するにつれ，大都市，特に東京への人口・産業・情報といった社会的諸資源の集中が一段と進んだ。その結果，都市と農村の変容速度の差が一層拡大し，中央による地方支配はより強固になっていった。しかも1929年に生じた世界大恐慌が日本経済にも波及し，日本の地方・農村社会の困窮と疲弊は深刻さをきわめていった。こうした経済・社会変化は，情報の大衆化という現象を情報統制へと向かわせる基盤を提供したと言える。経済の行き詰まりと農村の窮乏化に加え，政党政治の腐敗・堕落などの要因も加わり，軍部に対するシビリアン・コントロールが低下するなかで，情報統制が進んでいったのである。

　それを聴取者が急増していたラジオ放送を事例に見るならば，逓信省の強力な指導のもとに，1934年に日本放送協会の業務形態の根本的改正が行われ，「単に民衆の要望に応ずる番組だけでなく，民衆を追従させるべき番組を編成する。特に“日本精神”を基調とする日本文化の育成を編成上の指針とする」（日本放送協会編，1977：90）ことを内容とする要望が示されるなど，ラジオ放送に対する統制が強まったのである。

　他方，新聞は1909年に新聞紙法が制定されるなど，政府からの弾圧を常に受ける状況にあったが，1941年には「国家総動員法」にもとづく「新聞紙等掲載制限令」，「新聞事業令」が公布されるに至った。このように，規制は報道内容から新聞経営にまで及び，新聞に対する言論弾圧はほぼ完成を見たと言える。日本のジャーナリズムはしだいに国家統制のなかに組み込まれることになった。このような傾向は，「新聞の官報化」と呼ばれてきた。それは，第一に，既存の統制立法がさらに強化・拡充され，侵略戦争，軍国主義，ファシズムに非同調的な思想と言論が徹底的に弾圧され，根こそぎ排除されたということ，第二に，統制のための機構が大幅に拡大・整備されて，集中

化した一元的な体制の下に，きめ細かなコントロールが行われるようになったこと，第三に，たんに抑圧的弾圧的な統制だけではなく，戦争の遂行という一点に向けて，メディアと言論を積極的に動員し，組織化する方策が浸透したこと，である（塚本，1986：95）。これらのマス・メディア規制・統制に典型的に見られるように，情報化は進展しながらも，コミュニケーションの自由は厳しく制限されることになった。こうして日本は，第二次世界大戦へと参戦していったのである。

9−5．高度産業社会における情報の一極集中

　第二次世界大戦後の日本社会の変動の規模の大きさとその速さについては，多言を要しないであろう。その特徴の一つとしては，それまでの近代化の過程のなかでも依然強固に存続し，様々な社会的機能を担っていた農村社会にまで，産業化・都市化・情報化といった近代化の影響が強力なインパクトをもって及んだことがあげられる。高度経済成長と連動した交通・通信網の整備・高度化，およびテレビの急速な普及に象徴される情報化の一層の進展により，戦後日本社会では戦前とは比較にならないほど地理的・社会的・心理的流動性が高まり，まさに本格的な大衆社会が登場してきた。それに対応して，農村社会の大規模な変容，あるいは解体が進んできたのである。

　まず交通網については，東海道新幹線の開通（1964年）に代表される高速交通網の整備が進んだことがあげられる。また，道路網も整備計画が次々とたてられ，名神高速道路が1965年に，東名高速道路が69年にそれぞれ開通し，物流面での自動車輸送の比重の高まりもしだいに顕著となった。さらに，1972年の大型ジェット旅客機導入により航空輸送の大衆化も一段と進んだ。こうした交通網の発達は，通信網の発達と相乗効果を生みつつ，日本社会の流動性を高めてきたと見ることができる。次に通信網については，電電公社が1948年以来，5次にわたる5カ年計画をたて，それを順次実行に移し，急

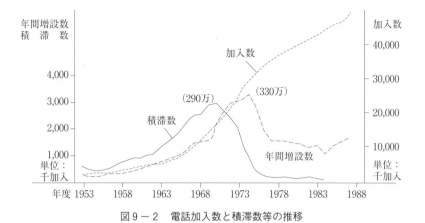

図9－2　電話加入数と積滞数等の推移

出典：林，1989：35

増する通信需要に対応してきたことがまず指摘できよう。その結果，電話の積滞数は70年をピークに減少に向かい，79年には全国自動化が完了した（図9－2）。また，ニューメディアやマルチメディア，そしてインターネットの普及に象徴されるように，「狭義の情報化」の動きも一段と加速がつき，現在に至っている。

　さらにマス・メディアについて見るならば，新聞の発行部数は増大し続け，また放送に関しては，1953年にテレビ放送が開始された。その結果，マス・メディアの中心はテレビへと移行していった。マス・メディアのこうした発達・普及は，「情報がとられたところから流すのではなく，まず中央に吸収されて，そこからいたるところに流される」（石田，1970：95）という現象を戦後日本社会においても加速させることになり，情報の東京への一極集中が一段と進み，地域間の「デジタル・ディバイド」も深刻化の度合いを増してきた（第8章参照）。

　周知のように，都市化という現象には，都市への人口集中と同時に，都市的な生活様式の他地域への普及ということが含まれる（井上，1993：3）。こうした都市化現象が，上述した交通・通信，さらにはマス・メディアの発

達と連動して生じ，それが戦後日本社会では東京一極集中という形をとって
進んできたことはあらためて指摘するまでもなかろう。そして，こうした現
象は，すでに指摘したように，日本社会の成員の情報の共有化をうながして
きたのであり，その傾向を加速させてきたのがマス・メディア，なかでもテ
レビというメディアだと言えよう。

9－6．戦後日本社会における集合的記憶とメディア

　さらには，こうした情報の共有化が国民のなかにある等質的感情を一層強
固にしたという側面も重要である。すなわち，「国民的等質性に支えられて，
テレビ等のマス・メディアの普及は，説得の論理よりは等質的感情を確認す
る道具として言葉を一般化する結果を招いた」（石田，1970：95）ことに多
くの注意を払うべきなのである。ここで言う「等質的感情の確認」に大いに
寄与してきたもの，それがマス・メディアによって伝達されたイベントであ
る。とくにテレビで放送されたさまざまなイベントは，同一のイベントを同
時に視聴する体験を人々に提供し，そのことによって人々を間接的にせよ歴
史的出来事の「立会い人」として位置づけてきた。
　実際，「戦後，社会に大きな影響を与えた出来事」としてあげられたのは，
①「東日本大震災・福島第一原発事故」55％，②「バブル経済とその崩壊」
41％，③「高度経済成長」40％，④「東京オリンピック」30％，⑤「日本国
憲法公布」24％，⑥地下鉄サリン事件など一連のオウム真理教事件」19％，
⑦「阪神淡路大震災」16％，⑧「石油ショック」11％，⑧「日米安保条約調
印」11％，⑩「リーマンショック」10％，という調査結果がある（荒牧＝小林，
2015：図9―3）。これらの出来事の多くは，マス・メディア，なかでもテ
レビの報道によって強く印象づけられたものだと言える。また，テレビ放送
が開始されていない出来事にしても，資料映像などによってその記憶が共有
されたという見方も十分できる。このように情報化の進展による情報の共有

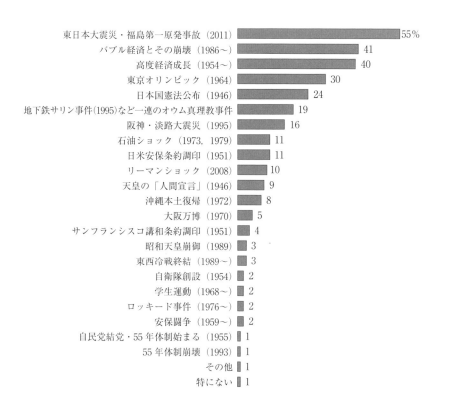

図9－3　戦後，社会に大きな影響を与えた出来事（全体）【3つまで】

出典：荒牧＝小林，2015：5

化は，日本社会の構成員の記憶の共有化へと進み，さらにその影響は人々の価値意識の領域にまで及んだと言える。

　こうした情報の共有による記憶の共有に関しては，近年，「集合的記憶とメディア」として論じられるようになった。ちなみに集合的記憶に関しては，次のように要約されている（浜，2000：6－10；アルヴァックス，1950＝1989）。

①　集合的記憶の概念は，個人は集団の成員として過去を想起するという命題として要約することができる。われわれはお互いの記憶を参照し合

いながら，実際に共同で過去の出来事を想起する。

② 集団の観点に立って想起するということは，単にその集団の成員として過去を想起するというだけではない。それは同時に，想起の時点でその集団において利用可能な「記憶の枠組み」を用いて過去を再構成するということである。

③ 歴史は「あるがままの事実の全体の系列」として過去のうちにあるのではなく，現在の集団の布置のうちに見出されるべきものである。

このように，現在から過去の出来事を編成することで集合的記憶は形成，再生産，あるいは変容する。集合的記憶が国家レベルで共有されると，それは国民的記憶になる。その中心的機能を担うのが，先に言及したように，国民の間での情報の共有に大いに寄与するマス・メディアである。インターネットが普及した21世紀になっても，例えば「同時多発テロ」（2001年），「東日本大震災」（2011年），そして「新型コロナウイルスの感染」（2019年〜）といった衝撃的な出来事は，テレビの映像を通して日本社会のみならずグローバルなレベルで集合的記憶として共有されている。そうした映像はまた，インターネット上でも繰り返し視聴されるようになったのである。

9－7．日本社会の中の情報化

これまで「広義の情報化」という考えにもとづいて，日本社会の近代化と情報化の関連について述べてきた。そこで明らかになったのは，情報化という現象は決して独自に運動し，他の社会領域に影響を及ぼしてきたわけではないということである。その点を踏まえるならば，「新しい技術は，社会の形成が技術の産物であると同様に，社会的産物でもある。『技術』と『社会』の間には，常に相互作用が存在する」（ライアン，1988 = 1990：24）という指摘は重要である。むろん，情報化を支えてきた交通・通信技術もその例外ではない。ここで言う「社会」が，歴史的産物としての社会であり，さまざ

まな権力の仕組みや装置，すなわち社会構造とそれを正当化する文化構造によって成り立っている点は看過されるべきでない。

　実際，日本社会では1970年以降，情報社会論の枠内にある「狭義の情報化」が着実に進展し，産業構造のなかで第三次産業の占める比重が増大するという，産業社会の高度化が顕著になってきたが，それは同時に金融機能や企業の中枢機能の東京集中をもたらした。加えて，日本経済の国際的地位の上昇，金融市場の国際化といった要因により国際金融センターとして東京の機能の重要性が増大し，それが外資系企業の立地を促進したことによって，東京への一極集中，ならびに「東京圏の拡大」が一段と加速されてきた。こうした都市化現象が，戦前においてすでに進んでいたことはすでに指摘したが，この時期においても情報化・都市化・産業の高度化といった傾向が相互に密接に連関してきたのである。しかも，この傾向はグローバリゼーションの時代に突入した現代社会でもなお進行中である。

　近代化が開始されてから現在に至るまで，日本社会は産業化の進展，あるいは経済発展を国家目標として掲げ，その達成を最優先させてきた。それを支えてきた理念，あるいはそこで働き続けてきた論理を「日本型産業主義」と呼ぶならば，この日本型産業主義は，明治期以降の近代日本社会において常に中心に位置してきたと言える。ここに「戦前・戦後連続説」が説得力をもつ理由がある。そしてまた，情報化という現象も日本型産業主義という理念・論理にしたがいながら進展してきたのである。この点を踏まえるならば，次の指摘は傾聴に値しよう。

　「いずれにしても，科学（技術）という『神』の背後には，『経済発展』の
　結果としての"経済大国"がある。そして，この"経済大国"を成立させ
　たのは，西欧＝近代を理念型とした国家主導型の資本主義である。とすれ
　ば，その『経済発展』の結果としての"経済大国"の成立は，日本にとっ
　てはもはや模倣すべき理念型が存在しない，ということを意味する。ここ
　に，現代日本および日本人の自己肯定の衝動が生じてくる。……理念型を
　見失って自己肯定するしかなくなった近代主義が，『官僚制的合理化』と

『科学（技術）的合理化』をふまえた『経済発展（→経済大国）』を，文明の今日的な『原理』として掲げようとしている。」（松本，1992：9）

　なお松本は，この文献のなかで原理主義を，「西洋＝近代に抵抗しつつ，それを超える文明的な原理を掲げる，思想的なベクトル」と規定している（同：9）。日本型産業主義という理念・論理は，情報化が新たな段階へと突入しつつある現代日本社会においても，中軸の思想・論理として機能していると考えられる。先の指摘に倣えば，ニューメディアやマルチメディアという科学技術の「神」の背後には，経済発展という国家目標を日本社会の「原理」にまで押し上げてきたと見なしうる日本型産業主義が存在しているのである。こうした問題にあまり関心を払わない「狭義の情報化」論，情報社会論，さらには情報社会モデルが，それゆえに日本社会の政治・経済エリートによって高く評価されてきたのも当然と言えよう。

　日本型産業主義という理念・論理は日本社会の近代化（それは前述した産業化・都市化・情報化などを構成要素としている）を支え，逆に近代化が進展することにより，その理念・論理は，一定程度変化をとげつつ，再生産されてきたのである。交通・通信網，マス・メディア，ニューメディアやマルチメディア，さらにはインターネットの開発・普及にしても，それらが日本社会を大きく変容させてきたことは確かだが，他方，その道筋は日本の政治・経済・社会構造に大きく規定されてきたし，日本社会の構成員の多くが共有する価値意識によって強く影響されてきたのである。本章で概観してきたように，近代日本社会においては産業化・都市化・情報化は連動しつつ展開してきたのであり，このことはまさに日本型産業主義の枠内で情報化がこれまで進展し，さらに今後も進展していくことを示唆していると思われるのである。

引用／参照文献

【日本語】

・朝日新聞社会部編（1991）『メディアの湾岸戦争』朝日新聞社。

・アドーニ，H.＝メイン，S.（1984＝2002）「メディアと現実の社会的構成」大石裕訳，谷藤悦史＝大石裕編訳『リーディングス政治コミュニケーション』一藝社。

・荒牧央＝小林利行（2015）「世論調査でみる日本人の「戦後」―「戦後70年に関する意識調査の結果から―」『放送研究と調査』2015年8月号。

・アルヴァックス，M.（1950＝1989）小関藤一郎訳『集合的記憶』行路社。

・アルチュセール，L.（1970＝1993）柳内隆＝山本哲士訳『アルチュセールの〈イデオロギー〉論』三交社。

・アンダーソン，B.（1991＝1997）白石さや＝白石隆訳『想像の共同体（増補版）』NTT出版。

・飯田文雄（1992）「ハロルド・ラスウェルの政治理論（3）」『国家学会雑誌』105巻7・8号。

・池上嘉彦ほか（1994）『文化記号論』講談社。

・石田佐恵子（1998）『有名性という文化装置』勁草書房。

・石田雄（1970）『日本の政治文化』東京大学出版会。

・伊藤儀雄（2019）「ニュース」藤代裕之編著『ソーシャル・メディア論（改訂版）』青弓社。

・稲葉三千男ほか編（1995）『新聞学（第3版）』日本評論社。

・稲増一憲＝池田謙一（2007）「マスメディアと小泉の選挙」池田謙一編『政治のリアリティと社会心理』木鐸社。

・井上俊（1993）「現代文化のとらえ方―都市・消費・情報―」井上俊編『現代文化を学ぶ人のために』世界思想社。

・ウィリアムズ，R.（1981＝1985）小池民男訳『文化とは』晶文社。

・ウィーナー，N.（1949＝1962）池原止戈夫ほか訳『サイバネティックス（第2版）』岩波書店。

・ウィーバー，D.ほか（1981＝1988）竹下俊郎訳『マスコミが世論を決める』勁草書房。

・ヴィンセント，A.（1987＝1991）森本哲夫監訳『国家の諸理論』昭和堂。

・ウェーバー，M.（1922＝1972）清水幾太郎訳『社会学の根本概念』岩波書店。

・ウェーバー，M.（1956＝1960）世良晃志郎訳『支配の社会学Ⅰ』創文社。

・梅棹忠夫（1988）『情報の文明学』中央公論社。

・梅原猛＝吉本隆明（1989）『対話 日本の原像』中央公論社。

・エスリン，M.（1982＝1986）黒川欣映訳『テレビ時代』国文社。

・NHK取材班（1990）『かくして革命は国境を越えた』日本放送出版協会。

・NHK放送文化研究所編（2021）『NHKデータブック，世界の放送2020』NHK出版。

・榎原猛編（1996）『世界のマス・メディア法』嵯峨野書院。

・エリアス，N.（1970＝1994）徳安彰訳『社会学とは何か』法政大学出版局。

・遠藤薫（2007）『間メディア社会と"世論"形成』東京電機大学出版局。

・遠藤薫（2018）「間メディア社会におけるポスト・トゥルース政治と社会関係資本」
遠藤薫編著『ソーシャルメディアと公共性』東京大学出版会。

・大石裕（1992）『地域情報化』世界思想社。

・大石裕（2005）『ジャーナリズムとメディア言説』勁草書房。

・大石裕ほか（1996）『情報化と地域社会』福村出版。

・大石裕編（2013）『デジタルメディアと日本社会』学文社。

・岡田知弘（1993）「重化学工業化と都市の膨張」成田龍一編『都市と民衆』吉川弘文
館。

・岡田直之（1992）『マスコミ研究の視座と課題』東京大学出版会。

・オルテガ・イ・ガセット（1930＝1971）寺田和夫訳『大衆の反逆』中央公論社。

・オルポート，G.W.＝ポストマン，L.（1947＝1952）南博訳『デマの心理学』岩波書店。

・カッツ，E.＝ラザースフェルド，P.F.（1955＝1965）竹内郁郎訳『パーソナル・イン
フルエンス』培風館。

・加藤哲郎（1986）『国家論のルネサンス』青木書店。

・加藤秀俊＝前田愛（1980）『明治メディア考』中央公論社。

・カペラ，J.N.＝ジェイミソン，K.H.（1997＝2005）平林紀子・山田一成監訳『政治報
道とシニシズム』ミネルヴァ書房。

・鎌田慧（1992）『ルポルタージュを書く』岩波書店。

・亀田達也＝村田光二（2000）『複雑さに挑む社会心理学』有斐閣。

・川本勝（1982）「地域社会と情報」竹内郁郎・児島和人編『現代マス・コミュニケー
ション論』有斐閣。

・カーツァー，D.I.（1988＝1989）小池和子訳『儀式・政治・権力』勁草書房。

・ギデンズ，A.（1990＝1993）松尾精文＝小幡正敏訳『近代とはいかなる時代か？』而

立書房。

・木畑洋一（1994）「世界史の構造と国民国家」歴史学研究会編『国民国家を問う』青木書店。

・キャントリル，H.（1940 = 1971）斎藤耕二＝菊池章夫訳『火星からの侵入』川島書店。

・クラッパー，J.T.（1960 = 1966）NHK 放送学研究室訳『マス・コミュニケーションの効果』日本放送出版協会。

・クローリー，D. ＝ヘイヤー，P. 編（1991 = 1995）林進＝大久保公雄訳『歴史のなかのコミュニケーション』新曜社。

・クーリー，C.H.（1929 = 1970）大橋幸＝菊池美代志訳『社会組織論』青木書店。

・児島和人（1988）「戦後日本の『マス・コミュニケーションと投票行動に関する研究』の類型と特質」東京大学新聞研究所編『選挙報道と投票行動』東京大学出版会。

・後藤文康（1996）『誤報』岩波書店。

・駒村圭吾（2001）『ジャーナリズムの法理』嵯峨野書院。

・コーエン，R.（1997 = 2001）駒井洋監訳『グローバル・ディアスポラ』明石書店。

・コーエン，R. ＝ケネディ，P.，（2000 = 2003）山之内靖監訳『グローバル・ソシオロジーⅠ・Ⅱ』平凡社。

・コーンハウザー，W.（1959 = 1961）辻村明訳『大衆社会の政治』東京創元社。

・ゴア，A. ほか（1994）浜野保樹監修『情報スーパーハイウェイ』電通。

・斉藤孝信ほか（2021）「多メディア時代における人々のメディア利用と意識—「全国メディア意識世論調査・2020」の結果から—」『放送研究と調査』2021年9月号

・サイード，E.W.（1981 = 1986）浅井信雄＝佐藤成文訳『イスラム報道』みすず書房。

・佐藤卓己（1998）『現代メディア史』岩波書店。

・佐藤毅（1976）『現代コミュニケーション論』青木書店。

・沢田允茂（1975）『認識の風景』岩波書店。

・サンスティーン，C.（2001 = 2003）石川幸憲訳『インターネットは民主主義の敵か』毎日新聞社。

・清水幾太郎（1972）『社会心理学（改訂版）』岩波書店。

・シブタニ，T.（1966 = 1985）広井脩ほか訳『流言と社会』東京創元社。

・シャノン，C.E. ＝ウィーバー，W.（1949 = 1969）長谷川淳・井上光洋訳『コミュニケーションの数学的理論』明治図書。

・シュラム，W.（1960 = 1968）田中靖政訳「ニュースの本質」（初出は1949年）W. シュラム編，学習院大学社会学研究室訳『新版，マス・コミュニケーション』東京創元社。

・シラー，H.I.（1973 = 1979）斎藤文男訳『世論操作』青木書店。

・新聞報道研究会編（1995）『いま新聞を考える』日本新聞協会研究所。
・シーバート，F.S. ほか（1956 = 1959）内川芳美訳『マス・コミの自由に関する四理論』東京創元社。
・杉山あかし（1992）「知識ギャップ仮説」田崎篤郎 = 児島和人編『マス・コミュニケーション効果研究の展開』北樹出版。
・鈴木秀美ほか編（2009）『放送法を読みとく』商事法務。
・スメルサー，N.（1963 = 1973）会田彰ほか訳『集合行動の理論』誠信書房。
・スメルサー，N.J.（1968 = 1974）橋本真訳『変動の社会学』ミネルヴァ書房。
・スレバーニ・モハマディ，A.,（1991 = 1995）古川良治訳「国際コミュニケーションにおける『グローバル』と『ローカル』」カラン，J.・グレヴィッチ，M. 編，児島和人・相田敏彦監訳『マスメディアと社会』勁草書房。
・芹川洋一（2010）「変わるメディアと変わる政治」蒲島郁夫ほか『メディアと政治（改訂版）』有斐閣。
・総務省編（2003）『平成15年版情報通信白書』ぎょうせい。
・総務省編（2004）『平成16年版情報通信白書』ぎょうせい。
・総務省編（2005）『平成17年版情報通信白書』ぎょうせい。
・総務省編（2009）『平成21年版情報通信白書』ぎょうせい。
・総務省編（2010）『平成22年版情報通信白書』ぎょうせい。
・総務省編（2014）『平成26年版情報通信白書』ぎょうせい。
・総務省編（2015）『平成27年版情報通信白書』ぎょうせい。
・総務省編（2019）『令和元年版情報通信白書』（オンライン）。
・総務省編（2021）『令和 3 年版情報通信白書』（オンライン）。
・戴エイカ（1999）『多文化主義とディアスポラ』明石書店。
・平英美・中河伸俊編（2000）『構築主義の社会学』世界思想社。
・竹内郁郎（1990）『マス・コミュニケーションの社会理論』東京大学出版会。
・竹下俊郎（2008）『メディアの議題設定機能（増補版）』学文社。
・竹山昭子（1994）『戦争と放送』社会思想社。
・玉木明（1992）『言語としてのニュー・ジャーナリズム』学藝書林。
・ダヤーン，D. = カッツ，E.（1992 = 1996）浅見克彦訳『メディア・イベント』青弓社。
・ターナー，G.（1996 = 1999）溝上由紀ほか訳『カルチュラル・スタディーズ入門』作品社。
・通商産業省産業構造審議会編（1981）『80年代の通産政策ビジョン』通商産業調査会。
・塚本三夫（1986）『実録 侵略戦争と新聞』新日本出版社。

・鶴見俊輔編（1965）『現代日本思想大系12. ジャーナリズムの思想』筑摩書房。
・デフレー, M.L. ＝ボール・ロキーチ, S.（1989 = 1994）柳井道夫＝谷藤悦史訳『マス・コミュニケーションの理論』敬文堂。
・寺島英弥（2005）『シビック・ジャーナリズムの挑戦』日本評論社。
・電気通信審議会（1994）「21世紀の知的社会への改革に向けて」。
・電通総研編（2015）『情報メディア白書　2015』電通総研。
・トフラー, A.（1980 = 1980）徳山二郎監修『第三の波』日本放送出版協会。
・富永健一（1965）『社会変動の理論』岩波書店。
・富永健一（1990）『日本の近代化と社会変動』講談社。
・富永健一（1996）『近代化の理論』講談社。
・外山滋比古（1969）『近代読者論』みすず書房。
・外山滋比古（1975）『エディターシップ』みすず書房。
・ドーソン, R.E. ほか（1977 = 1989）加藤秀治郎ほか訳『政治的社会化』芦書房。
・ナイ, J.S.（2009 = 2009）田中明彦＝村田晃嗣訳『国際紛争（第 7 版）』有斐閣。
・中野収（1980）『現代人の情報行動』日本放送出版協会。
・仲村祥一（1988）「マスメディアと犯罪」同編『犯罪とメディア文化』有斐閣。
・中村雄二郎（1993）『中村雄二郎著作集Ⅲ：言語論』岩波書店。
・成田龍一（1993）「近代都市と民衆」同編『都市と民衆』吉川弘文館。
・日本新聞協会研究所編（1984）『メディア環境の変化と新聞』日本新聞協会。
・日本放送協会編（1977）『放送五十年史』日本放送出版協会。
・日本民間放送連盟編（2020）『日本民間放送年鑑　2020』コーケン出版。
・日本民間放送連盟編（1997）『放送ハンドブック（新版）』東洋経済新報社。
・ノエル・ノイマン, E.（1984 = 2013）池田謙一＝安野智子訳『沈黙の螺旋理論（改訂復刻版)』北大路書房。
・博報堂生活総合研究所編（1985）『「分衆」の誕生』日本経済新聞社。
・橋川文三（1978）『ナショナリズム』紀伊國屋書店。
・浜日出夫（2000）「記憶のトポグラフィー」『三田社会学』第 5 号。
・長谷部恭男（1992）『テレビの憲法理論』弘文堂。
・浜田純一（1993）『情報法』有斐閣。
・林紘一郎（1989）『ネットワーキングの経済学』NTT 出版。
・林利隆（2006）『戦後ジャーナリズムの思想と行動』日本評論社。
・林敏彦（1994）「新ネットワーク論」林敏彦・大村英昭編著『文明としてのネットワーク』NTT 出版。

- 林雄二郎（1969）『情報化社会』講談社。
- 原寿雄（1997）『ジャーナリズムの思想』岩波書店。
- パリサー，E.（2011 = 2016）井口耕二訳『フィルターバブル』ハヤカワ文庫。
- バーガー，P.L.（1963 = 1979）水野節夫＝村山研一訳『社会学への招待』思索社。
- バーガー，P.L. ＝ルックマン，T.（1966 = 1977）山口節郎訳『日常世界の構成』新曜社。
- ハーバーマス，J.（1990 = 1994）細谷貞雄＝山田正行訳『公共性の構造転換（第 2 版）』未来社。
- バーリン，I.（1969 = 1971）生松敬三ほか訳『自由論Ⅰ』みすず書房。
- 広井良典（2009）『コミュニティを問い直す』筑摩書房。
- 広岡治哉（1987）『近代日本交通史』法政大学出版局。
- フィスク，J.（1987 = 1996）伊藤守ほか訳『テレビジョン・カルチャー』梓出版社。
- フェスティンガー，L.（1957 = 1965）末永俊郎監訳『認知的不協和の理論』誠信書房。
- 藤井信幸（2005）『通信と地域社会』日本経済評論社。
- 藤代裕之（2019）『ソーシャル・メディア論（改訂版）』青弓社。
- 藤田弘夫（1990）『都市と国家』ミネルヴァ書房。
- 藤竹暁（1968）『現代マス・コミュニケーションの理論』日本放送出版協会。
- 藤竹暁編（2005）『図説日本のマスメディア（第二版）』日本放送出版協会。
- 藤竹暁＝山本明編（1994）『図説日本のマス・コミュニケーション（第三版）』日本放送出版協会。
- 船津衛＝浅川達人（2006）『現代コミュニティ論』放送大学教育振興会。
- フリードリヒ，K.（1967 = 1977）安世舟ほか訳『政治学入門：ハーバード大学12講』学陽書房。
- ブーアスティン，D.J.（1962 = 1964）星野郁美＝後藤和彦訳『幻影の時代』東京創元社。
- ブーアスティン，D.J.（1975 = 1980）後藤和彦訳『過剰化社会』東京創元社。
- ベル，D.（1973 = 1975）内田忠夫ほか訳『脱工業社会の到来　上・下』ダイヤモンド社。
- ヘルド，D. ＝マッグルー，A.（2002 = 2003）中谷義和＝柳原克行訳『グローバル化と反グローバル化』日本経済評論社。
- 米国プレスの自由調査委員会（1947 = 2008）渡辺武達訳『自由で責任あるメディア』論創社。
- ベルトラン，C.（1974 = 1977）松野道男訳『アメリカのマスメディア』白水社。
- ベレルソン，B.（1960 = 1968）本間康平訳「コミュニケーションと世論」（初出は1948年）W. シュラム編，学習院大学社会学研究室訳『新版，マス・コミュニケーショ

ン』東京創元社。

・ホヴランド，C.I. ほか（1953＝1960）辻正三＝今井省吾訳『コミュニケーションと説
　得』誠信書房。

・堀部政男（1978）『アクセス権とは何か』岩波書店。

・ホルクハイマー，M.＝アドルノ，T.W.（1947＝1990）徳永恂訳『啓蒙の弁証法』岩
　波書店。

・ホール，E.T.（1976＝1979）岩田慶治＝谷泰訳『文化を超えて』TBS ブリタニカ。

・マクウェール，D. 編著（1975＝1979）時野谷浩訳『マス・メディアの受け手分析』
　誠信書房。

・マクウェール，D.（1975＝1979）山中正剛監訳『コミュニケーションの社会学』川島
　書店。

・マクウェール，D.＝ウィンダール，S.（1981＝1986）山中正剛＝黒田勇訳『コミュニ
　ケーション・モデルズ』松籟社。

・マクルーハン，M.（1964＝1967）後藤和彦＝高儀進訳『人間拡張の原理』竹内書店。

・マコームズ，M. ほか（1991＝1994）大石裕訳『ニュース・メディアと世論』関西大
　学出版部。

・正村公宏（1986）『産業主義を越えて』中央経済社。

・増田寛也（2014）『地方消滅』中央公論社。

・増田米二（1985）『原典 情報社会』TBS ブリタニカ。

・増田米二＝正村公宏（1984）『高度情報社会は人間をどう変えるか？』TBS ブリタニカ。

・松井茂記（1988）『「マス・メディアと法」入門』弘文堂。

・松本健一（1992）『原理主義』風人社。

・マルチメディア時代における放送の在り方に関する懇談会編（1995）『放送革命』日
　刊工業新聞社。

・マルクス，K.＝エンゲルス，F.（1933＝1966）古在由重訳『ドイツ・イデオロギー』
　岩波書店。

・丸山眞男（1961）『日本の思想』岩波書店。

・マレッケ，G.（1963＝1965）NHK 放送学研究室訳『マス・コミュニケーション心理学』
　日本放送出版協会。

・マンハイム，K.（1935＝1976）杉之原寿一訳『変革期における人間と社会』潮出版社。

・マートン，R.K.（1946＝1973）柳井道夫訳『大衆説得』桜楓社。

・マートン，R.K.（1957＝1961）森東吾ほか訳『社会理論と社会構造』みすず書房。

・マーフィー，R.（1988＝1994）辰巳伸知訳『社会的閉鎖の理論』新曜社。

・宮島喬（1994）『文化的再生産の社会学』藤原書店。
・ミュラー，J.W.（2016 = 2017）板橋拓己訳『ポピュリズムとは何か』岩波書店。
・ミリバンド，R.（1969 = 1970）田口富久治訳『現代資本主義国家論』未來社。
・ミルズ，C.W.（1956 = 1958）鵜飼信成 = 綿貫譲治訳『パワー・エリート（下）』東京大学出版会。
・モスコヴィッシ，S.（1981 = 1984）古田幸男訳『群衆の時代』法政大学出版局。
・安田三郎（1981）「相互行為・役割・コミュニケーション」安田三郎ほか編『基礎社会学，第Ⅱ巻「社会過程」』東洋経済新報社。
・山本武利（1978）『新聞と民衆』紀伊國屋書店。
・山本武利（1987）「メディアの歴史，日本」香内三郎ほか『現代メディア論』新曜社。
・郵政研究所（1997）「条件不利地域における情報化推進に関する調査研究報告書」。
・郵政省編（1986）『昭和61年版通信白書』大蔵省印刷局。
・郵政省編（1995）『平成 7 年度版通信白書』大蔵省印刷局。
・郵政省編（1996）『平成 8 年版通信白書』大蔵省印刷局。
・郵政省編（1997）『平成 9 年版通信白書』大蔵省印刷局。
・郵政省編（1998）『平成10年度版通信白書』大蔵省印刷局。
・郵政省メディア・ソフト研究会（1993）『ギガビット社会』三田出版会。
・米山俊直（1989）『小盆地宇宙と日本文化』岩波書店。
・ライアン，D.（1988 = 1990）小松崎清介監訳『新・情報化社会論』コンピュータ・エージ社。
・ライト，C.R.（1959 = 1966）末吉悌次 = 森しげる訳『マスコミ社会学入門』雄渾社。
・ライリー，J.W. = ライリー，M.W.（1959 = 1961）宇賀博訳「マス・コミュニケーションと社会体系（上），（中），（下）」『新聞研究』1961年，5・6・7月号。
・ラザースフェルド，P.F. ほか（1948 = 1987）有吉広介監訳『ピープルズ・チョイス』芦書房。
・ラザースフェルド，P.F. = マートン，R.K.（1960 = 1968）犬飼康彦訳「マス・コミュニケーション，大衆の趣味，組織的な社会的行動」（初出は1948年）W. シュラム編，学習院大学社会学研究室訳『新版，マス・コミュニケーション』東京創元社。
・ラスウェル，H.D.（1951 = 1959）久保田きぬ子訳『政治』岩波書店。
・ラスウェル，H.D.（1960 = 1968）本間康平訳「社会におけるコミュニケーションの構造と機能」（初出は1948年）W. シュラム編，学習院大学社会学研究室訳『新版，マス・コミュニケーション』東京創元社。
・ラーナー，D.（1960 = 1968）林進訳「コミュニケーション体系と社会体系」（初出は

1957年）W. シュラム編，学習院大学社会学研究室訳『新版，マス・コミュニケーション』東京創元社。

・リップマン，W.（1922 = 1987）掛川トミ子訳『世論（上）』岩波書店。
・ルークス，S.（1974 = 1995）中島吉弘訳『現代権力論批判』未來社。
・ロジャーズ，E.（1962 = 1966）藤竹暁訳『技術革新の普及過程』培風館。
・ロジャーズ，E.（1986 = 1992）安田寿明訳『コミュニケーションの科学』共立出版。
・ロス，K. ＝ナイチンゲール，V.，（2003 = 2007）児島和人ほか訳『メディアオーディエンスとは何か』新曜社。
・ロスノウ，R.L. ＝ファイン，G.A.（1976 = 1982）南博訳『うわさの心理学』岩波書店。
・ロービア，R.H.（1959 = 1984）宮地健次郎訳『マッカーシズム』岩波書店。
・渡辺光一（1992）『テレビ国際報道』岩波書店。
・綿貫譲治（1962）『現代政治と社会変動』東京大学出版会。

【英語】

・Ball-Rokeach, S.J. = DeFleur (1976) "A Dependency Model of Mass Media Effects", *Communication Research*, 3.
・Bachrach, P. = Baratz, M.S. (1970) *Power and Poverty*, Oxford Univ. Press.
・Becker, L.B. et. al. (1975) "The Development of Political Cognitions", S.H. Chaffee ed., *Political Communication*, Sage Publication.
・Berelson, B. et. al. (1954) *Voting*, Univ. of Chicago Press.
・Carey, J.W. (1989) *Communication as Culture*, Uniwin Hyman Inc.
・Casey, N. et. al. (2002) *Television Studies*, Routledge.
・Cobb, R., et. al. (1976) "Agenda Building as a Comparative Political Process", *The American Political Science Review*, vol. 70, March.
・Corner, J. (1991) "Meaning, Genre and Context", J. Curran = M. Gurevitch ed., *Mass Media and Society*, Edward Arnold.
・Davison, W.P. (1983) "The Third-Person Effect in Communication", *Public Opinion Quarterly* 47 (1).
・Fairclough, N. (1995) *Media Discourse*, Edward Arnold.
・Gitlin, T. (1978) "Media Sociology: The Dominant Paradigm", *Theory and Society* 6.
・Gitlin, T. (1980) *The Whole World is Watching*, Univ. of California Press.
・Graber, D. (1988) *Processing the News* 2nd ed., Longman.
・Gultung, J. and Ruge, M.H. (1970) "The Structure of Foreign News", J. Turnstall, ed. *Media*

Sociology, Constable.

· Hall, S. (1980) "Encoding / Decoding", S. Hall et. al. ed. *Culture, Media, and Language*, Hutchinston & Co. Ltd..

· Hallin, D.C. (1989) *The Uncensored War*, Oxford Univ. Press.

· Iyengar, S. = Kinder, D.R. (1987) *News That Matters*, Univ. of Chicago Press.

· Jensen, K.B. ed. (2002) *A Handbook of Media and Communication Research*, Routledge.

· Joslyn, R.A. (1990) "Election Campaign as Occasion for Civic Education", D.L. Swanson = D. Nimmo ed. *New Directions in Political Communication*, Sage Publication.

· Katz, E. (1987) "Communication Research since Lazarsfeld", *Public Opinion Quarterly*, vol. 51, No. 4.

· Lasswell. H.D. (1977) *On Political Sociology*, University of Chicago Press.

· McCombs, M. (2004) *Setting the Agenda*, Polity Press.

· McQuail, D. (2010) *McQuail's Mass Communication Theory* 6th ed. Sage Publication.

· McQuail, D. (2013) *Journalism and Society*, Sage Publication.

· O'Sullivan, T. et. al. eds. (1994) *Key Concepts in Communication and Cultural Studies*, 2nd ed., Routledge.

· Rogers, E.M. and Dearing, J.W. (1988) 'Agenda-Setting Research', Anderson, J. ed. *Communication Yearbook* 11, Sage Publication.

· Severin, W.J. and Tankard, J.W. (1992) *Communication Theories* 3rd ed., Longman.

· Shoemaker, P.J. and Reese, S.D. (1996) *Mediating the Message* 2nd ed., Longman.

· Shoemaker, P.J. and Vos, P.T. (2009) *Gatekeeping Theory*, Routledge.

· Signorielli, N. and Morgan, M. ed. (1990) *Cultivation Analysis*, Sage Publication.

· Westerstahl, J. (1983) 'Objective News Reporting: General Promises', *Communication Research*, Vol. 10, No. 3.

· Windlesham, L. (1966) *Communication and Political Power*, Jonathan Cape.

· Zelizer, B. (2004) *Thinking Journalism Seriously*, Sage Publication.

引
用
・
参
照
文
献

索　引

*本書で頻出する基本的な用語は、定義や意味について記述してあるページだけを載せている。

■ア

［アイデンティティ］
　国民的―― 42, 71
アノミー 54
アクセス権 184
アジェンダ（議題）設定 119, 130
　――モデル 119
アジェンダ構築 145
イエロー・ペーパー 72
イデオロギー装置 151, 152
ヴァーチャル・コミュニティ 262
エコーチェンバー 170
エスノグラフィック的手法 163
オピニオン・リーダー 112, 113, 140

■カ

カルチュラル・スタディーズ 160-164, 166
間メディア社会 137
擬似イベント 207, 208
擬似環境（の環境化） 20-22
記者クラブ 198, 199, 212
技術革新の普及過程 113
客観報道 78, 186, 197, 200
キャンペーン研究 108
強力影響・機能モデル 100, 129, 159
強力効果モデル 100, 119, 126, 129, 132, 140
グローバリゼーション 63, 64, 183, 274-276, 297
ケーブルテレビ（CATV） 18, 85, 184, 255-258
「現実」の社会的構築・構成 23-25, 27, 28, 207, 210
言説 167
言説（テクスト）分析 166-169
限定効果モデル 100, 109, 110, 114, 118, 132, 140
言論統制 150, 289
言論・表現の自由 173, 175, 187
ゲートキーパー 194
公共圏 102, 104, 186
［言葉］
　――の社会的機能 50
コピーの支配 21, 22, 88
［コミュニケーション］
　――と社会変動（の研究） 41-43
　――の機能 30-33, 44
　――の潜在的機能 45
　――の定義 5
　――の二段階の流れ（モデル） 111-113
　批判的――論 147, 149, 151, 154, 158, 160, 166, 185, 246

［コード］
　　──のとらえ方　　45, 50, 51
　　交渉的──　　164-166, 249
　　支配的──　　164, 165, 249
　　対抗的──　　164, 166, 249
誤報　　200, 211
コンテクスト（のとらえ方）　　45,
　　50-52

■サ
再生産（のとらえ方）　　46
自主規制　　190
ジャーナリズム（の定義）　　172
［社会化］
　　──のとらえ方　　37, 38
　　政治的──　　144
社会過程（のとらえ方）　　3, 4, 5
社会関係（のとらえ方）　　3, 4, 44, 48,
　　49
社会構造（の定義）　　41, 44, 54
社会変動（の定義）　　41
［自由］
　　消極的──　　173-175, 180, 183
　　積極的──　　174, 180, 183
集合的記憶　　26, 295, 296
［情報化］
　　──の定義　　219, 220
　　狭義の──　　221, 242, 279, 280, 293,
　　297, 298
　　広義の──　　280, 281, 296
情報開発政策　　259
情報環境　　19, 66
情報行動　　19

情報社会論　　219, 221, 226, 227, 230,
　　231, 233, 234, 257, 298
［情報装置］
　　物理的──　　46, 48, 49, 52, 53,
　　219-221, 244, 245, 248, 249, 278, 281
　　文化的──　　45, 46, 48-53, 246-249,
　　278, 281, 288
情報の南北問題　　184, 269
情報流通センサス　　220
［新聞］
　　大^{おお}──　　78
　　小^こ──　　78
新聞倫理綱領　　191, 200
スキーマ理論　　130, 133, 134
ステレオタイプ　　39
スマートフォン　　86, 214, 215, 223,
　　244, 247, 251, 260, 264, 274
説得（研究）　　35
戦争報道　　271
選択的接触（・知覚・記憶）　　110,
　　140
宣伝（研究）　　9, 105
先有傾向　　36, 110, 140
ソーシャル・ネットワーク・サービス
　　（SNS）　　18
ソーシャル・メディア　　137, 170

■タ
第三者効果仮説　　125
大衆社会（論）　　66-69, 105, 108, 109,
　　129
多次元的権力観　　151, 154, 156
脱産業社会論　　226, 279

弾丸効果モデル　100, 105, 107, 108, 110, 119
地域情報化　233, 258, 262
地位付与機能　87, 88
調査報道　212-214
沈黙の螺旋モデル　123-125
ディアスポラ・コミュニティ　275, 276
テクスト分析　134, 161
デジタル・ディバイド　248, 254, 260, 276, 277, 293
デジタル放送　76, 83, 266
電子コミュニティ（メディア）　225, 244
電波の稀少性　189
投票行動研究　140, 143

■ナ
ナショナリズム　42
日本型産業主義　297
ニュー・ジャーナリズム　213
［ニュース］
　　──の物語　202-204
　　──のとらえ方　192
ニュース・バリュー　194, 195, 211, 270
ニューメディア論　231, 232, 257, 258
認知的不協和の理論　111
ネオ・マルクス主義　133, 148, 152
ネットワーク社会（論）　235, 277
能動的オーディエンス（論）　134, 163, 166

■ハ
ハードとソフトの分離　190, 224
排除モデル　158-160, 246
培養理論　125, 126
発表ジャーナリズム　199
パニック研究　107
パワー・エリート（論）　69, 109
BPO（放送倫理・番組向上機構）　191
フィードバック　10-13
フィルターバブル　171
不偏不党　78, 188
プレス・コード　79
フレーム（フレーミング）　122, 123, 131, 133, 134, 159
文化産業　151
文化構造（のとらえ方）　54
文化帝国主義　65, 271, 276
ヘゲモニー　152
ペニー・プレス　72
放送と通信の融合　190, 224, 225
放送法　188, 200
補強効果　36
ポピュリズム政治　169

■マ
マス・コミュニケーションの機能　86-89
マッカーシズム　208
マルチメディア論　231, 234, 258
未来社会論　231
メディア間の融合　223, 225, 243
メディア依存理論　126, 129

メディア・イベント　209, 210
メディア・フレーム（論）　131, 133,
　　134

■ヤ，ラ，ワ
ユビキタス・ネットワーク　238
世論（研究）　21, 38, 39, 66, 144, 145
流言・デマ（研究）　38, 40, 41
利用満足研究　116-118, 135

大石　裕（おおいし　ゆたか）

慶應義塾大学名誉教授，十文字学園女子大学特別招聘教授，東海大学文化社会学部特任教授。博士（法学）。
1956年東京に生まれる。1979年慶應義塾大学法学部政治学科卒業。1985年慶應義塾大学大学院法学研究科博士課程（政治学専攻）修了。（財）電気通信政策総合研究所，関西大学，慶應義塾大学法学部政治学科教授を経て現職。

主要著作：『地域情報化——理論と政策』（世界思想社，1992年），『政治コミュニケーション——理論と分析』（勁草書房，1998年），『ジャーナリズムとメディア言説』（勁草書房，2005年），『現代ニュース論』（共著：有斐閣，2000年），『メディア・ナショナリズムのゆくえ——「日中摩擦」を検証する』（共編著：朝日新聞社，2006年），『ジャーナリズムと権力』（編著：世界思想社，2006年），『メディアの中の政治』（勁草書房，2014年），『ジャーナリズムは甦るか』（共著：慶應義塾大学出版会，2015年），『批判する／批判されるジャーナリズム』（慶應義塾大学出版会，2017年），『国家・メディア・コミュニティ』（慶應義塾大学法学研究会，2022年）など。
訳書：M. マコームズほか『ニュースメディアと世論』（関西大学出版部，1994年），G.E. ラング・K. ラング『政治とテレビ』（共訳：松籟社，1997年），D. マクウェール『マス・コミュニケーション研究』（監訳：慶應義塾大学出版会，2010年）など。

コミュニケーション研究　第5版
——社会の中のメディア

1998年4月15日　初　版第1刷発行
2006年4月15日　第2版第1刷発行
2011年4月25日　第3版第1刷発行
2016年4月25日　第4版第1刷発行
2022年4月15日　第5版第1刷発行
2024年3月 8 日　第5版第2刷発行

著　者————大石　裕
発行者————大野友寛
発行所————慶應義塾大学出版会株式会社
　　　　　　〒108-8346　東京都港区三田2-19-30
　　　　　　TEL　［編集部］03-3451-0931
　　　　　　　　　［営業部］03-3451-3584〈ご注文〉
　　　　　　　　　［　〃　］03-3451-6926
　　　　　　FAX　［営業部］03-3451-3122
　　　　　　振替 00190-8-155497
　　　　　　https://www.keio-up.co.jp/
装　　丁————桂川　潤
印刷・製本——株式会社加藤文明社
カバー印刷——株式会社太平印刷社